年報行政研究 59

地方分権改革を再考する

―分権決議30年

日本行政学会 編

ぎょうせい

目　次

＜書評＞

＜訃報＞

＜雑報＞

論　稿

地方分権改革を再考する―分権決議30年

伊　藤　正　次

　いわゆる政治改革法案の取り扱いをめぐって宮澤喜一内閣が動揺していた1993年6月初旬、国会の衆参両院は、「地方分権の推進に関する決議」を採択した（衆議院は6月3日、参議院は6月4日にそれぞれ採択）。この決議を契機として、地方分権推進法が制定された。政治改革をめぐって政界再編が進行する中で、むしろ政治改革のうねりを一つの原動力としながら、「分権型社会の創造」を目指す地方分権改革が始動したのである。

　爾来、今日まで30年にわたって改革が続けられている。地方分権推進法に基づいて設置された地方分権推進委員会の各次の勧告は、2000年の地方分権一括法の施行に結実し、機関委任事務制度の廃止や国による関与のルール化、必置規制の見直し、国地方係争処理制度の創設等が実現した。この第1次地方分権改革の後、平成の市町村合併を伴う地方制度改革や、地方税財政改革としての三位一体改革を伴いつつ、2007年には地方分権改革推進委員会が設置され、国から地方への権限移譲や国による義務付け・枠付けの見直しを主眼とする第2次地方分権改革が開始された。

　民主党政権下で検討された地域主権改革のうち、地方政府基本法の制定や出先機関改革は頓挫したものの、権限移譲と義務付け・枠付けの見直しは第2次安倍政権以降も続けられた。2014年以降は、地方分権改革有識者会議によって提案募集方式に基づく地方分権改革が進められている。

　この間、日本行政学会は、地方分権改革に強い関心を寄せてきた。本誌では、『分権改革―その特質と課題』（31号、1996年）、『分権改革の新展開』（43号、2008年）、というように、地方分権改革に関する調査審議機関が設置され、改革が新たなステージに入った節目を捉えて、地方分権改革に関わる特集が組まれてきた。一部の会員は、改革の構造や動向を学術的に研究するだけでなく、実際の改革過程に深くコミットしてきた。

　しかし、地方分権改革がいわば常態化するにつれて、改革への関心は薄まり、

政治課題としての重要度を失っているように思われる。のみならず、本特集の土台となる2023年度研究会・共通論題Ⅰ「地方分権改革を再考する─分権決議30年」で司会・討論を務めた嶋田暁文会員の整理によるならば、「分権改革休止論」や「分権改革行き過ぎ論」が提起されるに至っている。

　前者の「分権改革休止論」は、国から自治体への権限移譲をいたずらに求めるのではなく、これまでの改革の成果を現場での実践に活かすことに注力すべきであるという議論である。地方分権推進委員会委員、地方分権改革推進委員会委員長代理を歴任し、地方分権改革を主導した故・西尾勝顧問は、2020年12月時点で、「私自身としては、地方分権一括法の公布から20年が経過しても、いまだに第一次分権改革の成果が、全国の自治の現場で十分に生かされているという実感を持ち得ないでおりますし、最近の歴代内閣下で細々と続けられている提案型の地方分権改革についても、取り上げられるテーマが小型化している」ことから、「もう一度、いつの日か地方分権改革を継承する機運を醸成するためには、自治の現場で市民参加の実践が必要不可欠なのではないかという意味で、『分権』を論議するよりも『自治』を実践することに注力することが、これからの我々の課題なのではないか」と発言していた[1]。

　後者の「分権改革行き過ぎ論」は、地方分権改革の結果、国が自治体を統制する手段を喪失したことによって、コロナ禍における国・自治体間の連携不足を招いたとする議論である[2]。これは、同じく嶋田会員が着目していた「分権危惧論」[3]、すなわち、地方分権改革による自治体の自由度や権限の拡大が、個別行政分野におけるサービスの質や専門性を確保・向上させるための全国一律の取り組みを妨げるのではないかという議論のいわば進化形であって、地方分権改革そのものに懐疑的な視線を向ける議論であるといえる。

　このように、漫然と地方分権改革を進めることへの疑義や、地方分権改革の必要性そのものへの疑念が提起されている中で、これ以上の改革を進めることにどのような意味があるのだろうか。地方分権改革に継続的に関心を寄せてきた本学会としては、30年目の節目に、その意義を再考する必要があるのではないか。

　こうした問題意識に基づき、本特集には、これまでの地方分権改革に法制度面・税財政面から考察と評価を加えるとともに、自治体に対する計画策定の実質的な義務付けという新たな動向を分析した特集論文を掲載した。30年目を迎えた地方分権改革を多角的に再検討することが、本特集のまずもってのねらいである。

同時に、本特集が、地方分権改革と本学会の関係をあらためて考察する契機となることを期待したい。2022年から2023年にかけて、地方分権改革にさまざまな立場で関わってこられた本学会の新藤宗幸顧問、西尾勝顧問、大森彌顧問が相次いで逝去された。この30年にわたる改革の歩みを振り返ることは、各顧問の事績をたどり返すことをも意味している。本特集が、我が国の「行政学者人生のモデル」に思いを致すよすがとなることを祈念している。

【注】

1　西尾勝「基調講演・地方分権改革とは何であったのか」『「都市問題」公開講座ブックレット37・「分権」から「自治」へ─地方分権改革から20年』（公財）後藤・安田東京都市研究所、2021年、18～19頁。

2　代表例として、竹中治堅『コロナ危機の政治─安倍政権vs.知事』中公新書、2020年。

3　嶋田暁文・木佐茂男編著『分権危惧論の検証─教育・都市計画・福祉を素材にして』公人の友社、2015年。

＜特集論文＞

分権改革30年と中央地方関係の変容
—行政分権から立法分権へ

礒 崎 初 仁

> **要旨**
>
> 分権改革のスタートから30年。第1次分権改革では機関委任事務制度が廃止され、自治体の行政権は拡大し、政策法務の拡大、首長や議会の活性化などの波及効果を生む一方で、2000年代の自治体財政のひっ迫と職員削減、社会福祉基礎構造改革によって、その効果は限定的となった。続く第2期分権改革では、都道府県から市町村への権限移譲が進められたほか、力を入れた義務付け・枠付けの見直しについては、検討方法の問題点によって改革の視野が狭くなり、国民・メディアも関心を失って改革は尻つぼみになっている。2010年代以降の東日本大震災、人口減少と地方創生、新型コロナウイルスのまん延という3つの「危機」が加わって、地方分権の風潮は失われ、国への依存が進んだ。
>
> この30年を振り返ると、中央地方関係は、総合型−特定型の軸では「総合化」が進んだが、自立型−統制型の軸では「自立化」を進める改革と「統制化」を進める改革が相半ばし、その変化を実感できない状況になっている。これまでの「行政分権」の限界を超えて、今後は立法権の拡充をめざす「立法分権」を進めるべきだ。

▷キーワード：機関委任事務、法令の義務付け・枠付けの見直し、3つの危機、自立化と統制化、行政分権と立法分権

はじめに

日本では、衆参両議院の地方分権推進決議（1993年）を突破口として、**図表1**のとおり、2つの時期を通じて地方分権改革が進められてきた。

「第1次分権改革」（1995年〜）は、自治体の自主性・自立性を強化し、中央地方関係を「上下・主従」から「対等・協力」の関係に切り替えるため、機関委任事務制度の廃止、国の関与のルール化、係争処理制度の創設など、自治体の法的権限を拡充する改革を行った。

次いで「三位一体改革」（2004年〜）は、国と地方の財政関係の分権化を図る

ため、①国税から地方税への税源移譲、②国庫支出金の廃止・削減、③地方交付税の見直しを一体として改革するものであった。第1次分権改革では着手できなかった税財政面の分権化に取り組んだのであり、これらを合わせて「第1期分権改革」と呼ぶことができる。

さらに、第1期分権改革で残された課題に取り組むため、「第2次分権改革」（2007年〜）が開始されたが、途中で民主党政権が誕生し、より多くの課題を取り上げて「地域主権改革」（2009年〜）が行われた。これが十分な成果を挙げないうちに自公政権の復活によって従来型の改革に戻ったため、これを「新・地方分権改革」（2013年〜）と呼んでおこう。この改革では2014年から「提案募集方式」を導入し、地方側の提案に基づいて毎年度、関係法令を改正する一括法を制定し、第13次一括法（2023年）まで制定されている。この3つの改革では、義務付け・枠付けの見直しなど概ね共通する課題について継続して検討・調整が行われているため、これらを一体的な改革と捉えて「第2期分権改革」と呼ぶことができる。

両議院の地方分権推進決議から30年、ほぼ連続して分権改革が行われてきた。しかし、「地方分権の成果がみえない」「分権改革が生かされていない」という声が強い。また近年では、8で述べるとおり分権改革を主導してきた者からも「分権改革休止論」が出されている。

はたして分権改革の30年は、中央地方関係の現実をどのように変えたのか。変えられなかったとすればそれはなぜか。そして、今後の分権改革をどうすべきか。30年の経過を概観しながら考える[1]。

図表1　地方分権改革の概要

区分	改革	時期	検討組織	主な改革
第1期分権改革	第1次分権改革	1995〜2000年	地方分権推進委員会	①機関委任事務制度の廃止 ②国の関与のルール化と係争処理制度 ③必置規制の見直し ④都道府県と市町村の対等化
	三位一体改革	2004〜2006年	地方分権改革推進会議、経済財政諮問会議	①国税から地方税への税源移譲 ②国庫支出金の廃止・削減 ③地方交付税の見直し

第2期分権改革	第2次分権改革	2007～2009年	地方分権改革推進委員会	①国から自治体への権限移譲 ②都道府県から市町村への権限移譲 ③法令の義務付け・枠付けの見直し →地方分権改革推進計画の策定
	地域主権改革	2009～2012年	地域主権戦略会議	［継続］上記の①～③を継承 →第1次、第2次一括法の制定 ［新規］ ④一括交付金制度の導入 ⑤国と地方の協議の場の法制化
	新・地方分権改革	2013年～現在	地方分権改革推進本部、地方分権改革有識者会議	［継続］上記の②と③を継承 →第3次、第4次一括法の制定 ［新規］提案募集方式（2014年度～） →第5次～第13次一括法の制定

（出典）礒崎2023：13を一部改変。

1 中央地方関係の分析枠組み

(1) 集権と分権の概念設定（「総合―特定」と「統制―自立」の評価軸）

中央地方関係を評価する枠組みとして、**図表2**のように「総合―特定」と「統制―自立」という評価軸を設定し、その合成として「集権―分権」の評価軸を設定する類型論を設定しておこう[2]。

まず、自治体が担当する事務事業の範囲が広い場合を「総合型」、狭い場合を「特定型」の中央地方関係と捉える。日本の自治体は、数多くの事務事業を担当しているため、基本的には「総合型」の中央地方関係に属するが、さらに国から自治体に権限移譲が進むと「総合化」が進み、逆に自治体の事務が国の直接執行事務になると「特定化」が進む。

次に、自治体が担当する事務事業について自己決定の度合いが大きい場合を「自立型」、小さい場合（国の統制が強い場合）を「統制型」の中央地方関係と捉える。たとえば機関委任事務から自治事務に変わり、国の統制が縮小すると「自立化」が進み、逆に法令によって細かい規制が行われ、国の統制が強まると「統制化」が進む。

この「総合―特定」と「自立―統制」の2つの軸をクロスさせると、**図表2**のとおり、A：総合・自立型、B：特定・自立型、C：特定・統制型、D：総合・統制型の4類型を設定できる。このうちA類型は、担当の事務事業が幅広く、かつ

そこにおける自己決定の度合いが大きい状態であり、この方向に移行することを「分権（分権化）」と定義する。一方、C類型は、担当する事務事業が狭く、かつそこにおける自己決定の度合いが小さい状態であり、この方向に移行することを「集権（集権化）」と定義する。B類型（担当する事務事業は狭いが、自己決定の度合いは高い）やD類型（担当する事務事業は広いが、自己決定の度合いは低い）の方向は、その中間形であり、分権としても集権としても中途半端な状態である。

　もっとも、事務事業には、国の制度に基づく事務事業と自治体独自の制度に基づく事務事業があり、そのいずれが多いかによって中央地方関係のあり方も異なる。そこで、国の制度（法令、国庫補助制度等）に基づく事務事業の割合が高い場合を「Ⅰ型」、自治体の制度（条例、要綱、予算等）に基づく事務事業の割合が高い場合を「Ⅱ型」に区分する。

　そして、自治体の事務事業の範囲が広く、かつ国の制度に基づく事務事業の割合が高い場合は「総合Ⅰ型」、自治体の事務事業の範囲が広く、かつ自治体の制度に基づく事務事業の割合が高い場合は「総合Ⅱ型」となる。逆に、自治体の事務事業の範囲が狭く、かつ国の制度に基づく事務事業の割合が高い場合は「特定Ⅰ型」、自治体の事務事業の範囲が狭く、かつ自治体の制度に基づく事務事業の割合が高い場合は「特定Ⅱ型」となる。

図表２　中央地方関係の評価枠組み

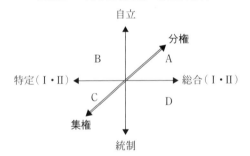

（出典）礒崎2023：4。

　以上の説明からもわかるとおり、この類型は、現状が総合型か特定型かというように「状態」を分類するだけでなく、総合化が進んだ、特定化が進んだというように「変化」を示す概念として活用できる。分権改革30年の変遷をこの枠組みで分析していこう。

⑵　中央地方関係の変容の構造的分析

　次に、中央地方関係の変容を構造的に分析するため、**図表３**のように、制度、意識、課題、実態の４つの側面・レベルに注目する必要がある。

　まず、ここで解明したいのは、中央地方関係の「実態」の変容であるが、「実態」は「制度」の改革によって変化する。ここで「制度」とは、法律、予算等の公式的制度で形成されたシステムである。「制度」といっても多層的であり、分野横断的な「一般法」が変わっても、特定分野を規律する「個別法」が変わらなければ、改革の意味は限定される。また「制度」改革の効果は、それを阻害する要因によって限定される可能性がある。分権改革についても、制度の改革がどこまで進んだか、そしてその効果を阻害する要因があるか否かによって、中央地方関係（実態）の変容が規定される。

　次に、「実態」は「意識」によっても変容する。ここで「意識」とは、関係する主体が保有する認識・思考傾向・価値観である。「制度」が変わっても「意識」が変わらなければ、改革の効果（実態）は限定されるし、逆に「意識」が変われば、「制度」の変化が乏しくても、中央地方関係（実態）は変容しうる。

　さらに、「実態」は「課題」によって

図表3　中央地方関係を形成する構造

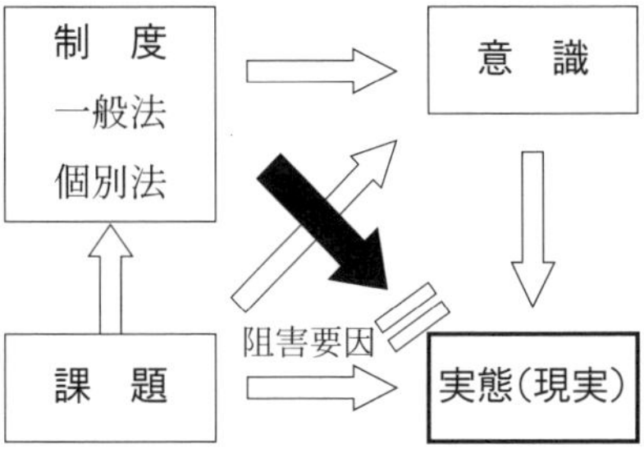

（出典）筆者作成。

も変容する。ここで「課題」とは、国や自治体が直面し、対応を求められる問題の状況であり、これによって中央地方関係の「実態」は変化する。重大な課題に直面すると、それに対応するために、中央地方関係は中央依存になったり、地方分権に傾いたりする。また、「課題」の発生が「制度」の改正を促したり、「課題」の深刻化が「意識」の変化をもたらして、それらの結果、中央地方関係（実態）が変容することもある。

　本稿では、主として「制度」がどのように改革され、それがどのように「実態」の変容につながったかを概観するが、同時に制度の改革がどう「意識」の改革につながったか・つながらなかったか、また同時期に直面した「課題」がどういう影響をもたらしたか、という点を視野に入れて検討する。

(3)　地方分権の類型

　(1)のように地方分権とは、自らの所掌範囲と自己決定の度合いが拡大することであるが、どういう権限について所掌範囲と決定権が拡大するかによって、**図表4**のように、立法分権、行政分権、財政分権の3つに分類できる。まず「立法分

権」は、法制度の決定権を拡大する改革で、条例制定権の拡大、法令の統合・簡素化などが挙げられる。「行政分権」は、法制度の執行権を拡大する改革で、新たに事務事業を担当する「権限移譲方式」と、現に担当する事務事業について裁量を拡大する「自由度拡充方式」に分けられる（西尾2013：60、82）。「財政分権」は、税財政上の権限を拡大する改革で、税源の移譲、地方交付税の拡充、国庫補助金の改革が挙げられる。

　さらに、上記のそれぞれについて、制度のどのレベルの分権かによって、一般法レベルと個別法レベルに分けることができる。「一般法改革」は、地方自治法など個別分野をまたがる制度を変えるもので、影響する範囲は広いが、実務の変化につながるとは限らない。「個別法改革」は、都市計画法、介護保険法など個別分野に限定された制度を変えるもので、影響する範囲は狭いが、実務の変化につながりやすい。コンピュータ・ソフトでいえば、前者はオペレーティング・システム（OS）の改革、後者はアプリケーションソフト（アプリ）の改革といえる。

　地方分権の制度改革がこのいずれに該当するか、意識しながら論じていこう。

図表4　地方分権の類型（例示）

	立法分権	行政分権		財政分権
		権限移譲方式	自由度拡充方式	
一般法改革 （OS型）	条例制定権の拡大 条例の上書き権 立法過程への自治体参加	役割分担の変更	機関委任事務廃止 国の関与のルール化 係争処理制度	税源移譲 地方交付税拡充
個別法改革 （アプリ型）	法令の統合・簡素化	権限移譲	義務付け・枠付けの見直し	補助金改革（廃止・削減）

（出典）筆者作成。

2　分権改革以前の中央地方関係─機関委任事務体制は集権的だったか

⑴　機関委任事務における自治体の裁量

　分権改革の成果を検証する前に、そもそも分権改革前の日本の政治行政は本当に集権的だったのかという問題がある。機関委任事務体制の下でも、国は徹底した統制を行っていたわけではないし、自治体には相当の裁量が認められていたという評価もありうる。

　私自身、都道府県が所管する7つの許認可事務について分析した結果、制度レベルでは、法律、政省令、通達が許認可の基準や手続の細部まで規定しているため、都道府県の決定権、裁量権は限定されているが、運用レベルでは、国の関与・介入は限定的であり、都道府県が実際に有する裁量の範囲は相当に大きいことを指摘した。

　すなわち、運用レベルでは、①現場で直面する事例は種々雑多であるため、政省令や通達で細かい基準を定めても、それを当該事例に当てはめるには都道府県の裁量的判断が求められること、②許認可制度の運用では、申請前後の行政指導や違反行為の追及などの付随的活動が重要であるが、この活動をどの程度、またどのように実施するかは、都道府県や市町村の裁量に委ねざるを得ないこと、③国も常に国の通達や行政実例どおり実施することを求めているわけではなく、事実上、都道府県はかなり自主的な判断を行うことができることを指摘し、国による「指揮監督」の拘束は、日常事務のレベルではさほど強いものではないとした（礒崎2023：429－436、初出1989）。

　しかし、制度レベルで許認可の基準や手続の細部まで定められているため、これに反する判断は基本的に許されないし、そもそも都道府県側に自主的に判断しようという発想が乏しくなり、認められている裁量も、問題事例の無難な処理を優先し、地域の実情に即した政策的な判断につなげるという姿勢は希薄である（礒崎2023：436－438、初出1989）。「国の事務」を処理しているにすぎないという機関委任事務の論理は、自治体職員の思考と行動を縛っていた。機関委任事務制度の拘束力を過小評価することはできない。

(2)　村松理論の問い―機関委任事務体制と相互依存関係

　これに関連して、分権改革以前の日本の中央地方関係について、国と地方は「相互依存関係」にあり、言われてきたほど集権的ではないという評価もあった。村松岐夫氏によると、日本の中央地方関係に関する多数説は、日本の地方制度を集権的であるとし、中央省庁が府県を媒介して市町村を支配してきたとみる「垂直的行政統制モデル」に依拠してきた。しかし、地方の執行において、地元選出の国会議員による陳情型の影響力を行使する過程や、選挙公約の実現に向けて首長や議員によって地方政府の意思が実現されていく過程に注目し、この側面を「水平的政治競争モデル」と名付けた（以上、村松1988：35－76）。

　そうした立場から、第1次分権改革についても、「従来の中央地方関係を180度

転換させる改革と見る見解」もあるが、「現状の自治体の行財政能力と戦後の実績を追認し、中央が地方に関与する法制度を廃止する改革であると見るのが適切」であるとした（以上、村松2001：89−91、107）。

　この村松理論は、法制度面に偏っていた中央地方関係論に政治的な回路や自治体政治の影響力を組み入れた点で、画期的な意味を持つ。国と地方が相互依存関係にあるという認識も、適切である。しかし、問題点も少なくない。

　第1に、地方が国会議員を通じた陳情等によって影響力を及ぼしていることは事実だが、集権的な行財政システムだからこそ陳情せざるを得ないのであり、ここに自治または分権の要素を見出すことは無理がある。

　第2に、現代の福祉国家において中央と地方が相互依存関係にあることは当然のことであり、我々は相互依存の下で国の統制と地方の自律の程度や相互関係を分析し、集権―分権の議論をしているのである（西尾1990：434−435）。相互依存関係にあることを指摘すれば集権的でないといえるわけではない。

　第3に、機関委任事務の時代に自治体側に裁量の余地があるといっても、それは政策実施の裁量であって政策決定の裁量ではないし、国に政策の変更や譲歩を迫るような対抗力を持っていたわけではない。国の指示・介入と自治体の要望・要求は、非対称的であって、双方向的な関係ではなかった。むしろ機関委任事務制度における上下・主従の意識は他の事務領域にも浸透し、自治体の「利益実現行為」（村松1988：165−168）を阻害してきたのである。

　この体制を廃止した後述の第1次分権改革は、画期的なものであったと評価すべきである。

3　第1期分権改革の成果と限界

(1)　第1次分権改革（1995〜2000年）の成果

　第1次分権改革は、地方分権推進法（1995年）に基づいて、地方分権推進委員会における審議を中心として進められ、地方分権一括法（1999年）に結実した。その成果は、次の点にある（松本2000参照）。

　第1に、前述のとおり機関委任事務制度が廃止され、自治事務と法定受託事務の制度が創設されたことである。機関委任事務制度とは、法律に基づいて自治体の首長等を国の機関（下部機関）とみなして、国の事務を処理させる制度であり、所管大臣等に首長等に対する包括的な指揮監督権が認められていた（旧・地

方自治法150条、151条）。所管省庁は、この指揮監督権に基づいて自治体に対して多くの通知通達を発出し、首長等の裁量・自由度を制約してきた。

そこで、自治体の自主性・自立性を確保するため、機関委任事務制度が廃止され、その他の事務を含めて自治事務と法定受託事務に切り替えられた[3]。この両者は自治体の事務である。この改革によって、自治体の法令解釈権と条例制定権は、原理的には大幅に拡大した。

実際に、機関委任事務の多くにはおびただしい数の通知通達が発出され、統制的な役割を果たしてきた。自治事務または法定受託事務への転換に伴って、こうした規律が政省令や処理基準に切り替えられた事務もみられるが（政省令に切り替えられた事務として農地法の農地転用許可、処理基準に切り替えられた事務として生活保護法の保護の実施など）、そうした措置が行われなかった事務も多いため、法制度としては自治体の裁量の範囲は拡大した（礒崎2023：25−41）。

第2に、国（または都道府県）による自治体（または市町村）への関与について一定のルールが定められるとともに、その実効性を確保するため、関与に不服がある場合の係争処理の手続が創設されたことである。従来は法律上の根拠がなくても、国は自治体に対して、都道府県は市町村に対して様々な関与を行い、自治体の自主性・自立性を損なってきた。そこで関与について一定の原則（①関与の法定主義、②関与の必要最小限の原則、③関与手続の公正・透明化原則）が定められるとともに、関与に不服がある場合に国地方係争処理委員会（または自治紛争処理委員）への審査の申し出を行うことができることとされた。

第3に、必置規制が緩和されたことである。必置規制とは、国が自治体に対して特定の行政組織・施設の設置や特定の資格・職名を有する職員・附属機関の設置を義務付けることである。これらが自治体の自主組織権に対する過剰な規制となっていることから、いくつかの義務付けを廃止し、名称の特定をやめるなどの緩和を行ったが、保健所、福祉事務所など行政機関の設置や、保健所長は医師でなければならないなどの資格規制が残され、改革は不十分に終わった。

第4に、都道府県・市町村関係の見直しである。従来は、都道府県は国の下請け機関的な役割を担い、市町村に対して指導監督を行う規定も設けられていた。これを「対等・協力の関係」に転換するため、都道府県の担当事務における統一的事務の削除、市町村の行政事務を規律する統制条例制度の廃止、市町村への事務委任制度の廃止と条例による事務処理特例制度の創設などが行われた（松本

2000：283－306参照）。しかし、都道府県の市町村に対する関与が広く残されたほか、実態として「上下・主従」の関係が残っている面がある（礒崎2000）。

(2) 第1次分権改革の限界

このように、一般法では機関委任事務制度を廃止し、国と自治体が対等・協力の関係にあることを基本として、関与のルールを定め、係争処理の仕組みを設けたことは画期的であったが、個別法では多くの義務付け・枠付けが維持され、その見直しも部分的なものにとどまった。都道府県から市町村への権限移譲はある程度進んだが、国から都道府県への権限移譲は進まなかった。そこで、これらの課題は、後述の第2期分権改革に引き継がれることになった。

(3) 三位一体改革（2004〜2006年）の成果と問題点

第1次分権改革の後、税財政関係の分権化のために、2003〜2005年に「三位一体の改革」が実施された。この改革は、①国庫支出金の廃止・縮減、②税財源の移譲、③地方交付税の見直しを、一体的に進めようとするものである。

国と地方の支出の比率は、ほぼ4：6と地方の事業の方が多いが、国と地方の収入（税収）比率はほぼ6：4と国税の方が多くなっており、そのギャップを国庫支出金や地方交付税等の財源移転によってカバーしている。このうち特に国庫支出金は使途が限定され、自治体の自主性を損なうため、これを削減し、その代わり国税を地方税に切り替えるとともに、地方交付税のあり方を見直すというのが、この改革の目標であった。

しかし、実際には財務省などの反対もあって、①の国庫支出金は、補助の割合が引き下げられ（義務教育費国庫負担金1／2→1／3、児童扶養手当3／4→1／3など）、金額は計4.7兆円減少したが、制度自体はほとんど残存し、自治体の自主性・自立性の向上にはつながらなかった。②の税源移譲は、所得税の一部を個人住民税に移譲することによって計3.0兆円の増額となったが、国庫支出金の減額に見合うものにはならなかった。さらに③の地方交付税は5.1兆円と大幅に減額され、地方財政全体でマイナス6.7兆円、特に税源の少ない地方圏の自治体には大きな打撃となった。三位一体改革は、分権改革の視点からは失敗に終わった。

4　第1次分権改革の波及効果と効果を阻害する事情

(1) 第1次分権改革の波及効果

　第1次分権改革の潮流の中で、新しい取組みや変化が生まれた面もある。

　第1に、独自条例の制定が進み、「政策法務」の取組みが広がった。従来から環境保全、まちづくり等の分野では独自条例が制定されていたが、分権の時代だから「自治体の憲法」があってもよいという理屈で自治基本条例が広がったし、介護・子育て関係条例、健康づくり条例、法定外税条例など多様な条例が制定されるようになった（礒崎2018：32-52、地方自治研究機構Web2023）。そうした実践を支える政策法務が重要とされ（北村ほか編著2011）、政策法務研修が広がり（小池2011：598-601）、2010年からは自治体法務検定もスタートした（自治体法務検定委員会Web2023）。

　第2に、首長や議会が能動的になり、住民代表の機関や仕組みが活性化した。地方分権を生かすため、首長のリーダーシップが期待され、2003年からは「マニフェスト首長」が注目されて、検証可能な選挙公約を掲げて当選した首長が独自の政策を実現する例が広がった（礒崎2017：365-409）。また議会への期待が拡大し、議会基本条例の制定や議会改革の実践が広がった（江藤2011）。

　第3に、住民参加、市民協働など住民自治の活動が拡大し、活性化した。地方分権の進展とともに住民自治の重要性も注目され、前述の自治基本条例の中で住民参加の手続が明確にされるとともに、平成の市町村合併もあって住民の直接請求や住民投票の重要性が増した（礒崎2018：53-73）。また、NPO・ボランティアなど市民活動の役割が広がり、「新しい公共」が注目されて、多くの自治体が市民との協働を掲げるようになった。

　第1次分権改革は、理念型の一般法改革であり、その効果が法令事務の実態に反映するには時間がかかるが、逆に法令事務以外にも波及効果をもたらした。「制度」の改革が「意識」の変化をもたらして「実態」を変えたと考えられる。こうした波及効果を含めると、第1次分権改革は日本の地方自治を一段、高い次元に押し上げたといえる（礒崎2013）。

⑵　第1次分権改革の効果を阻害する事情

　一方、第1次分権改革の効果を発揮すべき時期に、これを阻害する事情もあった。

　第1に、1990〜2000年代には、自治体財政の緊縮と職員削減が行われ、平成の市町村合併も進められたため、多くの自治体には分権改革の成果の活用に取り組む余裕がなかった。

まず1990年代からの長期不況によって自治体の税収は減少し、地方交付税の減額もあって財政運営の自由度は狭まった。また職員数では、警察・消防部門の増加に対して、一般行政部門は1994年の約117万人から2019年の約92万人（78.6％）に減少した。さらに、地方分権の受け皿を整備するという目的で、平成の市町村合併（1999〜2005年度）が進められ、市町村数は1999年の3,229から2010年の1,730（53.6％）に減少した。第1次分権改革の施行から5年間は、多くの市町村が合併の検討や準備で揺れ動いていた（以上、礒崎2021：28−32）。そんな状況で地方分権の成果を生かすという発想を持つことは難しかった。

　第2に、少子高齢化の進展を踏まえて、社会福祉の構造改革の中で国が画一的な制度をつくり詳細な規定を設けたため、自治体の裁量が制限され、また事務的負担が拡大することになった。

　たとえば高齢者介護では、老人福祉法による裁量性の高い措置制度から、介護保険法（2000年施行）による詳細かつ画一的な制度がつくられた。この法律では、市町村を保険者にするなど地方分権の理念を踏まえたとされたが、実際には要介護認定、介護給付、事業者指定、介護報酬などの重要な区分や基準が政省令と大臣告示で細かく決められ、自治体の事務負担は増したのに、その裁量は限定され、事務の画一化・標準化が進んだ[4]。

　第1次分権改革が大きな「制度」の改革を行ったにもかかわらず、こうした「課題」や「制度」の改革によって、その効果は相殺され、限定されたのである。

5　第2期分権改革の成果と限界

(1)　第2期分権改革の成果

　三位一体改革後には、図表1のとおり、第2次分権改革（2007年〜）、地域主権改革（2009年〜）、新・地方分権改革（2013年〜現在）という「第2期分権改革」が行われた。この改革では、①法令の義務付け・枠付けの見直し、②国から自治体への権限移譲、③都道府県から市町村への権限移譲、④自治体財政の強化、⑤国と地方の協議の場の法制化が検討された。2014年度から①〜③の課題について提案募集方式が導入されて、第13次一括法（2023年）まで制定された。

　①の義務付け・枠付けの見直しは、国が法令で自治体に一定の事務を行わせる「義務付け」とその事務の処理方法を拘束する「枠付け」を行っている状況を是

正し、条例制定の余地を拡充するものである。この見直しは、第1次分権改革で残された個別法の改革を進めるものであり、**図表5**のとおり第13次一括法までに計353法律が改正された。これについては(2)で詳述しよう。

②の国から自治体への権限移譲については、**図表5**のとおり、地方分権改革推進委員会の勧告に盛り込まれた課題について第4次一括法で43法律の改正（66事項の見直し）によって実現した。といっても、看護師など各種資格者の養成施設等の指定・監督等の事務を国から都道府県に移譲するものが25法律を占めているため、大幅な権限移譲が行われたわけではない[5]。その後は、後述する提案募集方式によって、第5次、第6次、第8次一括法で計17法律の改正によって権限移譲が行われた。全体に国から都道府県への権限移譲は、低調であった。

③の都道府県から市町村への権限移譲は、都市計画決定など重要な事務が移譲され、政令市、中核市、一般市の事務事業は拡大した。すなわち、**図表5**のとおり、地域主権戦略大綱を踏まえて第2次一括法において47法律の改正によって指定都市、市、市町村への権限移譲（72項目）が行われた。第4次一括法では、第30次地方制度調査会における大都市制度の審議を踏まえて、指定都市制度の骨格は変えないものの、都道府県からの権限移譲を進めることとなり、県費負担教職員の給与負担等の権限、病院の開設許可、都市計画区域マスタープランの決定、公有水面埋立免許などまちづくり・暮らしづくりの重要な事務を含む25法律の改正によって、指定都市への権限移譲（41事項）が進められた。その後、提案募集方式によって第13次一括法まで計16法律が改正され、市町村への権限移譲が進められた。

以上の②と③の改革は、自治体の権限を拡充する「権限移譲方式」の改革であり、1で述べた集権―分権の評価軸では「総合化」につながるものである。また、指定都市・中核市を中心に重要な事務権限が拡充され、都道府県の役割が縮小するとともに、市と町村の格差が拡大した。国は、国の権限の移譲には慎重だが、都道府県から市町村への移譲には柔軟だったし、都道府県は発言力を発揮できなかった（しなかった）。

④の自治体財政の強化については、国庫補助金の使途の範囲を拡大する一括交付金化と地方税財源の充実確保が検討された。前者は民主党政権の下で一部導入された（2011年度から都道府県に、2012年度から指定都市に導入）が、自公政権の復活によって廃止され、後者は実現しなかった。

⑤の「国と地方の協議の場」の法制化については、地方自治に影響を及ぼす国の政策について、関係大臣と地方連合組織の代表者が協議を行う場を法律に基づいて設置するもので、2011年4月民主党政権の下で実現した。

　以上のように、第2期分権改革は多くの課題に取り組んだが、①〜③の改革は膨大な個別法の一部を条例委任にした「アリバイづくり」や改革の視野狭窄をもたらした。また、④の改革は成功せず、⑤の改革は成功したものの常に形骸化する可能性がある。総じて中央地方関係の実態を変えるようなインパクトは、なかったのである[6]。

図表5　第2期分権改革における法律改正の概要（第13次一括法まで）

一括法の区分 （制定年月）	根拠となる計画・勧告等	①義務付け・枠付けの見直し等	②国から都道府県への権限移譲等	③都道府県から市町村への権限移譲
第1次（2011. 4）	地方分権改革推進計画	41法律		
第2次（2011. 8）	地域主権戦略大綱	160法律		47法律
第3次（2013. 6）	地方分権改革推進委員会勧告	72法律		2法律
第4次（2014. 5）	地方分権改革推進委員会勧告等		43法律	25法律
第5次（2015. 6）	自治体の提案（提案募集）	8法律	7法律	5法律
第6次（2016. 5）	同上	4法律	9法律	2法律
第7次（2017. 4）	同上	6法律		4法律
第8次（2018. 6）	同上	14法律	1法律	2法律
第9次（2019. 6）	同上	12法律		1法律
第10次（2020. 6）	同上	9法律		1法律
第11次（2021. 5）	同上	9法律		
第12次（2022. 5）	同上	11法律		1法律
第13次（2023. 6）	同上	7法律		
合　計	－	353法律	60法律	90法律

（出典）内閣府地方分権改革推進室・各「一括法の概要」（同Webサイト）から作成。

(2)　義務付け・枠付けの見直しは成功したか

1)　地方分権改革推進委員会の見直し方法は妥当だったか

　自治体の事務については、膨大な数の法令で義務付けと枠付けが行われている。地方分権改革推進委員会（以下「委員会」という）の調査では、自治事務に

対する義務付け・枠付けのうち、条例で自主的に定める余地を認めていない条項だけで10,057条項に及んだ。所管省庁の反対が予想される中で、こうした多数の規定を限られた期間で見直すことは至難の業である。機関委任事務制度の廃止のような一般法改革（OS型改革）と異なり、義務付け・枠付けの見直しのような個別法改革（アプリ型改革）の「一括処理」は難しいのである（西尾2007：163－164）[7]。この困難な課題に委員会はどう挑んだのか。

委員会は、自治事務に関する義務付け・枠付けの規定のうち、条例で自主的に定める余地を認めていない10,057条項のうち、義務付け・枠付けを許容する場合のメルクマールに該当しない4,076条項を対象として、①廃止、②手続、判断基準等の全部を条例委任又は条例による補正を許容、③手続、判断基準等の一部を条例委任又は条例による補正を許容、のいずれかの見直しをこの順番で行うこととした[8]。その中で、特に「施設・公物設置管理の基準」、「協議、同意、許可・認可・承認」、「計画等の策定及びその手続」の重点3分野については具体的な検討も行った。これらの結果、見直すべきとされた1,316条項に対し、第3次一括法までに975条項（74%）を見直した（地方分権改革有識者会議2014：32）。

この検討の方法は、幅広い法令の規定を対象として、外形的な指標に着目して対象を限定して見直しを迫る方法であり、「メルクマール方式」と呼ぶことができる。また採るべき措置については、規定の廃止や簡素化を求めることも考えられる中で、条例委任（または条例による補正）をすれば、規定（枠付け）を残すことができるという「条例委任方式」を採った。すなわち「メルクマール＋条例委任方式」を採ったのである。

この方式には問題点が少なくない。第1に、メルクマール方式の結果、法令や規定の内容に立ち入った検討ができず、見直しの「意味」が不明確になった。第2に、条例委任方式の結果、条例委任さえすればよいという傾向を招くとともに、法令と条例の規律密度によって自治体の執行現場を拘束し続ける結果になった。自治体に対して条例制定という新たな「義務付け」になった点でも問題がある。第3に、この検討過程では条例による「上書き権」も課題になったが、実現できなかった。規律密度の高い法令に対して、自治体のイニシアティブで書き替えできるという上書き権は、分権化への突破口になりうるものであり、今後もその制度化を追求する必要がある。第4に、この間の検討がメルクマール方式のような形式論理的な検討になったため、世論やメディアがその意味を理解できず、

その後も法令の細かな議論が中心になったため、社会全体が分権改革に対する関心を失う結果になった（以上、礒崎2023：65－68）。

　なお、2014年度から「提案募集方式」（個々の自治体からの意見を広く取り上げ、改革を推進するシステム）を導入し（地方分権改革有識者会議2014参照）、その成果が第5次一括法〜第13次一括法の成果につながった。この方式については、①個別自治体の意見・提案をきめ細かく吸収できる、②特別なテーマや限定に縛られず自由に提案できる、③検討組織側は受動的でよいため、制度を持続しやすい、というメリットがある。しかし、①実務で直面する個別の課題が持ち込まれ、提案が断片的で没理念になりがちである、②ある地域に特有の問題が出された場合に、制度改革につなげにくい、③提案側が実現可能性を考えて実現しやすい課題を探すようになり、「視野狭窄」に陥る、④提案について議論・交渉する場が明確でないため、実質的な「改革」につながる可能性が低い、という問題点がある。

2)　義務付け・枠付けの見直しの成果（第13次一括法まで）

　実際にどのような見直しが行われ、それを自治体がどう活用しただろうか。たとえば、公営住宅の入居基準について、裁量階層の対象範囲を条例で「新婚世帯」まで拡大した例や、社会教育委員の資格について、学校教育・社会教育の関係者等のほかに「公募委員」を追加できた例が挙げられる（他の事例を含めて礒崎2023：70－75）。

　そもそも自治事務について、国の法令でこうした規制を行っていること自体が問題である[9]。それを条例で少しだけ変更してよいことにしたのである。こうした実務的な「カイゼン」まで「分権改革」の成果とした点に、第2期分権改革の視野の狭さが表れていると思われる。

6　2010年代以降の3つの「危機」の影響

　2010年代以降、日本の自治体は3つの「危機」に直面する。その対応のプロセスと関係者の不安は、中央地方関係にも影響を及ぼしたと考えられる。

　第1の危機は、東日本大震災（2011年）とその復興事業である。2011年3月に三陸沖を震源とする巨大地震とこれに伴う津波が太平洋岸を中心に東日本を襲った。この地震と津波によって東京電力・福島第一原子力発電所の放射性物質が外部に放出される事故が発生した。この復興に対して国は、東日本大震災復興基本

法（2011年）等を制定するとともに、復興庁を設置し、2021年度までに約31兆5,000億円の予算を投入してきた（2023年3月NHK報道）。各自治体は、今後予想される南海トラフ地震等にも備える必要がある。被災地自治体はもちろん、全国の自治体が防災分野で国に期待し依存する姿勢が常態化したと考えられる。

　第2の危機は、全国的な人口減少とこれに伴う地方創生の事業（2014年〜）である。日本は2008年をピークとして人口減少期に入ったが、「増田レポート」（増田編著2014）で「消滅可能性都市」が市町村の約半分に及ぶという内容がメディアの注目を集めた。国は、まち・ひと・しごと創生法（2014年）を制定し、都道府県・市町村に「人口ビジョン」と「地方版総合戦略」の策定を求め、これに基づく事業に対して、巨額の地方創生関係交付金を支給してきた[10]。この交付金獲得の目的を含めて、全国の自治体が地方版総合戦略を策定して交付金を申請し、「地方創生運動」に参加している[11]。

　また国では、人口減少の進んだ2040年頃の行政課題を整理し、取り組むべき対応策を検討するため「自治体戦略2040構想研究会」を設置し、スマート自治体への転換等を骨子とする報告書（2018年7月）をまとめるとともに、第32次地方制度調査会から「2040年頃から逆算し顕在化する諸課題に対応するために必要な地方行政体制のあり方等に関する答申」（2020年6月）があった。その内容は間違いではないとしても、こうした「危機の強調」が全国自治体の不安と萎縮を生み、長期的・主体的な地域づくりを阻害しているのではないか。人口減少への恐怖にも似た心理から、自治体現場では「地方分権などと浮かれたことを言っている場合ではない」という雰囲気がまん延しているように思われる。

　第3に、新型コロナウイルス感染症のまん延とその対策（2020〜2023年）も、自治体の中央依存を促進させた。もともと未知の感染症の世界的流行に対しては、医学、公衆衛生等の専門的な知見を要するため、感染対策の基本方針やワクチン開発確保は国が主体となって実施すべきである。またこれらの対策に必要な財政負担は、災害対策と同様にリスク分散の観点から国に期待すべきものであり、実際に新型コロナウイルス感染症緊急包括支援交付金等の巨額の補助金が自治体に交付された。

　もちろん感染の状況は地域によって様々だから、具体的な感染対策は都道府県が中心になるべきであり、感染者の入院措置やクラスター対策も、都道府県と保健所設置市の任務であり、実際に「○○モデル」と銘打って自治体独自の取組み

も見られた。経済対策も地域の実情に応じて自治体が実施することが望ましい。しかし、未曽有の危機にあって、コロナ対策全体としては、国の方針と財政に依存する状態が続き、中央地方関係にも深い影響を与えた（以上、礒崎2023：142－151）。

　以上のように、3つの危機は全国の自治体に大きな「課題」を与え、その「意識」を通じて中央地方関係（実態）の「統制化」を進めたと考えられる。

7　分権改革と中央地方関係の変容

(1)　分権改革30年は中央地方関係をどう変えたか（総論）

　以上、過去30年間の変遷を通観したが、この流れを1で述べた集権―分権の枠組みを使いながら要約したのが、**図表6**である。

　①の機関委任事務体制では、自治体は国の法令に基づいて多くの事務事業を担当していたため「総合Ⅰ型」であり、その処理において国の統制が強かったため「統制型」に属する。分権改革前の中央地方関係の実態は「総合・統制型」であった。

　②の第1次分権改革では、自由度拡充方式が採られ、所管の事務事業は拡大しなかったため「総合型」のままであるが、機関委任事務制度が廃止され、通知通達の拘束力が失われて法令事務においても「自立化」が進み、中央地方関係の実態は「分権化」（自立化）に傾いた。

　③の政策法務と条例制定の進展では、条例に基づく事務事業が拡大し、「総合Ⅱ化」が進むとともに、その事務事業では基本的に国の統制は受けないため「自立化」が進み、中央地方関係の実態では「分権化」（A型化）が進んだ。

　④の平成の市町村合併と三位一体改革は、自治体財政のひっ迫を背景としており、この機会に独自事業が縮小された可能性があるが、同時に規模拡大によって所管の事務事業が拡大した自治体もあるため、全体として「総合型」のままと捉えられる。三位一体改革では、地方交付税が減額されたため、貴重な国庫補助金を獲得しようという傾向が強まり、「統制化」が進んだと考えられる。中央地方関係の実態は「集権化」（統制化）に傾いた。

　⑤のマニフェスト運動と議会の活性化では、独自施策や政策条例の制定が進み「総合Ⅱ化」が進んだと考えられるし、そうした施策や条例では基本的に国の統制は受けないため「自立化」が進み、中央地方関係の実態では「分権化」（A型

化）が進んだ。

⑥の第2期分権改革では、個別法に基づく権限の移譲が行われたため、「総合Ⅰ化」が進むとともに、義務付け・枠付けの見直しや「国と地方の協議の場」の法制化によって、事務事業における国の統制はやや希薄化した。中央地方関係の実態では「分権化」（A型化）が進んだ。

⑦の東日本大震災復興と地方創生では、防災・復興関係法や地方創生関係法に基づいて自治体の事務事業が増大したため「総合Ⅰ化」が進んだが、そうした事務事業では、補助金等を通じた国の統制が強まった面と、自治体の自主性に委ねられた面がみられるため、両面が相殺されて、中央地方関係の実態は「分権化（総合化）」に傾いたと考えられる。

⑧の新型コロナ対策では、新型インフルエンザ等対策特措法に基づく事務や、経済対策を含めて巨額の国庫補助金に基づく事務事業が拡大したため、「総合Ⅰ化」が進むとともに、そこにおける国の統制は強まったといえるため「統制化」が進み、中央地方関係の実態では「集権化」（D型化）が進んだと考えられる。

以上から、日本の自治体は多くの事務事業を抱えていたが、この30年間でさらに法令・補助金制度・条例に基づいて多くの業務を担当するようになって「総合化」が進んだし、「統制化」を進める施策や出来事もあったが、全体としては「自立化」が進んだと考えられ、中央地方関係の実態は「分権化」（A型化）の方向に移行したといえよう。

以上の観察は、それぞれの改革・施策の理解が妥当だとすれば、こういう変化になっているはずだという論理的な推論であり、何らかの証拠に基づく実証的な把握ではないし、それぞれの改革・施策の影響を計量的に評価しているわけではないため、合成の結果も試論にすぎない。ただ、中央地方関係の実態は、分権改革を含む様々な改革・施策によって形成されるという見方（後述の改革合成仮説）に立って、分権改革30年の変遷を描いてみたものである。

図表6　分権改革以降の中央地方関係の変容（1993〜2023年）

政策・改革 ＼ 分析枠組み	総合Ⅰ・Ⅱ←→特定	自立 ←→ 統制	全体的方向
①機関委任事務体制	総合Ⅰ型	統制型	総合・統制型（D型）
②第1次分権改革	（総合型）	自立化	分権化（自立化）

③政策法務と条例制定の進展	総合Ⅱ化	自立化		分権化（A型化）
④平成の市町村合併と三位一体改革	（総合型）		統制化	集権化（統制化）
⑤マニフェスト運動と議会の活性化	総合Ⅱ化	自立化		分権化（A型化）
⑥第2期分権改革	総合Ⅰ化	自立化		分権化（A型化）
⑦東日本大震災復興と地方創生	総合Ⅰ化		（統制型）	分権化（総合化）
⑧新型コロナ対策	総合Ⅰ化		統制化	集権化（D型化）

（出典）筆者作成。

(2) 分権改革30年は中央地方関係のどこを変えたか（各論）

　次に、分権改革30年で中央地方関係のどこが変化したか、各論的な観察を試みよう。

　第1に、中央地方関係の「地方」には、都道府県も市町村もあるし、政令市も中核市もある。また広義の中央地方関係には、都道府県と市町村の関係も含めて検討すべきであろう。

　まず、かつての都道府県は多くの機関委任事務を担当し、国の統制を強く受けるとともに、市町村に対する監督的権限を有していたが、第1次分権改革によって国からの自立性を獲得する一方で、市町村に対して対等・協力の関係を築くことが求められた。二重の意味で都道府県の主体性・アイデンティティが問われたのである（礒崎2000）。その後、人口減少によって市町村に対する補完機能を求められ、都道府県と市町村の関係も変わりつつある。

　次に、第2期分権改革では、都道府県から政令市・中核市・一般市への権限移譲が進んだため、特に大都市圏の都道府県の役割が低下するとともに、政令市・中核市と町村の所掌事務の格差が拡大した。前述の集権－分権の枠組みでいえば、都道府県の「特定化」が進むとともに、政令市・中核市の「総合化」が進んだといえる。

　第2に、行政分野別に中央地方関係をみると、土地利用・まちづくり分野では、かつて機関委任事務の拘束力が強かったのに対し、第1次分権改革によって多くの事務が自治事務となり、通知通達の見直しも行われて「自立化」が進んだ。第2期分権改革では、都市計画等の権限が政令市・中核市等に移譲されて、都道府県はやや「特定化」が進み、政令市等は「総合化」が進んだ。環境、産業、教育等の分野でも、概ね同様の変化が生じた。

これに対して、前述のように社会福祉の分野では、もともと団体事務とされていたし、前述の構造改革によって複雑かつ詳細な法令がつくられ、事務的・財政的な負担も増して、自治体の裁量は限定されるようになった。「統制化」が進んだといえる。

(3) なぜ地方分権が進まないのか

(1)で述べたように、分権改革30年で紆余曲折はあったものの、全体としては分権化が進んだというのが本稿の認識である。しかし、第1次分権改革の理念からいえば、現在の状況は満足できる状態・水準ではない。では、なぜ地方分権は期待されたように進展あるいは定着しなかったのか。**図表7**のとおり、考えられる仮説を提示しながら検討してみよう。

第1に、分権改革が不十分だから成果が表れていないという「未完の改革仮説」が考えられる。私も、第2期分権改革までの中途半端な成果では、これを主体的な地域づくりに生かせと言われても無理があると考える。この仮説は、成果が出ない要因としては説得力がある。

第2に、一定の改革が行われたのに、自治体側がその成果を生かせていないという「努力不足仮説」が考えられる。しかし、期待される水準に照らして努力が足りないことが事実だとしても、なぜ努力しないのかという理由・原因を示さなければ、説明としては不十分であろう。この点に関してさらに3つの仮説が考えられる。

①地方分権が必要だ、地方分権によって地域をよくするという意識が欠けているという「意識不足仮説」がありうる。ただ、関係者の意識が不十分なのは、多かれ少なかれどんな時期・組織においても当てはまることであり、日本の過去30年の地方分権に特徴的な要因なのか疑問がある。

②自治体側に改革の成果を生かすだけの余裕がない、すなわち財源や人員などの資源が不十分だという「余裕不足仮説」がありうる。この仮説は、前述の2000年代以降の自治体を取り巻く環境を考えると、説明力がある。

③人は自らの利益（損得）に即して行動するものであり、自らの利益につながらなければ、分権改革の成果を生かそうとしないという「損得勘定仮説」がありうる。損得勘定でいえば、自治体職員は自ら施策を立案するより国の政省令や通知に従う方が楽だし、失敗しても責任を転嫁できるため、分権化には反対しやすい。ただ、損得勘定からいえば、自治体職員は基本的に地方分権に反対するはずであり、かつては求めていたのに、いま求めていないとすれば、その変化の要因

を説明できていないように思われる。

　第3に、中央地方関係は、様々な改革や施策によって形成されるものであり、集権化をもたらす改革や施策もあったために分権改革の効果が打ち消されたという「改革合成仮説」が考えられる。この仮説は、マクロに見ると相当の説明力を有しており、本稿も、(1)ではこの仮説に立って分権改革30年の変遷を説明したことになる。

　以上のように分権改革が進まない理由として、細かくいえば5つの要因・背景が考えられるが、私自身は、A「未完の改革仮説」、B2「余裕不足仮説」、C「改革合成仮説」がより説得力を有していると考える[12]。

図表7　地方分権が進まない（成果が表れない）理由

仮説		仮説の内容と主張例	評価
A	未完の改革仮説	制度改革が不十分だから成果が表れていない 例：地方自治制度研究会編2015：152（松本英昭）＝「岩盤が残っているために、そこから次から次に地方分権の理念とは違う制度と仕組みが生じてきています」	成果が現れない要因として説明力あり
B	努力不足仮説	一定の改革が行われたのに、自治体側がその成果を生かす努力をしていない 例：西尾2013：77，95＝「この大きな成果が活かされておらず、その恩恵が地域住民にまで及んでいない点がまことに残念」	努力しない理由が重要 →3つの仮説へ
	B1　意識不足仮説	地方分権によって地域をよくするという意識が欠けている 例：嶋田2017：289，296＝変化の乏しさの原因を自治体職員の働き方に求める「自治体職員の認識・意識・力量不足」仮説が説明力が高いとする	地方分権に特徴的な要因か、説明が必要
	B2　余裕不足仮説	自治体側に改革の成果を生かす余裕がない、財源や人員などの資源が不十分だ 例：礒崎2021：203＝「余裕がない」症候群が分権を阻害	地方分権を進めない要因として説明力あり
	B3　損得勘定仮説	関係者は自らの利益につながらなければ、分権改革の成果を生かそうとしない 例：秋月2001：22，173－176＝政治的アクターの行動の要因として①利益、②制度、③イデオロギーに着目し、地方政府は分権に反対することもあるとする	いま地方分権が停滞している要因か、説明が必要
C	改革合成仮説	中央地方関係は様々な改革や施策によって形成される。集権化をもたらす改革や施策により効果が打ち消された 例：礒崎2023：20＝「この間、『集権化』（特に統制化）を進める政策・改革も多かったために、『分権化』（特に自立化）の効果が打ち消された」	マクロな意味では説明力あり

（出典）筆者作成。

8 「立法分権」の可能性－第3期分権改革へ

以上の概観を踏まえて、今後どういう方向をめざすべきだろうか。

第1に、今後も分権改革を続けるべきだろうか。

近年、分権改革を主導してきた有識者から分権改革休止論が唱えられている。たとえば西尾勝氏は、「『分権改革を続けろ、続けろ』と言うことをしばらくお休みする。…（中略）…そうして自力を蓄え、次に絶好のチャンスが巡ってくるときに備えて弾込めをする。」とし、神野直彦氏も「今は、どちらに転ぶかわからないところで動いていますので、戦略的に言うと差しあたりは塹壕戦かなと思っています。」と語っている（地方自治制度研究会編2015：159、151）。

しかし、本稿でみてきたように、第1次分権改革で国の行政的関与を縮小する一般法改革を行い、第2期分権改革でいよいよ国の立法的関与を見直す個別法改革に着手したのに、方法論の壁もあって視野が狭くなり、国民の関心も失われた。この時点で改革を休止したのでは、日本ではこれが精一杯だったということになり、今後のチャンスも到来しないのではないか。そもそも分権改革は「わが国の政治・行政の基本構造をその大元から変革しようとするもの」であり、「一朝一夕に成し得る性格のものではない」とされていた（地方分権推進委員会1996）。目標の一部しか実現できていないこの段階で、分権改革の旗を降ろすべきではない。

第2に、では、今後どのような改革が求められるだろうか。

地方分権は、**図表4**のとおり、立法分権、行政分権、財政分権の3つに大別される。この間の第1次分権改革は「行政分権」に属するし、三位一体改革は「財政分権」に属する。第2期分権改革のうち権限移譲は「行政分権」（そのうち権限移譲方式）に属するが、義務付け・枠付けの見直しは、条例委任を進める点で「立法分権」に該当するようにみえるものの、自治体の行政権に委ねるべき事項まで国の法令で規律しているために、その規律を是正するものにすぎず、本質的には「行政分権」（そのうち自由度拡充方式）に属すると考えられる。

しかし、現在のように国が制度設計の権限をほぼ独占したまま「行政分権」を進めても、地方自治の理念を実現することは難しい。また、人口減少・少子高齢化など地域の課題が深刻化する中で、地域の実情に合った制度・政策でなければ課題解決は難しい。特に政策資源が減少する縮減時代では、制度・政策の骨格は

国がつくるとしても、細部は自治体が地域の実情に合わせて設計し、かつ執行する体制が求められる。そのために、自治体の制度・政策をつくる権限を拡充する「立法分権」を進める必要がある[13]。

第3に、「立法分権」のためには、具体的に何をすべきだろうか。次の6つの改革が考えられる（詳細は礒崎2021：第4章）。

① 法令の過剰・過密の現状を是正し、統合・簡素化を行うこと。

② 各自治体が独自条例を制定し、地域課題の解決に取り組むこと。

③ 各自治体が法定事務条例（法律に基づく事務の具体的な基準、手続等を定める条例）を制定し、法令事務をカスタマイズすること。

④ 法律で条例による「上書き権」を認めること。その立法形式として、通則法で上書き権を保障するとともに、個別法でその対象から除外することを可能とする「組み合わせ方式＋ネガティブ・リスト型」が考えられる。

⑤ 条例制定権を拡充するための立法措置を講じること。たとえば、「法律の範囲内」（憲法94条。地方自治法14条1項参照）という制約は、国が本来果たすべき役割に係る法律の規定に限定することが考えられる（礒崎2023：262－265）。

⑥ 自治体参画のルールを組み込むなど国の立法過程を見直すこと。

閉塞状況にある第2期分権改革の幕を下ろして、「立法分権」を掲げて第3期分権改革に着手すべきだ。

【注】

1　本稿は、礒崎2021（特に第1章、第2章、第4章）、礒崎2023（特に第1章、第2章、第3章）を基礎として、分権改革30年の改革と変容を大づかみに描くことを目的としており、試論にわたる部分も少なくないことをお断りする。また本稿は、2023年度日本行政学会研究会・共通論題Ⅰ「地方分権改革を再考する―分権決議30年」（以下「共通論題Ⅰ」という）における報告内容を論文化したものである。

2　中央地方関係の類型分析のため様々なモデルが提示されてきた。たとえば、集権―分権と融合―分離の軸を提示する天川モデル（天川1981）、これを修正した西尾勝氏の類型論（西尾2001：60－66）、集権―分権と集中―分散の軸を提示する神野直彦氏の類型論（神野2007：296）が注目されてきた。近年では曽我2022：235－242が、集中―分散と融合―分離の軸を提示し、その合成として集権―分権の比較を行おうとし

ている。2つの評価軸を合成して「集権—分権」の評価軸を設定するというアイディアは、同書から示唆を受けた。

3　機関委任事務を定める法律数は432件であったが、この見直しによって自治事務になった法律が298件（54.7％）、法定受託事務になった法律が247件（45.3％）、国の直接執行事務となった法律が51件、事務自体が廃止された法律が40件であった（法律数であるため合計は一致しない）。地方六団体・地方分権改革推進本部Web2023参照。

4　介護保険制度の導入に主導的な役割を果たした大森彌氏は、「介護保険法の各条項は、ほとんどすべて『自治事務』として構成されている。この点で分権改革の流れに沿っている。」としつつ、「相当細かな政省令規定になっており、国が関与しすぎではないかという指摘もある。したがって、時期を見て、細かすぎる政省令は廃止し、各市町村の裁量にゆだねる範囲を拡大していかなければならない。」としていた（大森2000：50）。しかし、そうした政省令の廃止も改正も行われていない。

5　この検討の中で特筆すべきことは、地域主権改革において国の出先機関の原則廃止が打ち出され（地域主権戦略大綱・第4）、国の出先機関が担当する道路・河川管理の事務を都道府県に移譲することが検討されたことである。各省庁の強い反対等によって、都道府県の広域連合（特定広域連合）がつくられた地域に限定して権限移譲を行う「国の特定地方行政機関の事務等の移譲に関する法律」案が閣議決定されたが（2012年11月）、市町村の反対も強く自公政権の復活の中で国会提案にもいたらなかった。

6　民主党政権が進めた地域主権改革では、地方分権を改革の「一丁目一番地」として幅広い課題を掲げたが、理念や必然性の乏しい「ごった煮改革」となり、成果を挙げられなかった。これに対して西尾2013：92−93は、民主党政権が義務付け・枠付けの廃止に関する地方分権改革推進委員会の勧告のおよそ半数を実現させたことを指摘し、「全省庁がゼロ回答をしているものを敢えて勧告している」中で、「政務三役が強力に改革の実現に向けて省内に働きかけ」て、「半分でも実現したのは、民主党政権の誠実な尽力の成果」であり「政権交代の効果」であると評価している。

7　大量の法制度を見直す方法として、礒崎2023：86−88では、a.一括改正方式、b.個別撃破方式、c.特別組織方式、d.競争提案方式、e.特例容認方式が考えられるとした。

8　実際には、所管省庁が「廃止」や「全部の条例委任」を選択するはずはなく、「補正の許容」も国はコントロールしにくいため、残る選択肢は「一部の条例委任」となる。この判断枠組みが一見論理的に見えて、実は論理的でも効果的でもない点が、この改革が全体として「アリバイづくり」のようになった要因だと思われる。

9 礒崎2023：256は、法令による規律の根拠として、A国家的統一性、B規格的統一性、C人権的統一性、D広域的統一性、E政策的統一性を挙げ、それ以外の規律（後見的規律、その他の規律）は、統一すべき理由がないため、廃止または枠組み規定とすべきだとした。

10 地方創生推進交付金などは、2014年度補正予算から2019年度当初予算まで計8,800億円が予算化されてきた。内閣官房まち・ひと・しごと創生本部事務局2019参照。

11 礒崎2023：125-126では、国が地方創生施策において自治体の自主性を強調しつつ、KPIの設定やPDCAの取組みを求めていることに着目して、自治体自身に目標を定め、その実現に向けて努力させる「目標管理型統制システム」になっていることを指摘した。

12 注1で述べた共通論題Iでは、私のこの点に関する報告に対して、「自治体職員の認識・意識・努力不足」仮説（嶋田2017：289、296）をとる嶋田暁文会員（討論者）から、「自治体職員のあり方・働き方」の変革を実現することが先決ではないか、現状のまま分権改革を進めても現場では「分権は自分たちの仕事とは関係ない」という認識が広がるだけではないか、（礒崎には）自治体や首長・自治体職員の能力・合理性について高い評価があるのではないか、という指摘をいただいた（要約は礒崎）。重要な指摘であるが、私自身は、自治体の方針は住民の意思に基づいて首長・議会が決定するものであり、職員はその方針に従うべきであること、首長・議会の方針が明確であれば、職員は求められる対応を誠実に行う姿勢と能力を有していること、その意味で首長・職員の対応能力は相当に高く、「立場が人をつくる」ことを加味すると、まず改革を行うことが重要であることを強調したい。

13 注1で述べた共通論題Iでは、私のこの点に関する報告に対して、玉井亮子会員（討論者）から、自治体側は地方分権を望んでいるのか、なぜ日本では「立法分権」にいたらないのか、分権の順序と「分権が進まない」ことは関係しているのか、「画一的・標準化」が必要な分野もあって「立法分権」は限定的にならざるを得ないのではないか、という指摘をいただいた（要約は礒崎）。私自身は、仮に自治体側が望まなくても国民・住民のために地方分権が必要であること、機関委任事務制度によって自治体の執行権が制約されてきた日本で「行政分権」が先行したのは自然であること、その制約は政省令などの立法統制による部分も大きいため（法令の過剰過密）、早晩「立法分権」が求められるのも当然であり、その順序より連続性が重視されるべきであること、立法分権でも、国と地方の適切な役割分担が重要であり、確かに画一化・標準化が求められる分野もありうるが、注9で示した国家的統一性、人権的統一性など立法統制の根拠を明らかにする必要があることを指摘したい。

【参考文献】

秋月謙吾2001『行政・地方自治（社会科学の理論とモデル9）』東京大学出版会

天川晃1981「広域行政と地方分権」『ジュリスト増刊総合特集29　行政の転換期』有斐閣

礒崎初仁2000「分権改革の焦点は都道府県にあり―新しい『都道府県のかたち』の創造」西尾勝編著『都道府県を変える！―国・都道府県・市町村の新しい関係』ぎょうせい

礒崎初仁2010「都道府県制度の改革と道州制―府県のアイデンティティとは何か」同編著『変革の中の地方政府―自治・分権の制度設計』中央大学出版部

礒崎初仁2013「分権クローズアップ・有識者へのインタビュー（第6回）礒崎初仁氏インタビュー（1〜3）」内閣府Web

http://www.cao.go.jp/bunken-suishin/closeup/yuushikisha-index.html

礒崎初仁2017『知事と権力―神奈川から拓く自治体政権の可能性』東信堂

礒崎初仁2018『自治体政策法務講義（改訂版）』第一法規

礒崎初仁2021『立法分権のすすめ―地域の実情に即した課題解決へ』ぎょうせい

礒崎初仁2023『地方分権と条例―開発規制からコロナ対策まで』第一法規

江藤俊昭2011『地方議会改革―自治を進化させる新たな動き』学陽書房

大森彌2000「分権改革と地域福祉」大森彌編著『分権改革と地域福祉社会の形成』ぎょうせい

北村喜宣2004『分権改革と条例』弘文堂

北村喜宣・山口道昭・出石稔・礒崎初仁編著2011『自治体政策法務―地域特性に適合した法環境の創造』有斐閣

木寺元2012『地方分権改革の政治学―制度・アイディア・官僚制』有斐閣

小池治2011「自治体政策法務と人材育成―政策形成と法務の融合をめざして」北村喜宣ほか編著『自治体政策法務―地域特性に適合した方環境の創造』有斐閣

斎藤誠2012『現代地方自治の法的基層』有斐閣

自治体法務検定委員会Web2023「自治検」https://www.jichi-ken.com/

嶋田暁文2017「自治体職員の働き方改革と自治体行政システムのあり方―分権改革論議で見落とされてきたもの」阿部昌樹・田中孝男・嶋田暁文編『自治制度の抜本的改革―分権改革の成果を踏まえて』法律文化社

神野直彦2007『財政学（改訂版）』有斐閣

曽我謙悟2022『行政学（新版）』有斐閣

地方自治研究機構Web2023「条例の動き」http://www.rilg.or.jp/htdocs/reikilink.html

地方自治制度研究会編2015『地方分権　20年のあゆみ』ぎょうせい

地方分権改革有識者会議2014『個性を活かし自立した地方をつくる―地方分権改革の総括と展望』

地方分権推進委員会1996『中間報告』

地方六団体・地方分権改革推進本部Web2023「機関委任事務制度の廃止」
https://www.bunken.nga.gr.jp/activity/chronology/bunken/kikanininjimu/

内閣官房まち・ひと・しごと創生本部事務局2019「第1期『まち・ひと・しごと創生総合戦略』に関する検証会の状況報告」2019年4月9日

内閣府Web2023「地方分権改革　提案募集方式」
https://www.cao.go.jp/bunken-suishin/teianbosyu/teianbosyu-index.html

西尾勝1990『行政学の基礎概念』東京大学出版会

西尾勝2001『行政学（新版）』有斐閣

西尾勝2007『地方分権改革（行政学叢書5）』東京大学出版会

西尾勝2013『自治・分権再考―地方自治を志す人たちへ』ぎょうせい

西尾勝編著1998『地方分権と地方自治（新地方自治法講座12巻）』ぎょうせい

増田寛也編著2014『地方消滅』中央公論新社

松本英昭2000『新地方自治法詳解』ぎょうせい

水口憲人1996「分権改革と中央地方関係」日本行政学会編『分権改革―その特質と課題』ぎょうせい

村松岐夫1988『地方自治』東京大学出版会

村松岐夫1996「日本における地方分権論の特質―絶対概念から相対概念の分権へ」日本行政学会編『分権改革―その特質と課題』ぎょうせい

村松岐夫2001『行政学教科書（第2版）』有斐閣

21世紀の地方分権と「地方税財源充実確保方策」提言の位相
—自治財政局の政策選好と外部者への対応を射程に—

谷　本　有美子

―　要旨　―

　本稿は、21世紀の地方分権改革を通じて、地方財政を所管する総務省自治財政局が地方財政改革に関わる外部者の制度改革提案にどのように対応したのかを問いとし、そこから何を得たのかを明らかにする試みである。

　はじめに、地方分権改革推進委員会「最終報告」における「地方税財源の充実確保策」に関わる論点を確認した上で、21世紀の地方分権改革で捨象されたテーマと自治財政局の所掌事務との関係を整理する。ついで、総務省の「地方財政改革」の領域における政策選好に着眼し、自治権拡充系と自治体放任系の政策選好で対立する論点を検証する。その上で、自治財政局における財政再建法制と地方債の資金調達をめぐる制度改革案への対応に着眼し、自治体の財政運営に対する新たな後見体制と地方債の共同発行機関が形成される過程を考察していく。

　こうした中から、自治財政局のグレーゾーン組織の所在とその活動範域の拡大、パターナリズムの可能性を展望する。

▷キーワード：地方分権、自治財政局、地方分権21世紀ビジョン懇談会、地方債、パターナリズム

はじめに

　本稿は、国会の分権決議から30年を経た今日、これまでの地方分権改革を精察する視点の一つとして[1]、主に地方財政を所管する総務省自治財政局（旧自治省財政局）が、政策アイディアをめぐる外部者との対立関係を乗り越え、それを解決に導くために繰り出した「アート（技能）」（今村1985：118）[2]の側面に着眼する。「21世紀の地方分権改革において、地方税財源の充実確保問題に関わる外部者の制度改革提案に、自治財政局はどう対応したのか。」を問いとし、その過程で誕生した地方財政のグレーゾーン組織[3]の所在と、その活動範域（ドメイン）

で展開されるパターナリズムの可能性を明らかにしようとするものである。

　21世紀の地方分権改革を取り上げた行政学・政治学分野の先行研究には、「三位一体改革」における「財務省対総務省」の対抗関係に着眼しその政治過程をゲーム理論的に論じたものや、小泉内閣で重用された「新自由主義派」の外部者を主導アクターと捉え、その政策アイディア実現に向けた支持調達を分析したものなどがある[4]。本稿は、それら先行研究を所与のものとしつつ、官僚機構の外部者による制度改革案への自治財政局の対応を立脚点とし、そこから生起された地方財政の新「装置」の展開を視野に入れていることが、新たな試みとなる。

　まず、それら外部者の地方分権に対する政策選好を措定するに際し、森田朗が提唱した「分権の論理」を援用する。地方分権改革推進会議（以下「分権改革会議」と記す。）の主要メンバーとして検討に関わった森田は、そこでの論争をベースに「分権の論理」を次の３つに類型化した（2003b：16，2003c：61）。①集権的システムを改革し、自治体の権限を拡充することが必要であるという「自治権拡充論」、②相対的に組織規模が小さな自治体に事務を委ねることによって、より柔軟で効率的な行政活動の仕組みを形成することが望ましいと考える「行政改革論」、③中央政府による規制をできるだけ緩和し、自治体を競争的環境に置くことによって生み出される活力に期待する「自治体放任論」である。

　本稿ではこの類型が分権改革会議での論争を基に整理されたことを踏まえ、上記の政策選好に連なる政策コミュニティも系統的なものとして扱い、「自治権拡充系」「行政改革系」「自治体放任系」と称していく。「自治権拡充系」は総務省、「行政改革系」は財務省、「自治体放任系」は新自由主義派の外部者、の政策選好に重なるものと捉え、地方六団体を「自治権拡充系」に含めている。

　さて、21世紀当初の地方分権改革は小泉内閣の時代に進行し、当時の経済財政諮問会議には、外部者である民間議員の政策アイディアが導入・活用されたことから（城山2006：77）、国地方の財政関係に関わる問題も、従前からの財務省・総務省の政策コミュニティとは異質の政策選好が、政策形成過程に強烈なインパクトを与えてきた点には、数多くの指摘がある。それだけに、地方分権改革というテーマを検討する際にも、「自治体放任系」から提起された政策アイディアの作用を、まず検討の焦点とすべきであろう。

　また、この時期の総務省には、「自治体放任系」外部者の象徴ともいうべき竹中平蔵大臣体制が誕生し、2006年から約１年間、地方税財政を所管する官僚機構

が「自治体放任系」の指揮命令系統下におかれている。こうした環境条件も、自治財政局の地方分権改革への対応を検証する際には無視しえない。竹中大臣が次の地方分権改革に向け、地方財政制度の抜本的な見直し策を検討するとして設置した私的諮問機関「地方分権21世紀ビジョン懇談会」が、それまでの「自治権拡充系」による既定路線とは明らかに異質な改革案を提起したことは、その象徴的な出来事である。

　留意しておきたいのは、のちの第二次地方分権改革の審議では、これらの項目の大半がアジェンダから消滅していることである。その一方で、自治財政局所掌事務として法の企画立案に至っている提言項目がある。その推移を追跡すると、たとえば法制化された地方財政健全化法では、「自治体放任系」が提言した「破綻法制」の制度改革案に、一部「相乗り」したかのような制度設計が施されているのである。それが、分権一括法で具現化した地方債協議制度への移行に伴う政策課題として、自治財政局が先行検討していた内容であった点は後に詳述する。

　こうした点が、自治体放任系の改革提案に対し、総務省（自治財政局）はどのように対応したのか、という冒頭の問題関心へとつながる。政策選好が交わり得ない「自治体放任系」からの制度改革案に対処しながら、課題解決への道筋を整えた自治財政局のアート（技能）への関心である。そこで本稿は、「自治権拡充系」の政策コミュニティに支持される自治財政局が、「自治体放任系」が提起した制度改革案に対応する過程を分析・考察の対象とするものである。

　分析にあたっては、拙稿（2019）で明らかにした旧内務省地方局から旧自治省への系譜を有する「地方自治の責任部局」（自治財政局）の機能特性、すなわち地方の「代弁・擁護」機能と「監督・統制」機能の補完的関係で形成される「パターナリズム」を基軸にする。地方分権改革の過程で見出された自治財政局の政策選好の「揺らぎ」を糸口にしながら、「地方財政」政策で発揮されるパターナリズムの特性を明らかにすることを試みる。具体的には、地方分権推進委員会「最終報告」が示した「地方税財源の充実確保方策」提言を起点に、「地方分権21世紀ビジョン懇談会」と地方六団体の「新地方分権構想検討委員会」が提起した論点を主な分析項目とし、政策過程に携わった当事者らの論考を補助線としつつ、自治財政局の対応をアート（技能）の側面で考察していきたい。

　なお、本稿による検証の終点は第二次地方分権改革の開始期まで、とする。第1次安倍内閣からは政権の地方分権改革への関心が徐々に低下し始め、福田内閣

での重要施策は「地方再生」へと移行する。麻生内閣では、リーマンショックを契機にさらに地方への投資を加速し、地方分権を取り巻く局面が変化する様相が看取される。紙幅の制約もあり、こうした局面変化の影響を考慮して、第二次地方分権改革以降の検証は別稿に譲りたい。

1　地方分権推進委員会最終報告から「三位一体改革」への継承と捨象

⑴　地方分権推進委員会「最終報告」の論点

　地方税財政の問題については、第一次地方分権改革で「積み残された」課題となり、「三位一体改革」へ引き継がれたテーマであるがゆえにそこでの争点が目立つ傾向にある。本稿は、地方分権推進委員会最終報告（以下、「最終報告」と表記。）を起点にして、21世紀の地方分権改革で検討された地方税財政改革の問題を検討対象としているため、最初に最終報告第3章の「地方税財源充実確保方策についての提言」から基本的な内容を整理・確認しておく。

　2001年6月14日公表の「最終報告」は、第一章で「委員会の基本姿勢」を示している。それは、「地方税財源の充実確保方策」についての提言が地方公共団体の「歳入の構造を変え、その質の転換を図り、地方公共団体の財政面の自由度を高めること」を目的としていることである。「自己決定・自己責任の原理」を「財政面の領域にまで」及ぼすという目的が強調されている。

　その上で第三章において、次のような「基本的方向」に立脚して「地方税源の充実」の具体的な改革事項が示されている。歳入面での自由度を増すこと、地方税収入の割合を高めることで受益と負担の関係を強化し、「施策の実施に必要な財源の相当部分は当該地域からの税収で賄」うこと、「財政力の弱い地域には財政調整制度で対応」すること、「個別事業に係る国庫補助負担金は真に必要なものに限る」こと、が望ましい方向として打ち出されている。

　地方税収入の割合を高め、そこに生じる歳出規模と地方税収の乖離は縮小させる、住民の受益と負担の対応関係を明確化する、という改革の方向性は、戦後改革期に「市町村優先の原則」を主軸に「シャウプ勧告」が提唱した地方財政に関わる改革案[5]を踏襲するかのような方向性である。

　ただし、その前提には、歳入中立の考え方が示されている。「国地方を通じた現在の租税負担率に制度的変更を加えない前提で地方税源の充実を行うため」に、「税源移譲額に相当する国庫補助負担金や地方交付税の額を減額するなどにより、歳入中立を原則とすべき」との考え方である。当時は、国・地方を通じた

財政構造改革が進められていたこともあり、地方分権推進委員会の調査審議事項の枠を逸脱して国・地方を通じた増減税に関わる発言を差し控える（「最終報告」）との立場から、国と地方を通じて国民の租税負担率に制度的変更を加えないとの方向性を明確に打ち出していたのである。

　他方、歳出面の自由度については、「国の関与の廃止や法令等による歳出や事務事業の義務付けの見直しを行い歳出の自由度を高めていくことが必要である」として、国の関与廃止はもちろん、後の第二次地方分権改革でアジェンダとなる、法令に基づく地方の財政負担や国による義務付け問題にも言及している。「歳入歳出両面の自由度を合わせ増していくこと」が、「地方分権の実現にとって不可欠な要素」であるとの考え方を強調する提言であった。

　以上のような「基本的視点」に沿った「II地方税源の充実策」の項では、具体的な改革事項として、「1地方税充実確保の方策」と「2課税自主権の尊重と租税原則」が挙げられる。まず、基幹税目の更なる充実が不可欠として「税源移譲により個人住民税の最低税率を引き上げること」により個人所得課税に占める割合を高めていくことが望ましいとし、その一方で「自主課税の努力が必要」として「法定外税の他、超過課税などの活用についても幅広く検討していくべき」とした。地方にも歳入の自立性を高める努力を求めている。

　「IV地方税源充実に対応する国庫補助負担金、地方交付税等の改革」の項では、「国の関与の強い特定財源である国庫補助負担金」をまず削減の対象とすべきことが掲げられた。その上で、地方交付税改革については、「地方税の充実に伴い」「総額は減少」が見込まれるとしつつも、「財政力の格差を是正するという地方交付税制度の役割は依然として重要」と水平調整の役割が強調されている。

(2)　「三位一体改革」の争点

　以上のように「最終報告」が示した「地方税財源充実確保策」のうち、税源移譲と国庫補助負担金の改革の問題については、地方分権推進委員会の後継会議体として2001年7月に設置された「地方分権改革会議」に主要なアジェンダとして引き継がれた。しかし同会議が小泉首相から指示された「国庫補助負担事業の廃止・削減」についての検討過程で委員間の見解が強く対立したこと（砂原2007：141）などから、検討のアリーナは経済財政諮問会議に移行し、地方交付税改革も含めた「三位一体改革」の形でアジェンダ設定されていく。

　「三位一体改革」では、国から地方へ3兆円の税源移譲、約1.7兆円の国庫補

助負担金の改革、地方交付税総額の削減、という政治決着に至った。この政治過程については、緻密に分析された先行研究（森田：2003、砂原：2008、北村：2009など）があり、ここでは深く立ち入らないが、本稿との関連で論点を見出せば、自治財政局が既述の分権論理で「行政改革系」と目される財務省への対抗、また、「自治体放任系」への対抗を優先し、総務省が地方との関係をこじらせたとされる地方交付税改革の問題が目に留まる。具体的には、地方交付税算定の簡素化を図り、総額の縮減を行った総務省の「先取り的対応」（北村2009：128）である。中央にあって地方を「擁護」する省として地方の支持を得てきた総務省のこの対応が、合併推進策とも相まって地方からの不信感を高め、のちの地方税財政改革に影響をもたらしたことが指摘される（宮脇2010：85）。

(3) 捨象されたテーマと自治財政局の所掌事務

　ところで「最終報告」には、「三位一体改革」では扱われなかった問題もいくつか提言されている。たとえば、地方税源充実に伴い発生する偏在問題、地方交付税算定の見直し、地方債資金の円滑な調達（地方債共同発行機関の重要性）といったテーマである。これらのテーマを本稿の問題関心、総務省（自治財政局）が外部者からの制度改革提案にどう対応したのか、を検証する前提として、まずこれらの問題と「省庁間の政治手続き」（今村1985：118）との関係、すなわち各省の干渉が不可避な事項かという観点から確認しておきたい。

　「最終報告」の提言のうち「三位一体改革」で争点化した事項は、通常の政策過程でも次のように各省との競合・競争関係を招来する。地方の「歳入」の自由度を拡充する「国から地方への税源移譲」や「課税自主権」の問題は、国税収入の問題と表裏一体の関係にあり、財務省との折衝が不可欠な問題である。また、地方の「歳出」の自由度拡大をめざす「国庫補助負担金の改革」や「地方交付税の改革」の問題については、財務省との折衝はもちろん、個別行政を所管する各省との折衝が解決の鍵となる。小泉内閣の改革工程ではこうした省庁間調整の枠組みを超え、これに「自治体放任系」の外部者が加わり、冒頭に記した3つの分権論理が交錯する中で「政府レベルの」政治手続きが進められ、「政治決着」により終結に至ったことはすでに定説化している。

　一方、「三位一体改革」で捨象された、税源偏在問題への対応、交付税算定の見直し、地方債共同発行機関に関する問題は、いずれも自治制度官庁（金井2007：6）の総務省（自治財政局・自治税務局）が制度設計・運用を担う地方税

財政の政策領域にとどまる。それだけに通常これらのテーマは、総務省が各省との競合・競争関係に注意を払う必要性が低く、「省庁間の政治手続き」で干渉の対象とはなりづらい。それゆえ「三位一体改革」の過程でも、総務省による交付税算定簡素化の「先どり」対応は可能であった。なお、2000年地方分権改革を経て「対等化」した地方とは「交渉」が不可欠となり、かつ「自治体間の足並みの不調」が生じて問題が複雑化した面がある点は別な論点としてある。

2　総務省レベルの「地方財政改革」と政策選好の対立点

(1)　「自治体放任系」外部者の政策選好

　総務大臣私的諮問機関の「地方分権21世紀ビジョン懇談会」（以下「21世紀ビジョン懇」と表記。）は、2005年10月31日の内閣改造で竹中総務大臣が就任した約2か月後の2005年12月27日に「三位一体の改革後の将来の地方分権の具体的な姿をビッグピクチャーとして描き、それを実現する抜本的な改革案を議論するため」に設置された。構成員は、大田弘子座長以下いずれも外部者で「自治体放任系」（新自由主義派）の政策起業家が多数を占める[6]。それだけに、懇談会の制度改革案は「自治権拡充系」の「最終報告」との違いが際立つ。

　たとえば経済財政諮問会議委員も兼ねていた「自治体放任系」外部者の本間正明は、経済財政諮問会議の「国と地方との関係」に関わる論議でも、次のような問題提起を行っている。同会議への提出資料には、「4　地方交付税制度の改革【地方の負担意識を薄めるしくみを早急に是正】……ローカルな公共事業については、<u>事業費補正とか、地方債の起債許可をしてその償還費を各自治体の基準財政需要額に算入するという仕組みは14年度から見直すべきである。</u>……」[7]（※下線は筆者追記。）との内容が記されており、事業費補正や元利償還金の需要額への算入が地方の負担意識を薄めている、との問題を指摘していた。

　また、自治財政局が実質的な交渉役として各年度の地方財政計画の財源不足額を確保する「地方財政対策」や地方債の改革についても次のように指摘した。「……地方財政の自立を実現するために財政健全化に向けた取り組みを強化し、<u>地方財政対策からできる限り早期に脱却する。</u>」、[8]「……<u>地方債を市場が評価することを通じて、地方の財政規律を強化していく必要がある。</u>」[9]との記述からは、地方財政対策からの「脱却」とともに財政規律強化の観点から地方債の「市場による評価」を利用すべき、との政策選好が明らかにされる。

　なお、「21世紀ビジョン懇」は、「三位一体改革」の決着期から第二次地方分権

改革の準備期、いわば政府レベルの「地方分権改革」のインターバルの時期に総務省に発足し、また構成メンバーの関心も「地方財政の制度改革」に集中していたこともあり、自治財政局が事務局を務めた。その中で「自治体放任系」がめざす財政制度改革はすなわち、自治財政局による地方への関与の縮小ないし廃止も意味している。そうした政策選好が「21世紀ビジョン懇」の報告書にも反映されていくことになる。

(2)　「地方分権21世紀ビジョン懇談会」報告書の制度改革案

　2006年7月にまとめられた「地方分権21世紀ビジョン懇談会報告書」（2006.7.3）は、「1：自由と責任」「2：小さな政府」「3：個性の競争」「4：住民によるガバナンス」「5：情報開示の徹底」の5つの原則を分権改革のめざすべき方向性と打ち出し、大きく6つの政策をパッケージとして掲げている。竹中大臣が「裏部隊を活用して戦略的に作成」した（竹中2006：319）とされる政策プログラムである。

　具体的には、以下の6項目、①新分権一括法の提出（含む国庫補助負担金改革）、②地方債の完全自由化、③いわゆる'再生型'財政破綻法制の整備、④税源配分の見直し、⑤交付税改革（新型交付税、不交付団体の拡大）、⑥地方行革の新指針、の提言とともに、改革の短期的・中長期的な工程・スケジュールを記した工程表が付されている。主に、地方税財政の「制度改革」をめざす提案となっている。

　この中で、①新分権一括法の提出、⑥地方行革の新指針、の2項目については、竹中大臣在任中に着手された。①新分権一括法の提出スケジュールについては、「第29次地方制度調査会等で検討を開始（3年以内に法案提出）」と示されていたが、「骨太の方針に織り込んで政府の政策として位置づけ」ることに固執した竹中大臣が、自ら与党合意を取り付け「骨太の方針2006」にねじ込んだ（竹中2006：321）。また、「今夏を目途に新指針を策定・公表して全自治体に通知」としていた「⑥地方行革の新指針」は、約1か月後の2006年8月31日付で、総務事務次官通知「地方公共団体における行政改革の更なる推進のための指針の策定について」が発出されている。

　ところが、竹中総務大臣の退出以降の2007年4月に発足した「地方分権改革推進委員会」では、「21世紀ビジョン懇」報告書の項目はアジェンダとして取り上げられていない。2007年5月30日に公表された地方分権改革推進委員会「地方分

権改革推進にあたっての基本的な考え方」では、まず「(1)国と地方の役割分担の徹底した見直し等」として、国と地方の役割分担の徹底した見直し、権限移譲の推進、義務付け・枠付けの見直しと条例制定権の拡大、関与の見直し、チェックシステムの整備を列挙した。「21世紀ビジョン懇」報告書が、メインターゲットを地方財政としたのとは対照的に、前半には地方行政に関わる項目が並ぶ。

　ついで掲げられた「税財政改革」については、「(2)国と地方の役割分担を徹底して見直し、分権型社会に相応しい国から地方への思い切った税源移譲を推進。その際、地方税財源の充実確保、地域間の税収偏在の是正などの観点から、税源移譲、国庫補助負担金、地方交付税等の税財政上の措置のあり方について一体的に検討し、地方債を含め分権に適った地方税財政制度を整備」と一文に括られている。

　「21世紀ビジョン懇」では「④税源配分の見直し」として、「今後3年程度を目途に国と地方の税収比1：1を実現」すると目標年と税収比も示していたが、ここでは「思い切った税源移譲」と抽象的な表現になった。「国と地方の役割分担の見直し」問題を先行して税源移譲を検討するという形である。税源移譲問題は、事実上「棚上げ」されていく。「②地方債の完全自由化」、「③'再生型'財政破綻法制の整備」、「⑤新型交付税」への言及はない。このように「自治体放任系」の制度改革案は、提唱者の退陣とともに政府レベルの「地方分権改革」のアジェンダからフェードアウトしていく。ただし、「③'再生型'財政破綻法制の整備」というテーマについては、自治財政局の政策課題として制度改革に着手されていくことになる。これについては、後述する。

(3)　地方六団体「新地方分権構想検討委員会」の政策選好

　ところで、地方分権改革推進委員会のアジェンダから「自治体放任系」による提案項目が消滅した時期には地方六団体、いわば「自治権拡充系」の政策コミュニティが出した提言・要請も存在する。

　「21世紀ビジョン懇」の設置に先立ち、地方六団体が立ち上げた「新地方分権構想検討委員会」（以下、「地方六団体の検討委員会」と記す。）は、地方分権推進委員会の「補助金税財源等検討グループ」座長を務めた神野直彦東京大学教授（当時）を委員長とし、旧自治省時代から地方財政の政策コミュニティを構成するメンバー16名が名を連ねた。2006年5月11日に「分権型社会のビジョン（中間報告）」を公表後、6月7日には「地方分権の推進に向けた意見書（地方六団

体）」の形で、地方自治法の規定に基づき、内閣と国会に意見書を提出した。「分権型社会のビジョン（中間報告）」には、地方税の充実強化、「地方交付税」から「地方共有税」への名称変更、国庫補助金負担金の削減（総件数を半減、一般財源化）、財政再建（地方債共同発行機関の設立）といった項目が挙げられている。

　「地方六団体の検討委員会」と「21世紀ビジョン懇」との間では複数回の意見交換が行われており、意見書提出前日（６月６日）の意見交換後に行われた記者会見における神野委員長の発言では、双方の意見対立が如実に示されている[10]。「……新型交付税というようなこと、……基準財政需要の中の１割、これを面積と人口で計算するんだというご説明でございました。……<u>面積と人口で説明できる部分が仮に１割あったとしても、それは配る論議であって、需要を積み上げていく論にはなりません</u>よねと。……その１割について、……歳入歳出一体の改革でもって需要を抑えるという論拠が別な論理で入ってきたときに、これは削減される危険性が非常に高まる。……国民が最低限度の生活をするにはどの程度やるのがいいかということを計算するというか、<u>根拠づけるものと、配る根拠というのは一緒じゃないと</u>。……」（※下線は筆者挿入。）と交付税の算定あり方、地方交付税の財源保障に関わる根拠として地方財政対策を重視していることが読み取れる。

　また、地方債については「私どもの方は、……<u>地方債については、公営企業金融公庫などを</u>、例えばですが、<u>地方金融公庫というような全国的な共同発行機関に再編してやるべきだ</u>と、これは提案にも書いてあるところですし、私の学派といいますか、所属している学派も戦前から主張している議論ですので、……」（※下線は筆者挿入。）と、地方債共同発行機関の必要性を訴える。

⑷　「地方共有税」構想への対応

　以上のように「自治権拡充系」と「自治体放任系」との論点が対立するのは極めて自然なことであるが、「地方六団体検討委員会」から示された提案に対しても、自治財政局が同調していない事項があることに留意しておきたい。

　「自治権拡充系」の「地方六団体検討会議」が示した提言には、地方交付税を「地方共有税」とする構想も含まれていた。国の一般会計を通さず、国の特別会計に直接繰り入れ、地方固有の財源として明確に位置づけるものである。また、国と地方との協議の場として設置する地方行財政会議において法定率の改定や地

方税率の見直しを行うことも提案に含まれており、「地方自らも財源対策に責任を負う」（飛田2013：85）というシステムが構想されていた。

　地方税財政改革は「三位一体改革」を通じ逆風を受け、地方側、とりわけ合併推進の最中におかれた町村サイドでは地方交付税措置が死活問題となっていた。こうした事態を経て、法定率の引き上げ交渉の場への参加を求めていた提言には地方の切迫感が推し量られる。

　ただしこの構想は、現行制度で自治財政局が「地方財政対策」として財務省との折衝で担ってきた、地方交付税総額確保の役割を地方に委ねることを意味する。地方の「後見的な」役割の放棄につながるような「地方共有税」構想についても、第二次地方分権改革のアジェンダから、捨象されたのである。

　こうして、自治財政局は「地方六団体の検討委員会」からの提言を「地方債の共同発行機関」の問題へと収れんさせながら、「自治体放任系」からの制度改革案への対抗策の「後ろ盾」として活用していくことになる。

3　財政再建法制における「相乗り」と地方債改革案の「転用」

(1)　新たな再建法制と自治財政局の政策課題

　「21世紀ビジョン懇」報告書で提起され、第二次地方分権改革では検討俎上にのらなかった「'再生型'財政破綻法制」は、その後「地方財政再建促進特別措置法」（1955年制定、以下、「旧再建法」と記す。）の改正、「地方公共団体の財政の健全化に関する法律」（以下、「財政健全化法」と記す。）の制定へとつながっていく。

　「新たな再建法制」の必要性が高まったのは、2006年6月に顕在化した夕張市の「財政破綻問題」が契機といわれている（宮脇2010：79-80）。それは、夕張市が準用再建団体の指定を総務大臣に申請した直後の8月に、総務省は「新しい地方財政再生制度研究会」を設置し、財政健全化法（2007.6.22公布：2008年度決算から適用）の法制化をすすめた経緯によるものである。

　旧再建法が普通会計を対象とし、かつ前年度の「実質赤字比率」のみを判断指標としていたのに対し、財政健全化法では、新たに地方公社や第三セクターも含めた「連結実質赤字比率」が設定された。さらに、「実質公債費比率」と「将来負担比率」も加えた4つの指標で財政の健全化を判断するしくみとなった。各指標には、早期健全化基準と財政再生基準の数値が設定され、数値が早期健全化基準以上となった場合には財政健全化団体、財政基準以上となった場合は財政再生

団体として、規定に沿った計画を定めることになる。

　なお、のちに平嶋彰英総務大臣官房審議官（当時）が記した論説では、「地方
分権委員会第2次勧告で地方債許可制度の廃止と地方債協議制度への移行」が示
された旧自治省時代から「再建法制の見直しが必要と考えられていたこと」、「研
究会等で新たな財政指標や再建法制の見直し検討が行われていたこと」が明らか
にされており（平嶋2010：14）、自治財政局では、地方債改革の問題とセットで
この問題を捉えていたことがうかがえる。

　その根底に所在したのは、地方に対する「事前規制の緩和」に伴う「情報開
示、透明性の強化、事後規制の厳格化が必要になる」（平嶋2010：14）という自
治財政局官僚の問題認識である。新設された指標のうち、「実質公債費比率」が
地方債許可[11]の判断指標（旧制度は「起債制限比率」）とされたように、自治財政
局では、地方債協議制への移行に伴い、財政指標を用いて自治体の財政運営を管
理する方策を模索していた。

　「自治体放任系」が示した再建法制の制度改革案は、地方債発行に関わる規制
緩和の延長線上の問題でもある。それだけに制度改革案の「なかみ」には、旧自
治省時代からの省内研究会ですでに織り込み済みの事項もあった。たとえば、
「早期是正措置」という制度設計の着想は、「21世紀ビジョン懇」報告書で「透
明なルールに基づく早期是正措置を講じ、それでも上手くいかなかった場合に再
生手続きに入るという2段階の手続きとすべき」と言及されている。一方、自治
財政局が地方債協議制度の下で導入された「地方債発行に許可を要する」しくみ
を検討していた際にも「早期是正措置」との認識が示されている（平嶋2010：18
－19）。

　このように、財政健全化法の実務的な制度設計段階で「21世紀ビジョン懇」の
制度改革提言と自治財政局の政策アイディアが「相乗り」する形となった。企図
した政策手段の導入目的はそれぞれ異なるものの、必要性については双方に「共
通」していたのである。

⑵　「地方債の完全市場化」と地方債の円滑な資金調達

　これに対し、相容れなかった論点は「暗黙の政府保証」である。「自治体放任
系」の外部者は、地方債元利償還金の地方交付税措置、政府資金による地方債の
許可制度、起債制限や財政再建団体制度等、複合的に形成されている「暗黙の政
府保証」の存在を改革のメインアジェンダと認識し、次なる地方分権改革推進委

員会に引き継ぐことを予定していた（宮脇2010：87）。しかし、「暗黙の政府保証」を形成するしくみは自治財政局の所掌事務と密接不可分の関わりを有しており、「地方債の完全自由化」の制度改革提言は、自治財政局の権能を脅かす問題ともなる。

　「21世紀ビジョン懇」では、地方債のいわゆる「暗黙の政府保証」を前提とした資金調達のあり方を見直し、「地方債に対する地方財政全体のビジョンを描きなおすこと」が最終的かつ重要な課題と捉え（宮脇2010：86）、次のような「地方債の完全市場化」を提案した。①公募地方債の発行条件の統一交渉の即時全廃、②公営企業金融公庫廃止後の資本市場を活用した新たな枠組み（公営企業金融公庫の廃止後は、国は新たな政府保証を行わない。公営企業金融公庫の承継法人は、経過措置の業務を行う。小規模自治体等、単独での地方債発行が困難な自治体については、地域単位での共同地方債の発行制度などを導入し、資金調達の円滑化に配慮する。）、③地方債の多様化、④地方債に対する交付税措置の廃止、である。

　ところで、2000年施行の分権一括法が定めた地方債許可制度の廃止と協議制への移行については、国の財政構造改革が進行中で地方歳出にも抑制方針が打ち出されていたことから、第2次勧告（1997年）の時点で『『財政構造改革』期間中は許可制を維持」するとされていた。自治財政局では、2006年度まで先送りされていた地方債協議制への移行を前に、市場の信頼を確保しうる指標の設定を課題としていたのは前述のとおりである。

　こうした状況に加え、「地方債の円滑な資金調達」という政策課題も浮上していた。財政投融資改革による政府資金の抑制に加え、臨時財政対策債発行（嶋津2018：767）の影響もあり、地方債の民間資金調達比率は高まりつつあった。2001年度の地方債計画における資金調達先の内訳は、政府資金約47.3%、公営企業金融公庫資金11.9%、民間等資金40.8%の構成比であったのに対し、2004年度は、政府資金32.0%、民間等資金58.7%とその構成比が逆転し（丹羽2005：34）、地方債の市場化が進行し始めていたのである。

　「21世紀ビジョン懇」は「協議制」よりもさらに規制緩和をすすめる「完全市場化」を提言し、かつ「完全市場化」が実現するまでの間は、「暗黙の政府保証」が機能しない「不同意債」の比率を上げることも目標として掲げていたのである。しかし、協議制の下で自治体議会の議決を条件に発行される「不同意債」

の元利償還金は交付税措置の対象外となり、自治財政局による関与が及ばない。

　環境変化への対応とともに提言への対抗策としても自治財政局は、地方債の円滑な資金調達を促し、かつ一方で「不同意債」の発行にも歯止めをかけられる、新たな統制のしくみを必要としていた。双方の課題に対応しうるバロメーターが、財政健全化法上の財政指標設定であったといえよう。

⑶　「地方債の共同発行機関」の要請と「公営企業金融公庫」のゆくえ

　加えて、地方債における政府資金ウエイトの低下、民間資金割合の増加という環境変化に伴い、財政力の弱い自治体や町村等の小規模自治体が発行する地方債には、資金調達先の確保という問題が生じてくる。地方六団体検討委員会から「地方債の共同発行機関」の必要性が打ち出された背景には、財政力が弱い自治体の資金調達を安定的に支えるという目的が明確になる。

　なお「最終報告」では、「地方債の共同発行機関」について「……地方の自己決定権の拡大に伴い、地方公共団体の資金を安定的・円滑に調達できるよう、地方債の共同発行機関の重要性が増していくものと考えられるので、その問題についての検討が今後必要……」と記され、「検討が今後必要」というレベルでの言及に留まっていた。この検討が早まった要因の一つは、前述の財投改革に伴う財務省資金運用部の資金力低下が挙げられるが、この問題がアジェンダとして急浮上した背景には、もう一つ「政策金融改革」という別の文脈から、総務省所管の「公営企業金融公庫」の存続が危ぶまれる事態が発生していたことがある。

　公営企業金融公庫は、上下水道や交通事業など、地方公営企業が行う事業への資金貸付を主たる目的として1957年6月1日に設立され、貸付原資は政府保証付きの公営企業債券を発行することで市場から資金を調達してきた。設立当初は公営企業事業への貸し付けが主事業であったが、1978年から特定の普通会計事業にも融資事業を拡大した。橋本行革の「財政投融資改革」により郵便貯金や公的年金の旧大蔵省資金運用部への預託義務が廃止され、財政投融資からの調達分を財投機関債、政府保証債等によって市場から調達することになったため（小池2006a：4）、公営企業金融公庫も2001年から機関債を発行し始めていた。

　橋本内閣の財政投融資改革、特殊法人改革の流れを引き継いだ小泉内閣では、経済財政諮問会議において政策金融の抜本改革の検討を進め、不良債権処理集中期間の終期が近づいた2005年2月の同会議に民間議員が提出した「政策金融機関の統廃合に向けて」を契機に、「政策金融改革」が具体的に動き出す（小池2006

a：6）。政策系金融機関の業務の大幅縮小と大胆な統廃合という首相指示の下、2005年11月29日の経済財政諮問会議で決定された「政策金融改革の基本方針」では、「3　新組織のあり方」「③現行公営企業金融公庫」の項に「廃止し、資本市場等を活用した仕組みに移行する。」ことが記された。その後、2005年12月24日に閣議決定された「行政改革の重要方針」で「公営企業金融公庫の廃止」が打ち出され、翌2006年5月に「簡素で効率的な政府を実現するための行政改革の推進に関する法律」が可決・成立し、2008年度の廃止が確定した。

　この廃止と入れ替わるように、2008年8月1日に「地方公営企業等金融機構（以下、「金融機構」と記す。）」が総務省認可の地方共同法人として設立されている。なお、自治体出資金の166億円は2008年度の予算編成時に地方交付税で措置されており、廃止された「公営企業金融公庫」の残余財産も継承することになった。文字通りに「地方共同の」組織でないことは明らかである。

⑷　自治財政局「宿願」の地方公共団体金融機構

　「金融機構」は、総務大臣認可を受ける地方の共同法人と位置づけられている。ただしその根拠は、一の法人のみに適用する特別法に定めがあり、総務省自治財政局がその事務を所掌している。政府の政策的利用が可能な「グレーゾーン」組織でもあり、その位置づけの効果が設立から間もなく現れた。公営企業金融公庫の業務を引き継ぎ「一般会計貸付は行わない」とされたはずの金融機構業務は、業務開始から約半年後の2009年3月には、リーマンショックによる金融市場の混乱の影響を受けて貸付対象を一般会計債にまで拡大することとなり、名称も「地方公共団体金融機構」へと変更される法改正が行われているのである。

　地方公共団体金融機構が貸付対象を一般会計債へと拡大した経緯は、麻生政権が政府・与党の「生活対策」を決定した際に掲げた重点分野に「地方の底力の発揮」が盛り込まれ、同時に「地方自治体（一般会計）に長期・低利の資金を融通できる、地方共同の金融機関」を創設することが明記されたことによる。貸付対象を一般会計債へと拡げる法改正は、2009年12月に地方財政審議会「地方共同の金融機関のあり方に関する検討会」報告をまとめ、極めてスピーディーに形式的な手続きが進行した。この時点では、すでに小泉内閣が退陣、安倍内閣を経て福田内閣から麻生内閣へと政権が移行している。直前の総務大臣が首相に就任、という政治の流れと、総務省が求めていた「地方共同の金融機関」設置のタイミングが合致したことは、はたして「偶然」か。旧自治省以来の政治力は健在、とい

うべき事象なのかもしれない。

　分権推進委員会「最終報告」で提示された「地方債の共同発行機関」の問題
は、「公営企業金融公庫」の代替的な組織に帰着した。地方債全体の引受組織の
実現は、戦前の旧内務省地方局の時代から旧自治省官僚が求めていた「悲願」で
もあり（瀧野2017：801）、その推進力の規模は改めて推し量るべきであろう。

4　自治財政局における地方分権改革の「果実」

⑴　グレーゾーン組織と「活動の範域」

　以上、21世紀の地方分権改革において、総務省自治財政局が「自治体放任系」
から示された地方財政制度改革案に対処する中から、地方債の資金調達に不可欠
な財務状況の情報公開・評価のしくみを整え、貸付けを担う地方公共団体金融機
構（設立時は「地方公営企業金融機構」。）を設立し、地方債を支える体制整備に
帰結させた経緯を検証してきた。

　そのことを、自治財政局の「活動の範域（ドメイン）」という観点から照射し
てみると、自治財政局のグレーゾーン組織が設立された事象が目を引く。「地方
公共団体金融機構（設立時：地方公営企業金融機構）」の主たる業務は「貸付・
融資」であり、金融市場から一括して地方債資金を調達・運用する役割を担う。
これにより当該法人を認可する自治財政局には、自治体の金融市場からの資金調
達を円滑にするための事務の企画立案権が、「実質的に」インプットされたこと
になる。21世紀の国と地方との対等な関係を前提に、自治財政局は地方共同法人
を認可する行政庁の立場から、地方債の資金調達に関する事務を包括的に掌握す
ることになったのである。総務省自治財政局は、地方交付税とともに地方財源確
保に動員しうる新たな装置を備えたことになる。

　しかも、この新たな「装置」は、地方財源確保策を「アウトソーシング」した
もの、との見方もできる。21世紀の地方分権で「自治体放任系」が企図した「地
方債の完全市場化」とは異なるスタイルの、「民間活用型」の資金調達手法であ
る。金融機関・機関投資家から資金調達を行う当該法人は、資金運用リスクは抱
えるものの、ひとたび獲得した財源・事業については政府関与が及びにくい。い
わば「省庁間の政治手続き」が不要で「自己増殖」可能な装置を内蔵している。
この装置は、政府の地方再生・地方創生施策等で地方債が積極活用されたことを
受けて作動しており（瀧野2016：86－87）、「自己増殖」の兆候も見出される。

　また、金融機構は自治体への貸付事業に加え、地方公営企業金融公庫時代には

なかった「地方支援業務」も新たに展開し始めている。それは「地方債資金の調達に関するさまざまな『ノウハウ』のネットワークを形成」して自治体をサポートしていく業務（山内：14）であり、金融市場の関係者とも密な連携を必要とする事業である。地方債の資金調達を通じ、金融市場と自治体を巻き込んだ複合的なネットワークが形成されつつあるという点は、これまでの外郭団体による個別の支援体制とは「異次元の」特性をもつ。それは、自治財政局における新たな政策コミュニティ誕生の「兆し」というべきであろうか。そこには、分権型の地方自治に適応したパターナリズム、いわば「アウトソーシング型の後見システム」の形成が展望しうるのである。

(2) 「ポスト戦後改革」期の再来？

　「21世紀の地方分権改革」の検証を通じ、本稿で得た知見は、地方財政制度改革を経て自治財政局にもたらされた「活動範囲の拡大」という「果実」に所在する。最後に、その観点と自治財政局の系譜を交え、外部者の改革提案に対峙する官僚機構の側面から一つの論点を提起しておきたい。それは、竹中総務大臣時代の自治財政局官僚が、当時の大臣の地方分権観について、「結局あまり判然としない」とのちに回顧した論考（平嶋2020：147）から示唆を得ている。この記述は、戦後改革期に外部から提唱された「シャウプ勧告」に対し、旧内務省地方局官僚が「地方行政の認識不足」を指摘した（拙稿2019：84）事象とも重なり合うもので、ここに半世紀を経ても脈々と息づく自治官僚の矜持が見出されるのである。

　戦後改革期においては、「シャウプ勧告」による「分離型」の地方財政制度の提唱、具体的には水平的な財政調整制度としての「平衡交付金」の導入提案に対し、当時の地方自治庁・地方財政委員会が、戦前からの地方分与税制度のように地方の財政需要を考慮して地方経費を積み上げ大蔵省との総額交渉を通じて財源を獲得・配分するシステムに組み換え、「地方財政平衡交付金制度」を導入した。それが財政困窮の中で安定的な財源を求める地方の要望を後ろ盾に地方交付税制度へと展開され、政府内で地方への財源保障配分を管理する自治庁（当時）に確固たる地位を築かせる礎となった。それが自治省への「格上げ」にもつながった経緯は拙著（2019：106－108）で明らかにしたとおりである。

　20世紀半ばに政策選好の異なる外部者からの制度改革案を自らの政策アイディア実現の推進力とした「地方自治の責任部局」のアート（技能）は、今に通じて

いる。「21世紀ビジョン懇」による「地方債の完全自由化」の制度改革提言を梃子とし、「地方六団体の検討委員会」からの提言を後ろ盾に「地方公営企業金融公庫」の残余財産を承継した「地方債の共同発行機関」を総務省認可法人として設立するに至った自治財政局のアートに重なる。

　こうしてみると、占領期における「シャウプ勧告」以降の地方財政制度改革（ポスト「戦後改革」期）と21世紀の「三位一体改革期」以降の地方財政制度改革（ポスト「第一次地方分権改革」期）において、いずれも「地方財政」を所管する部局の活動範囲を広げるとともに、地方の後見体制が形成されていく傾向が共通に見出されるのである。それは、政府内で「省庁間の政治手続き」の対象となる政策課題とは異なり、外部者から「地方自治の責任部局」の関与を廃止・縮小する（シャウプ勧告でいえば「分離型」）の制度改革案が提起された際の、地方の「後見」を旨とする国の組織に共通する特性ということでもある。組織基盤を揺るがす改革への徹底抗戦は、行政官僚制に極めて当然の行動であるが、それにより「自治権拡充」系の分権論理とパターナリズムの矛盾を生じさせることは、「融合型」を前提とした日本の地方分権改革に特徴的な事象といえる。

　こうした特徴を踏まえれば、財政面から地方自治の強化を企図した地方分権改革では、「地方自治の責任部局」による新たな「後見」システムの出現を伴う、との結論も見出しうる。しかし、ここでは2つの改革期の事例に基づく論証に過ぎず、それは「歴史の偶然」とも解されるため、締め括りに一つの可能性を提示するに留める。次なる地方分権改革も含めた検証作業は後人に委ねることとし、筆者は本稿で言及しえなかった「歳入面の自由度」を巡る自治の問題を今後の研究テーマに捉えていきたい。

【注】

1　本稿は、2023年度日本行政学会共通論題Ⅰ「地方分権改革を再考する─分権決議30年」での報告を基に執筆したものである。

2　今村都南雄は、省庁組織間で対立や紛争を乗り超え、一応の解決に導くために踏まれるパターン化されたプロセスと、それぞれの局面で繰り出される有用なアート（技能）との組み合わせを「政治手続き」と称し、当面する紛争の性格に応じ異なった手続きが適用されることに着眼し、その解明を試みている。本稿の視座はこれに基づく。

3　松並（1994）が国家と社会の境界領域に存在する「境界領域組織」、笠（1994）が政府公共領域、民間私的領域のいずれにも分別できない中間的であいまいな領域「グレイゾーン」と称した、中央政府の特殊法人、認可法人等に類する組織のことを指す。本稿では「グレーゾーン」と表記する。

4　代表的なものとして、前者は、森田（2003a）、北村（2009）、後者に、木寺（2012）がある。諮問会議と政府の重要会議との政治過程を分析した砂原（2008）もある。

5　シャウプ勧告は、地方税、特に市町村税の増税と政府補助金の廃止・削減、標準税率による収入額と必要な最低経費との差額を埋める一般平衡交付金制度等を提案した（シャウプ使節団「日本税制報告書　第2章　国家財政と地方財政との関係」1949年9月15日）。

6　他の構成員は、猪瀬直樹、小早川光郎、島田晴雄、本間正明、宮脇淳の各氏。

7　経済財政諮問会議2001年度第8回会議2001．5.18＜資料6－3＞「牛尾議員・本間議員提出資料」3p。

8　経済財政諮問会議2003年度第7回会議（2003．4．1）有識者議員提出資料「国と地方のあるべき姿の実現に向けて」2p。

9　前掲（2003）、3p。

10　全国知事会「神野委員長、大森委員記者会見」平成18年6月6日。

11　元利償還金を交付税措置対象とする地方債については、総務大臣の許可が必要となる。

【参考文献】

池上岳彦（2009）「地方財政健全化法の歴史的経緯と国の責任」『都市問題』第100巻第6号。

稲生信男（2004）「三位一体改革と地方債をめぐる論点」『都市問題』第95巻第11号。

今村都南雄（1985）「省庁間の政治手続き―一つの試行的な接近―」日本政治学会『年報政治学』36巻。

大田弘子（2006）『経済財政諮問会議の戦い』東洋経済新報社。

加藤三郎（2001）『政府資金と地方債』日本経済評論社。

金井利之（2007）『自治制度』東京大学出版会。

北村亘（2009）『地方財政の行政学的分析』有斐閣。

北山俊哉（2001）「第6章　起債の政治分析」村松岐夫／水口憲人『分権―何が変わる

のか』敬文堂。

木寺元（2012）『地方分権改革の政治学』有斐閣。

小池拓自（2006a）「政策金融改革―その経緯と今後の課題」国立国会図書館『調査と情報』534号。

小池拓自（2006b）「公営企業金融公庫の廃止」国立国会図書館『調査と情報』556号。

小西砂千夫（2006）「ビジョン懇と基本方針2006を踏まえた地方財政改革の課題（上）地方6団体の改革案との違いを中心に」『地方財務』626号。

島津昭（2018）「世紀の狭間の地方財政―臨時財政対策債制度の創設とその課題」総務省『地方自治法施行70周年記念　自治論文集』（https://www.soumu.go.jp/menu_seisaku/chiho/02 gyosei 01_04000320.html）2024年1月7日最終アクセス。

城山英明（2006）「内閣機能の強化と政策形成過程の変容―外部者の利用と連携の確保」日本行政学会編『年報行政研究41　橋本行革の検証』ぎょうせい。

新藤宗幸（2006）『財政投融資』東京大学出版会。

砂原庸介（2007）「中央政府の財政再建と地方分権改革―地方分権改革推進会議の経験から何を学ぶことができるか―」日本公共政策学会『公共政策研究』7巻。

瀧野欣彌（2016）「特別インタビュー　瀧野欣彌　地方公共団体金融機構　理事長　地方創生を間接支援」『月刊金融ジャーナル』57巻2号。

瀧野欣彌（2017）「地方公共団体金融機構への道程」総務省『地方自治法施行70周年記念　自治論文集』（https://www.soumu.go.jp/menu_seisaku/chiho/02 gyosei 01_04000320.html）2024年1月7日最終アクセス。

竹中平蔵（2006）『構造改革の真実　竹中平蔵大臣日誌』日本経済新聞出版社。

谷本有美子（2019）『「地方自治の責任部局」の研究―その存続メカニズムと軌跡［1947―2000］』公人の友社。

田中信孝（2008）『政府債務と公的金融の研究―国債・財政投融資・地方債の制度と歴史をめぐる考察―』敬文堂。

田中信孝（2009）「変容する地方債制度と『地方公共団体金融機構』を巡る3つの課題」『都市問題』第100巻第6号。

丹下甲一（2007）「政策金融改革の動き～公営企業金融公庫の制度設計を中心に～」『公営企業』第38巻第10号。

丹羽由夏（2002）「特殊法人改革と政策金融」『農林金融』55巻11号。

丹羽由夏（2005）「財投機関債と地方債の行方」『農林金融』58巻1号。

飛田博史（2013）『財政の自治』公人社。

西尾勝（2007）『地方分権改革』東京大学出版会。

西尾勝（2019）「第六八回公開講演会講演　地方分権改革を目指す二つの路線」『日本學士院紀要』第73巻第2号。

平嶋彰英（2010a）「地方公共団体財政健全化法成立から三年を経て〜制度設計を振り返り、影響を検証する」『地方財政』第49巻第7号。

平嶋彰英（2010b）「政策金融改革と地方公共団体金融機構（第1〜4回）」『公営企業』第42巻第6〜9号。

平嶋彰英（2020）「日本の三位一体の改革を振り返る」『立教経済学研究』第74巻第1号。

松並潤（1994）「国家と社会の境界領域の諸問題」西尾勝／村松岐夫編『講座行政学第5巻業務の執行』有斐閣。

宮脇淳（2001）『財政投融資と行政改革』PHP新書。

宮脇淳（2006）「政策金融改革と地域経済」『都市問題』第97巻第7号。

宮脇淳（2008）「地方分権改革の新展開と地方政府の確立」日本行政学会編『年報行政研究43　分権改革の新展開』ぎょうせい。

宮脇淳（2010）『創造的政策としての地方分権　第2次分権改革と持続的発展』岩波書店。

持田信樹／林正義編（2018）『地方債の経済分析』有斐閣。

森田朗（2003a）「地方分権改革の政治過程―『三位一体改革』と地方分権改革推進会議」『レヴァイアサン33号』木鐸社。

森田朗（2003b）「『自治体』のイメージとその変化」森田朗ほか編『分権と自治のデザイン』有斐閣。

森田朗（2003c）「地方分権改革の理念と方向に関する一考察」『自治研究』第79巻第12号。

山内健生（2009）「インタビュー　地方公共団体金融機構の新たなスタート―地方公共団体金融機構　経営企画部　部長　山内健生氏に聞く」『地方債月報』359号。

笠京子（1994）「地方公社の研究―小さな政府論は地方政府を縮小したか―」日本行政学会『年報行政研究29行政学と行政法学の対話』ぎょうせい。

法律による行政計画策定の事実上の「義務付け」[1]
―「自由度の拡大」路線のなかの「自由度の縮小拡大」への道程―

松 井　　望

─　要旨　─

　地方分権改革の目的の一つは「自由度の拡大路線」（西尾2008）の実現であった。しかしながら、国から自治体に対して法律に基づく計画策定要請の増加は、自治体の「自由度の縮小」が拡大する現象と計画策定・管理事務という「所掌事務の拡張」を発生させ、団体自治、住民自治のいずれも制約された。なぜこのような現象が生じたのだろうか。本稿では次の2つの問いを考えていきたい。まずは、国は自治体への計画策定要請をなぜ増加したのか、という問いである。もう一つは、自治体側への問いである。自治体は国からの計画策定要請を受けて、どのように対応するのか。個別自治体での対応を事例に、資料調査とインタビュー調査等の結果から見ていく。

▷キーワード：地方分権　自治体計画　事実上の義務付け　事務負担　計画間調整

1　論点：自治体に対する法律による計画策定要請の増加現象の論点

●改革論議から基本方針の確定へ

　地方分権改革が開始して30年。地方分権改革への国民的関心が薄まりゆくなか、少し熱を帯びた改革論議が2020年代初頭に行われた。法律による行政計画策定の事実上の「義務付け」論である。

　この問題は古くから指摘されたものではない。実務家の間では潜在的には意識されていたのかもしれないが、2019年までは明確には政策課題としては共有されてきたとは言い難い状態であった。例えば、地方分権改革有識者会議の提案募集方式では、2019年度までは計画策定に関する提案はなされていない。確かに、2014年と2017年の同会議内で2名の町長（聖籠町（2014年）、多可町（2017年））からの問題提起はあったものの、その後、政府側では制度改正論議にはつなげられていない（今井2017、2022）（嶋田2021）。

　他方、この現象には比較的実務に近い研究者たちが問題を提起してきた。例えば、今井（2017、2018）は、法令上の計画策定規定の調査にいち早く取り組み、この現象の体系的な把握を続けてきた。実務家であり研究者でもある鈴木（2019）は、計画策定に対する国による規律密度への関心から「努力義務規定」の増殖状況を抽出した。概ね同時期に公刊された松井（2019）では、義務付けと努力義務とを対比し、第二次地方分権改革以降の努力義務の増加こそがこの現象の本質であると指摘した。さらに、礒崎（2019）は、法律分野毎での傾向性を調査し、地域づくり分野での規定の増殖を明示した。

　政府内での問題意識は必ずしも高くはない状況から、政策が争点化したのは地方六団体の活動であった。全国知事会では、2019年7月に『地方分権改革の推進について』を採択し、「地方の自由度が高まっていない面もある」[2]と指摘した。全国町村会は、2019年9月に開催された第38回地方分権改革有識者会議に『令和元年地方分権改革募集に係る全事項に共通して国に対処を求める意見』を提出した。同意見では「全国一律に義務付けを求めることは避け、町村の裁量の確保に十分配慮すること」[3]と述べた。いずれも国による制度創設期に対する意見ではあるが、各意見の前提には、国が自治体の判断を制約する「新たな計画の策定」を要請してきたという事実があったのだろう。

　政府内ではその後改革論議が進み、基本的方針が定まっていく。まずは、地方分権改革有識者会議である。2020年2月に開催された第40回会議では『地方分権改革の今後の方向性について』が確定し、重点的に募集する事項とした。ここでは、まずはメルクマール方式による法令協議を通じた新規の義務付けを抑制する路線は継承することを強調したうえで、計画策定が自治体側の負担になっているとの認識に立ち、負担軽減策として計画形式を自治体側の裁量的判断に委ねることを提唱した[4]。この姿勢はその後の改革論議での基本的な路線になっていく。2020年6月には、第32次地方制度調査会が答申を提出した。同答申の特徴は二つある[5]。一つは、法律による計画策定の負担とは、市町村の課題であると設定した点である。そしてもう一つは、自治体側の計画策定の負担軽減策として共同作成を提唱したことである。策定主体が複数となる共同作成自体が負担軽減につながるか否かの根拠は定かではないが、地方制度調査会が提唱してきた自治体間での連携・協働の促進と一致した様子が窺える提案であった。

政府内での対応方針を確立したのは経済財政諮問会議による、いわゆる骨太の方針である。2021年6月に閣議決定された『経済財政運営と改革の基本方針2021』では、地方制度調査会の答申を継承し、「市町村が策定する計画」を「原則として共同策定」[6]するための必要な措置を各府省に求めた。さらに、2022年の『経済財政運営と改革の基本方針2022』では、基本的な方針がより具体的になる。新規の義務付けを最小限度とすること、努力義務規定とできる規定は「できるだけ新設しないようにする」[7]ことを求めた。つまり、自治体の「自主性及び自立性を確保する観点」から、事実上の総量規制を示したのである。さらには、計画の統合化、共同策定を提唱した。これらは改革論議の基本的な方針となった。この後、地方分権有識者会議に「計画策定等に関するワーキンググループ」が2021年11月に設置され、2023年2月に『効率的・効果的な計画行政の進め方を示したナビゲーション・ガイド』を策定した。2023年3月の閣議決定によって政府内の基本方針とすることが確定され、同論議の制度的な決着がついた。

●改革論議の論点

　この改革論議を従来の地方分権改革の観点から考えると三つの論点がある。

　一つめは、制度面での論点である。地方分権改革では、法令による義務付け・枠付けを見直してきた。これにあわせて計画策定、内容、手続の義務的規定も抑制されたはずであった。しかしながら、法律による規定は努力義務規定とできる規定が増殖した。自治体側は計画策定を避けることができず、事実上の「義務付け」との認識が示された。いわば、自由度の縮小が拡大していると、自治体側に捉えられたことがこの論議の論点となった。

　二つめの論点は、自治体の計画体系に関する論点である。自治体では自らの政策体系を策定するために、さまざまな計画を策定してきた。各自治体が独自に策定する計画もあれば法定計画もあった。今回の改革論議では、自治体側に法定通りの計画形式以外には選択肢がないことが論点とされた。それは、国からの要請を受け入れることで、自治体独自の政策体系や計画体系の総合化を阻害されていると捉えられたのである。

　三つめの論点は、業務負担である。法律に基づく計画策定の要請は、自治体側に計画策定という新たな所掌事務が増加した。これは新規の計画策定で発生する事務負担のみならず、策定後の計画を遵守するための進捗管理の事務負担も増加

したと主張された。管理負担（administrative burden）の類型をもとに（Herd and Moynihan 2019）、本件の事務負担を類型化してみると、まずは学習のための負担があった。既存計画との整合性の確保、交付金申請書類様式を習熟する負担が生じた。二つめは、遵守のための負担がある。改訂された計画内容を遵守するために計画策定後の進捗管理が負担とされた。三つめは、心理的な負担があった。上記の通り、義務規定ではないため自治体側は策定しなくてもよい計画である。しかしながら、自治体が策定していない場合、策定すべきではないか、という指摘がされやすい環境が生まれていた。例えば、国は、政策の実施状況を国民に周知するという理由から、自治体の計画策定状況を公開してきた。これにより、あたかも自治体が計画を策定することが前提であるかのような印象を与えていた。このような他自治体の策定動向をふまえて、首長、議会、関係者は計画策定を要請することとなり、事実上の「義務付け」となっていたとされる[8]。

　地方分権改革の目的の一つには「自由度の拡大」（西尾2008）の実現があった。しかしながら、国から自治体に対して法律に基づく計画策定要請の増加は、自治体の「自由度の縮小」が拡大する現象と計画策定・管理事務という新たな「所掌事務の拡張」が発生し、団体自治、住民自治のいずれも制約が課された。それでは、なぜこのような現象が生じたのだろうか。本稿では次の2つの問いを考えていきたい。まずは、国は自治体への計画策定要請をなぜ増加したのか、という問いである。もう一つは、自治体側への問いである。自治体は国からの計画策定要請を受けて、どのように対応するのか。資料調査とインタビュー調査等から以下で見ていく。

2　現状：行政計画の「簇生」の再来？

●国から自治体への法律による計画策定要請の現状

　まずは、国から自治体への法律による計画策定要請の現状を確認しておこう。すでに松井（2019）では、市町村を対象に規定した法律の累積数の推移（1947～2019年）のデータに基づき、次の点を明らかにした[9]。

　まずは、法律に基づく計画策定要請が量的拡大したことである。特に、2000年代には増加し（70法律）、2011年以降さらに増加（30法律）した。努力規定等がある法律と義務規定がある法律の累積数の推移を見てみると、義務規定は2000年代に入り30法律（68％）である。努力規定等は2000年代に56法律（65％）あり、

2011年以降は25法律（29％）であった。つまり、地方分権改革以降では義務規定は抑制されたものの、努力規定等が増加してきたのである。

　二つめは、政府間計画での統一化である。国と都道府県には基本方針や指針、計画策定を130法律中106法律（82％）で求めている。さらに協議規定があり、大臣等協議が15法律（12％）、知事等協議は34法律（26％）ある。協議規定は、市町村が策定する計画と国や都道府県が策定した基本方針・指針・計画策定と一致をはかることになる。また、行政計画の記載事項は130法律中92法律（71％）が記載されており、計画内容の統一化が進められた。

　三つめは策定手続の標準化である。行政計画の計画期間は130法律中40法律（31％）で規定されている。2000年以降は26法律、2011年以降は12法律であった。計画時間の標準化とともに公示・公告・公表等、意見聴取、審議会等設置の規定を通じて計画策定手続の標準化が窺える。例えば、公示・公告・公表等は85法律（65％）、意見聴取が61法律（47％）、審議会等設置は30法律（23％）である。2000年以降は23法律であり、2011年以降は9法律であった。

　体系的に調査し信頼に足りうるデータでは、内閣府による計画の策定等に関する条項の調査結果がある。同調査では都道府県、市区町村をともに対象にしている。同データをもとに幾つかの特徴を見出してみたい。まずは条項数の経年変化である。上記の松井（2019）と同様に義務規定は抑制される一方、努力義務規定とできる規定が増加している傾向がわかる（図1）。次に、策定主体では、都道府県、市町村、共同策定のなかでは、都道府県に対して多くの策定要請がある（図2）。この点は地方制度調査会や経済財政諮問会議が示した方針のように小規模自治体での計画策定の事務負担が論じられがちだが、データからは都道府県での負担を看過できない状況が窺える。三つめには、府省毎の偏りである（図3）。条項数を見ていると、礒崎（2019）が指摘した通り、地域づくり分野を所管府省である国土交通省、農林水産省が多い。その他府省では、内閣府、環境省、厚生労働省、総務省、文部科学省、経済産業省が概ね1割程度であった。さらに、これらの府省を対象に法律の規定内容を見ると（図4）、内閣府、文部科学省、経済産業省は努力義務規定とできる規定の割合が高い。最後に、提出形式である。閣法と議員提出法の状況を比較すると、図5から閣法は多いものの議員立法が漸増している傾向がわかる。そして、両者の規定内容を見ると、閣法では

義務付けが一定割合あり、議員立法では努力義務規定等が高い割合を占めている（図6）。

　以上二つのデータをまとめると三つのことがわかる。

　一つめは、地方分権改革以降は義務規定が抑制されたものの、努力義務規定とできる規定が増加したことである。この点は次節での経緯を整理する。さらに、法律に基づき計画の体系化、内容の統一化、時間の標準化がなされている。異なる法律でこのように規定が類似する理由はさらなる調査課題であるがインタビュー調査からは、その背景には法令協議で合意が得られる形式であれば、それらが優先されてきた様子が窺えた。一度採用された計画形式がその実効性や負担感を顧みられることなく、後続の新規法律の制定時にルーティン的な採択が繰り替えされているのだろう。

　二つめは、府省間に傾向性がある。地域づくり分野の所管府省（国土交通省、農林水産省）の多さは特徴的である。規定内容でも差異がある。内閣府、文部科学省、経済産業省では努力義務規定とできる規定の割合が高い。国家公務員に対する意識調査の結果からは、国と自治体間での制度的にも実態的な分離（指向）が観察されてきた（北村2022）。「分離」ゆえに義務規定が多くなる場合（総務省）、「パートナー」と見るがゆえに義務規定が多くなる場合（厚生労働省）、「規制対象」と見ていることで努力義務規定とできる規定が半数を占める場合（国土交通省・文部科学省）があり、いずれも整合的な説明は難しいが、各府省の業務内容と自治体との距離感が法律の規定振りに関連があるようにも考えられる。

　三つめは、議員立法の影響である。地方分権改革後、議員立法による努力義務規定が増加した。ただし、これは議員が計画策定の規定におくことに積極的であるというわけではない。議員立法には立法支援が欠かせない現状がある。インタビュー調査からは、立法支援を通じて、法律に基づく計画策定を要請する事項を規定することが標準化してきた様子が窺えた[10]。ただし、議員立法には副作用もある。例えば、提案方式にもとづく各府省との調整時に、当該規定を廃止することが困難である理由に議員立法であることを殊更強調することがある。議員側は計画形式への関心は低いなか、議員立法であることを慮りながら計画形式の規定を墨守する各府省の行動が、事実上の「義務付け」として残置され続けてきたと考えられる。

図1　条項数からみた経年変化

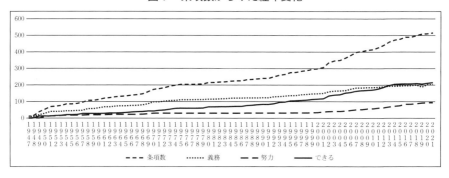

出典：内閣府地方分権改革推進室『計画の策定等に関する条項について』（2021年3月）に基づき作図。

凡例：値は、同調査内「A策定に関する規定の類型」に該当する条項のうち、廃止条項を除く、累積
数。

図2　条項数からみた策定主体（都道府県・市町村・共同策定）の推移

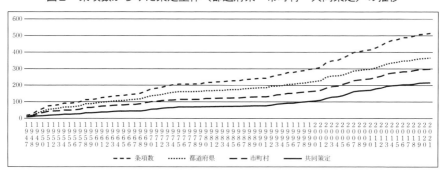

出典：内閣府地方分権改革推進室『計画の策定等に関する条項について』（2021年3月）に基づき作図。

凡例：値は、同調査内「策定主体」に該当する条項のうち、廃止条項を除く、累積数。

図3　条項数からみた府省毎での差異

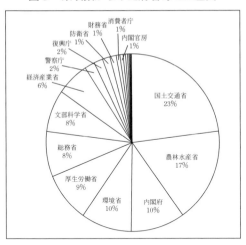

出典：内閣府地方分権改革推進室『計画の策定等に関する条項について』（2021年3月）に基づき作図。

凡例：値は、同調査内「法律の所管府省」に該当する条項のうち、廃止条項を除く、条項数。なお、共管法は、各府省毎に1とカウントした。

図4　条項数からみた8府省の規定内容

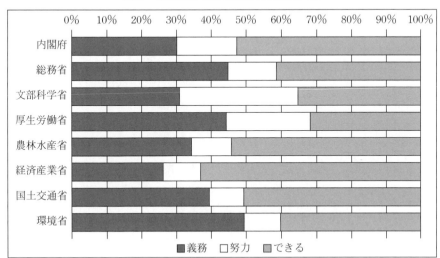

出典：内閣府地方分権改革推進室『計画の策定等に関する条項について』（2021年3月）に基づき作図。

凡例：府省の値は、同調査内「法律の所管府省」に該当する条項、条項の区分毎の値は、同調査内「A策定に関する規定の類型」に該当する条項のうち、いずれも廃止条項を除く、条項数。なお、共管

法は、各府省毎に1とカウントした。

図5　条項数からみた策定方法（閣法・議員提出法）の推移（累積）

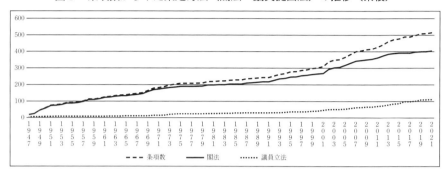

出典：内閣府地方分権改革推進室『計画の策定等に関する条項について』（2021年3月）に基づき作図。

凡例：値は、同調査内「閣法／議法」に該当する条項のうち、廃止条項を除く、条項数。

図6　条項数からみた策定方法（閣法・議員提出法）と規定内容

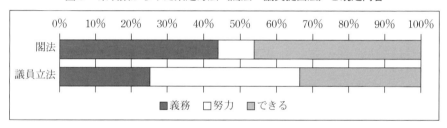

出典：内閣府地方分権改革推進室『計画の策定等に関する条項について』（2021年3月）に基づき作図。

凡例：策定方式の値は、同調査内「閣法／議法」に該当する条項数、条項の区分毎の値は、同調査内「A
　　　策定に関する規定の類型」に該当する条項数のうち、いずれも廃止条項を除く、条項数。

●地方分権改革と「計画の簇生」

　自治体の計画は、歳出・歳入ともに国の事業と関連する場合が多い。そのため国の政策体系から全く独立した計画であることは、むしろ計画倒れになる可能性がある。そのため国とは計画間調整を避けられない。とはいえ、個々の異なる法に基づく計画策定の要請に、自治体側が個別に対応すると、自らの計画体系の非体系化を避けられない状況となる。

　これは地方分権改革以降の2000年代に「計画の簇生」が生じているかのようである。「計画の簇生」とは、1960年代に行政計画が増加した現象を捉えた表現である。制御主体である国と制御対象である自治体という構図から、国による階序

的な計画体系が安易に構想され、「国から補助金の撒布等を誘導装置と一対となるように、自治体に行政計画の作成を求められ」る相互依存関係であり高度の融合関係を生じさせた（西尾1990）。1960年代の「計画の簇生」論では、当時は政策領域や課題が流動化し、行政組織間での合意形成を目的に各省が計画を多数策定したことが原因とされた。だがこれは行政計画が合意形成に有効であったことで多くの計画を生み出したわけではない。むしろ計画が機能不全であったからこそ新たな行政計画を増産しつづける「悪循環」の構造があった、とする（西尾1990）。

　地方分権改革では、理念上は国と自治体は対等・協力関係にあるとされてきた。しかし、2000年代の行政計画の「簇生」のメカニズムを説明する際、計画策定の要請の増加は、地方分権改革以前での国・自治体間の関係が地方分改革以降も継続しているかのように捉えられる推論が多い。例えば、国の政策を実施するためにある計画の策定を自治体に要請し、計画策定主体である自治体側に最終的な責任や非難を委ねる構造にある、という国による政策責任・非難回避論がある（今井2017、2018、2022）。その他では、直截に「柔らかな統制」（磯崎2019）との推論もある。地方分権改革以降も継続する国からの統制手段の一つとして計画策定要請が新たに採用されたという見立てである。いずれの推論も自治・分権論者の視点から経験的に導き出されたものなのだろう。ただしそれゆえに国に対する理解は恬淡である。松井（2019）は、西尾（1990）が指摘した、国による＜計画信仰＞が地方分権改革後も継続される、計画「悪循環」の継続論を仮説的に提示した。しかしいずれも推論の域は超えていない。国側が行政計画の策定を多く要請するメカニズムの実証的な検証に成功しているとまでは言い難い。

3　原因：地方分権改革の成果としての計画策定要請の増加？

　地方分権改革後、法律に基づく計画策定の要請が増加に至った分岐点を遡れば、地方分権改革論議から振り返ると、地方分権改革推進委員会（2007～2010年）での論議が起点である[11]。地方分権改革推進委員会では『第2次勧告』以降、法令上の義務付け・枠付けの見直しが検討された。『第2次勧告』が示した当初の目的では、計画等の策定の義務付けを単なる奨励も含めて廃止、内容の義務付けも同様に廃止、策定手続では意見聴取、公示・公告・公表等の義務付けを廃止とされていた。義務付け・枠付けの見直し作業は同委員会が設置した「小早川委員ワーキンググループ」（以下、「小早川WG」）が担った。小早川WGでは同

委員会事務局の職員等とともに関係法令を検索したうえで各法律の義務付け・枠付け条項を一つ一つ妥当性を検討し、廃止又は緩和が望ましい項目を整理した（西尾2018）。その後は、地方分権推進委員会が採用した「グループ・ヒアリング方式」（西尾2007）（宮脇2010）[12]と同様に、各項目を府省に提示し折衝する方式を採用した。

　小早川WGによる折衝の成果は、まず2009年６月５日に『義務付け・枠付けの見直しに係る第３次勧告に向けた中間報告』（以下、『中間報告』）がある。『中間報告』では、『第２次勧告』で述べた、原則廃止、奨励を認めないという方針に比べると、計画の作成、内容、手続きの義務付けを「できる」規定とすること、さらには例示化等での奨励を求めるものであった。具体的には、策定と内容の規定を廃止、策定規定を「できる」規定・努力義務へ、内容規定を例示・目的程度・大枠化する案が示された。計画の作成手続では、議決、協議・調整・意見聴取等・同意、認定の手続の義務付けを廃止し努力・配慮義務へ、公示・公告・公表等規定も廃止か努力・配慮義務とする案が示された[13]。2009年10月７日に公表された『第３次勧告』では、具体的に措置を講すべき条項が提示された。その数は584項目であり、対する現行規定を残置する条項数は262となった。WGの折衝開始当初に比べると大幅に増加した。

　このように『第３次勧告』では、『第２次勧告』で定めた目標に比べれば、現実的な内容に落ちついたものになっている。その原因は、上記の各省との折衝過程がある。小早川WGの審議の当初の成果は、委員自らが「ごくわずか」[14]と述べたように成果は限定的であった。廃止だけでは、各府省からの合意を得られなかったことが推測される。そのため、奨励等のような「選択肢を許容せざるをえない」[15]という小早川WG判断が採用されたのである。同委員会の活動には「現場の声に基づく着実な改革」ながらも、「大きな成果は期待しにくい」（曽我2019）、「成果は限定的」（礒崎2018）とやや厳しい評価がある。西尾は、法令等による事務の義務付け・枠付けの見直しと都道府県から基礎自治体への事務権限の移譲では成果があったと述べるが、その理由には、「いずれも法令の条項単位の細々とした勧告事項を蓄積しこれらを積み上げた形式の勧告」であったこと、「勧告案文を確定するまでの調査審議過程において委員会の事務局と相手方府省の担当部局との間で官僚同士の細部にわたる意見の交換が繰り返されていた」[16]ことであると述べる（西尾2018）。小早川WGによる折衝とその成果自体は意義

が高い。地方分権改革で一定の成果をあげるためには、個別具体的な事案を対象に積み上げ型で審査することで、各府省の合意が得られるものを見出していくことの意義を強調しているのだろう。しかしながら、改革論議後は、国では努力規定等化が立法段階での原則となり、努力義務等による計画策定規定の増殖に繋がっていったのである。

　国からの法律に基づく計画策定の要請が増加に至った分岐点はもう一つある。それは、義務付け・枠付けの見直し体制である。2012年11月に閣議決定された『地域主権推進大綱』では、「地方公共団体に対する新たな義務付け・枠付けについて、累次の勧告等に基づき、必要最小限にするとの基本的な方針の下に、大臣官房等総合調整機能を有する部局において審査を行う」[17]と定めた。あわせて「総務省は、地方公共団体に対する義務付け・枠付けの新設について厳格なチェックを行う」[18]こととされた。現在は、内閣府地方分権改革推進室が「義務付け・枠付けの存置を許容する場合のメルクマール」に基づき、各府省との法令協議により、新規の義務付け・枠付けをチェックしている。このチェック過程は、法令案を精査し、新規の義務付け・枠付けの抑制につなげてきた。しかし、協議を通じて、義務付け・枠付け事項の代替として努力義務等が選択されていく。

　つまり、地方分改革の義務付け・枠付けの改革論議で当初の段階で、改革対象が限定化されて、努力義務・できる規定をある程度許容したことが、その後の増加の道程に繋がっている（嶋田2021）。さらに義務付け・枠付けに対する「メルクマール」に基づく内閣府と各省との法令協議では、新規の義務規定を抑制しつつも努力義務・できる規定へと変更を促すことで、努力義務等規定の増加を生み出した。そのため、逆説的であるかもしれないが、地方分権改革とは反するものと捉えられがちである、国から自治体への法律に基づく計画策定要請の増加現象とは、むしろ地方分権改革の成果であったと考えられる。「自由度の拡大」を進めたはずの地方分権改革が「自由度の縮小拡大」を進めるというパラドックスに陥ったのである。国は新しい「義務付け・枠付け」には慎重となるなかで、地方分権改革の趣旨には一致するとまでは言えないものの、趣旨から外れていはいない努力規定等を増加した。国では立法化することで、内容的での正当性と手続的での正統性のふたつの認識をもちながら（今井2022）、地方分権改革後、自治体と国との間での制度面、実態面での距離感から、国はなお一層、法定化・ルール

化に依存し努力義務等規定の増殖という「悪循環」につながっていったのである。

4　対応：自治体は行政計画の「簇生」にどのように向き合うのか？
●国からの法律に基づく計画策定の要請への自治体の対応

　以上のような国からの法律に基づく計画策定の要請に、自治体はどのように対応してきたのだろうか[19]。この問題に対して金井（2015、2016）は、自治体が国の方針に沿って計画を策定する「忖度・追従」のメカニズムの存在を指摘した。これは、国が示す策定内容の明細性・具体性が低い方針に対して、自治体自らが国の方針に沿った行動を自主的に選択する構造があるという理解である。それは、「自治体が自分で自分を縛る」ように、「①事前に、②自治体が、③出させられる」仕組みでもあるという。

　しかし、自治体はこのように唯々諾々と国の方針に嵌められているとまでいえるのだろうか。松井（2017）では、地方版総合戦略を対象に、国からの法律に基づく計画策定の要請にこの「忖度・追従」のメカニズムに基づく対応を検証した。地方版総合戦略は、まち・ひと・しごと創生法に基づき自治体が策定した計画であり、法律では努力義務と規定された。他方、同法のマニュアルともいえる『地方版総合戦略策定のための手引き』では、密度が高い作成方法と内容を要請された。金井（2015、2016）を踏まえて、「自治体は、国の方針に沿った地方版総合戦略を策定した」と仮説を立てると、『地方版総合戦略策定のための手引き』に沿った計画を作成しているはずである。特に、総合計画と総合戦略の関係に注目すると、『地方版総合戦略策定のための手引き』では両計画は異なる計画を「別に策定」することを要請している。ただし、これは強制ではなく、地方版総合戦略の内容であれば「一つのものとして策定することは可能」ともしている。仮に金井（2015、2016）が述べるメカニズムが働くとすれば両計画は別に策定した場合「忖度・追従」したことになるのではないだろうか。

　松井（2017）では政令指定都市を対象に調査したところ、外形上は地方版総合戦略と総合計画は「別に策定」した。そのため「忖度・追従」のメカニズムが妥当していたかのようでもあった。しかし、計画内容を見ていくと地方版総合戦略と総合計画と同一内容・事項が観察できた。本稿の後述する概念を用いれば、地方版総合戦略を総合計画に内包化していたのである。国の方針に沿った行動を選択しているかのように自治体側が振舞いつつも、内実は自治体の自主的な判断で

対応していたのである。村上（2018）や小西（2021）の表現にならえば、「したたかな」対応をする自治体もあった。このような「したたかさ」は後続の研究でも観察されている。例えば、福井県、福島県に位置する市町村での両計画関係を3パタン（共通化、非連動、一体化）で対応したり（荒井2020）、岐阜県、愛知県、三重県に位置する市町村ではKPIの「使いまわし」をしたり（中村・高松2020）、都道府県総合戦略を4パタン（「総計型」「法定型」「略記型」「工夫型」）で対応し（小西2021）、さらには総合計画まずありきで対応している（小西2022）。

　自治体側の「したたかな」対応の背景には、限定された人員、専門性・経験の職員体制のもとでは業務を省力化せざるをえない現実がある（松井2022）。計画策定の負担と財源確保のバランスから、負担となる業務を極力回避することを判断したのであろう。見方を変えれば、自治体が計画の総合化を優先した行動とも言い換えることができる。自治体自ら計画を一体化や統合化するだけではなく、自治体では国の面目をつぶさないように、国からの要請に基づく計画策定にも付き合う自治体の姿が観察できる。

●自治体による計画間調整

　計画間の一体化や統合化とは、自治体側による計画間調整の成果である。例えば、子ども・若者計画の政令指定都市での策定状況をまとめた図7からもわかるように、計画の一体化や統合化は、特定自治体に限ったものではない。関連する計画を自主的に一体化や統合化しながら、計画の作成負担を軽減してきたのである。

図7 政令指定都市 子ども・若者計画の一体化等の状況

都市	計画名	策定時期	期間	子ども・子育て支援法 市町村子ども・子育て支援事業計画	次世代育成支援対策推進法 市町村行動計画	子ども・若者育成支援推進法 市町村子ども・若者計画	児童福祉法 市町村整備計画	母子及び父子並びに寡婦福祉法 都道府県市町村自立促進計画	子どもの貧困対策の推進に関する法律 市町村子どもの貧困対策計画	健やか親子21（第2次） 母子保健計画（通知）	障害者の日常生活及び社会生活を総合的に支援するための法律 市町村障害児福祉計画	「都道府県社会的養育推進計画の策定について」（通知） 社会的養育推進計画	「新・放課後子ども総合プラン」について（通知） 新・放課後子ども総合プラン	条例等
札幌市	第4次さっぽろ子ども未来プラン	2020年3月	5カ年	○	○	○	○		○					○
仙台市	仙台市すこやか子育てプラン2020	2020年3月	5カ年	○	○	○			○					
さいたま市	第2期さいたま子ども・青少年のびのび（ゆめ）プラン	2020年3月	5カ年	○	○	○	○		○					
千葉市	千葉市子どもプラン（第2期）	2020年3月	5カ年	○	○	○			○					
横浜市	第2期横浜市子ども・子育て支援事業計画（令和2年度～令和6年度）	2020年3月	5カ年	○	○	○			○				○	
川崎市	第2期川崎市子ども・若者の未来応援プラン	2020年3月	4カ年	○	○	○			○					
相模原市	第2次相模原市子ども・子育て支援事業計画	2020年3月	5カ年	○	○				○					
新潟市	新・すこやか未来アクションプラン	2020年3月	5カ年	○	○	○			○					
静岡市	静岡市子ども・子育て・若者プラン	2020年3月	7カ年	○	○	○			○					
浜松市	第2期浜松市子ども・若者支援プラン	2020年3月	5カ年	○	○	○			○					○
名古屋市	なごや子ども・子育てわくわくプラン2024	2020年3月	5カ年	○	○	○			○					○
京都市	京都市はぐくみプラン（京都市子ども・若者総合計画）	2020年3月	5カ年	○	○	○			○		○			
大阪市	大阪市子ども・子育て支援計画（第2期）	2020年3月	5カ年	○	○	○			○					
堺市	子ども・子育て総合プラン（第2期堺市子ども・子育て支援事業計画）	2020年3月	5カ年	○	○	○			○				○	
神戸市	神戸市子ども・子育て支援プラン2024	2020年3月	5カ年	○	○	○			○					
岡山市	岡山市子ども・子育て支援プラン	2020年3月	5カ年	○	○	○			○		○		○	
広島市	第2期広島市子ども・子育て支援プラン	2020年3月	5カ年	○	○				○					
北九州市	元気発進！子どもプラン（第3次計画）	2020年3月	5カ年	○	○	○			○					
福岡市	第5次福岡市子ども総合計画	2020年3月	5カ年	○	○	○			○					
熊本市	熊本市子ども輝き未来プラン	2020年3月	5カ年	○	○	○			○					

出典：内閣府『地方公共団体の青少年育成行政の概要』（2022年1月1日現在）をもとに、各都市ウェブサイトにて各計画をもとに作成。

　例えば、川崎市では、法律、条例、通知等に基づく計画を対象に計画間調整を積極的に進めてきた。上記のまち・ひと・しごと創生総合戦略では、共通データ利用、指標の共有化、評価結果を共用し、2022年度の第2期改訂版からは総合計画と統合した。他の計画では、子ども・若者の未来応援プランがある。関連計画を一体的に策定し、評価結果を一部共有している。計画の内容では地域包括ケアシステムの実現という共通する価値のもとで、他計画との連携（地域福祉計画、ノーマライゼーションプラン、かわさき教育プラン等）を進め、多組織との間での連携（荒見2021）により、子ども政策を統合した。その他の計画では、いきいき長寿プラン、ノーマライゼーションプランでは関連計画を一体的に策定した。かわさき教育プラン・教育大綱では関連計画を統合化した。しかし、一体化・統合化は負担もある。特に改訂時期が異なる計画の一体化は計画間での整合性の確保が難しい。川崎市では、総合計画の計画期間（4年間）と一致するために期間延長した計画もある。

　川崎市が計画間調整を実現した背景は二つある。まずは、1990年代以降での「政策分野別基本計画の簇生現象」がある。各事業部局が地域課題の検討と関係部局の連携により政策を体系化した計画を策定してきた（打越2004）。打越（2004）によると川崎市での政策分野別基本計画の「簇生」の背景には、事業部局の政策形成能力の向上を背景に、所管体系と政策体系の齟齬が拡大した場合、政策体系の再体系化や計画体系の再設計を進めてきた。このような政策横断的な計画は、他の自治体では策定が負担になっているという意見が示される[20]。しかし、川崎市では、政策分野別基本計画の「簇生」の策定経験を積み上げてきたことで、新たな政策横断的な計画を策定することの負担感にはつながらなかったのだろう。

　もう一つの原因には首長の方針がある。市長の方針のもと、川崎市では総合計画での数値化が徹底された。これは数値に基づく進捗管理・評価の実施が目的であったが、個々の数値の管理により、進捗管理事務の負担増加を招くことにもなった。他方、指標化は汎用性が高いという利点があった。そこで、複数計画で指標の共通利用を進めていった。これにより進捗管理・評価事務の負担を回避することを可能とした。あわせて、各政策分野での計画間調整による計画間の重複分野が整理された。さらに、総合計画を基本とした政策体系化を揃えるための方針を庁議（政策調整会議）において決定した。これらにより総合計画による政策

の総合化が全庁に浸透したことで、計画間の調整が進められたのである。

● 自治体による計画間調整による計画体系の選択

　自治体の総合性確保と個別行政計画、政治的計画との計画間調整は自治体計画論では古典的なテーマである（松井2015、伊藤2019a）。松井（2015）では、二つ以上の計画間での調整のパタンを整理した（図8）。調整のパタンは4つあり、まずはそれぞれ個別の計画を策定する「併設」、一つの計画体系に他の計画体系の要素を採用する「部分摂取」、ある計画体系を一つの計画体系に一体化する「内包」、そもそも策定を行わない「放擲」がある。上記の川崎市の事例は、国から自治体への計画策定要請に対して、総合計画が他の計画の要素を「部分摂取」し、さらには「内包」した取組である。

　計画間調整では、ある計画を別の計画が部分接収や内包する場合、基幹となる計画が必要となる。この場合、多くの自治体では総合計画を基幹的な計画に用いている。しかし、総合計画が万能であるわけではない。総合計画はその策定自体が負担でもある。また、総合計画の内容の総花性からは実効性に対する疑念は常に指摘されてきた（伊藤2019b、2022）。総合計画があらゆる計画の要素を部分摂取や内包することで、総合計画の内容が膨大化となり管理負担の増加が避けられない（山中2023）。総合計画の基本構想制度の策定・非策定の選択が自由化された現代では、総合計画自体が策定の要否を再評価される対象である（松井・長野・菊地2009）。そのためむしろ、総合計画自体を「放擲」する選択肢もなくはない。いずれにしても自治体の総合性確保と個別行政計画との関係では総合計画に回収すべきであるというのではない。

　法律に基づく計画策定の要請は、団体自治の問題であり国の政府内で解消すべきテーマである。しかしながら自治体がその対応のために影響を受けざるを得ないところに、この問題の複雑さがある。自治体側は、国からの要請を受けて行政計画を策定し続ける併設路線や国からの要請を参照しながらも既存の行政計画を活用する部分摂取・内包路線、また国からの要請を受けず行政計画を策定しない放擲路線のなかから、計画策定による負担と利益を庁内横断的に検証しながら、採用するかしないか、採用するならばどのような形式とするかを判断しなければならない。このような選択を自治体が自ら考え行動することを迫られているのは、地方分権改革の期待されなかった成果の一つといえなくもない。

図8　自治体の計画間調整

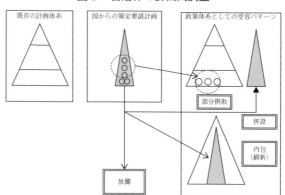

既存の計画体系　　国からの策定要請計画　　政策体系としての受容パターン

部分摂取

併設

内包
（刷新）

放擲

出典：（松井2015）を一部改

5　今後：行政計画の「簇生」を超えて

　本稿では、法律による行政計画策定の事実上の「義務付け」の増加の現状と原因と対応をみてきた。法律に基づく国から自治体への計画策定要請に対する自治体と国の認識は対立しているようではありつつも、共通点がある。確かに自治体からは国に対して、規定の廃止を要請している。しかし、すべての規定を廃止すべきとまで自治体側から国に要請しているわけではない。むしろ、一体化や統合化の可能性を認め、手続上の負担軽減のための改正も要請している[21]。対する、国では、法律に基づく国から自治体への計画策定要請自体の廃止や緩和には積極的ではないものの、一体化や統合化、手続改正には前向きな意思も一定程度は示している[22]。つまり、自治体は計画策定に伴う管理負担が軽減されれば、国が求める計画を自らが必要な場合には自治体側で計画を策定する姿勢がある。また、国は政策目的が実現できれば、計画形式にとらわれない認識も読み取れる。そのため、国と自治体の認識は実は大きな乖離があるとまではいえないのではないだろうか。

　本稿の冒頭で述べたように、2023年からはナビゲーション・ガイド方式による事前誘導が採用された[23]。これにより政府内では提案方式を通じた個別支障を事後的に改善する手段に加えて、ナビゲーション・ガイドによる計画策定に関する事実上の「義務付け」を法律策定前に回避する手段が整備されたことになる。ナビゲーション・ガイド方式を有効に実現するためには、政府内での協力が必要となる。地方分権改革の教訓の一つに政府内、府省間の合意がなければ地方分権改

革は進まないことがある。府省間での協力を得るためには各府省側に地方分権改革による成果や利益を生む必要があるだろう。例えば、府省側の事務負担軽減がある。地方分権改革が地方分権改革単独での改革であれば府省側に負担が大きい。そのためまずは、国の他の行政改革を部分摂取や内包化していくことで、各府省の負担を軽減できることを示しながら、地方分権改革につなげていくことができるのではないだろうか。

ナビゲーション・ガイド方式は、自治体からの提案に基づき、一般的な方式に再整理した成果である。いわば改革実績に基づく改革である。今後、ナビゲーション方式が一定の成果を生み出せば、第2、第3のナビゲーション・ガイド方式を生み出す素地になるのではないだろうか。例えば、個別法令での義務付け・枠付け、支障事例等を解消するためには、メルクマール方式のみならず、ナビゲーション方式を採用できるかもしれない。そのためには、まずは現在の個別事案（提案事項）の政府内での調整（提案方式、メルクマール方式）と将来的支障の各府省側での自主的な減少（ナビゲーション方式）の二頭立てのアプローチから漸進的な改正を進めていくことが重要だろう。例えば、こども基本法は議員立法ではあったが「一体のものと作成することができる」規定と規定された（野村2023）。華やかさはないかもしれないが、個別法レベルでの成果を積み重ねていく先に、計画統合のための個別法横断的な一般規定の整備等（嶋田2021、勢一2022）が実現されていくのではないだろうか。

【注】

1　本稿の内容は、松井（2019）をもとに、その後の調査と考察を踏まえて、2023年5月13日に開催された日本行政学会共通論題Iでの報告内容をもとに再構成したものである。本研究では、JSPS科研費22H00805、22H00806、21K01297、20H01456の助成をうけた。

2　全国知事会『地方分権改革の推進について』（令和元年7月23日）

3　第38回地方分権改革有識者会議・第98回提案募集検討専門部会合同会議（開催日：2019年9月2日）配布資料「資料3－3　全国町村会資料」、9頁。

4　地方分権改革有識者会議『地方分権改革の今後の方向性について』（2020年2月）、16頁。

5　第32次地方制度調査会『2040年頃から逆算し諸課題に対応するために必要な地方行

政体制のあり方等に関する答申』（令和２年６月26日）、16頁。

6　『経済財政運営と改革の基本方針2021　日本の未来を拓く４つの原動力〜グリー
ン、デジタル、活力ある地方創り、少子化対策〜』（令和３年６月18日）、34頁。

7　『経済財政運営と改革の基本方針2022　新しい資本主義へ〜課題解決を成長のエン
ジンに変え、持続可能な経済を実現〜』（令和４年６月７日）、34頁。

8　ただし、業務負担は指摘され続けるが、実際にどの程度の負担が生じているのかは
把握し難い状態である。まずは、全自治体での計画数の全数データは現在のところ不
在のままである。さらに、肝心の自治体側の事務負担のデータが不在である。確かに
全国知事会が地方分権改革推進特別委員会のもとに設置した地方分権改革推進WTに
よる「計画策定に関する調査」のデータはある（全国知事会地方分権改革推進特別委
員会　地方分権改革推進WT『地方分権改革推進WT中間報告書』（令和３年５月）、
２頁）。だがこれに限定されているといってよい。ただし都道府県が策定する計画で
「多大な人役や予算を要する」とされた「国土強靱化地域計画」「港湾計画」「地方公
共団体温室効果ガス排出削減等実行計画」の３つの計画に限定されたデータであり負
担の実像とは言い難い。業務負担の実情は改革論議では具体的な争点とはならないま
ま、実像なき改革論議が進められたともいえるだろう。

9　紙幅の都合から同データは本稿では掲載できない。詳細は松井（2019）を参照いた
だきたい。

10　例えば、内閣府が2022年３月18日にオンラインで開催した「地方分権改革シンポジ
ウム〜あなたの気づきが国を変えていく〜」での野田聖子内閣府特命担当大臣による
次の発言を参照。「地方分権を進める中で、私も責任の一端を感じているのですけ
ど、法律の中に計画策定っていうのが必置みたいになってるんですよ。私は、政府提
案をどうやっているかはさておき、議員提案を沢山つくってきたのですが、（中略）
いざ法律をつくる時に必ずその役所の法律のプロからは、計画策定を入れないと法律
になりませんよ、という表札みたい、そうやって私も、そうですかと。法律にならな
いと役に立たないので、と言って入れてきたものが相当数たまっている感じがしま
す」（内閣府地方分権改革推進室『地方分権改革シンポジウム〜あなたの気づきが国
を変えていく〜議事録』７頁）。

11　以下の記述は、松井（2019）に基づくものであり、内容には重複がある。

12　勧告に至るまでには「各省庁ヒアリングもない未調整のままの提言」であるとし
て、全く同一でもないと記録もある（大森2011）。

13　地方分権改革推進委員会『義務付け・枠付けの見直しに係る第3次勧告に向けた中間報告』（2009年6月5日）、2頁。

14　「第93回地方分権改革推進委員会　議事録」（2009年8月17日開催）、33頁（小早川委員発言）。

15　地方分権改革推進委員会『義務付け・枠付けの見直しに係る第3次勧告に向けた中間報告』（2009年6月5日）、2頁。

16　他方で、義務付け・枠付けはその数の膨大さから専門家、各府省の何れもKnow-what型の知識もなく、Know-how型知識を活かした合意調達が困難であったともされる（木寺2012）。

17　『地域主権推進大綱』（平成24年11月30日　閣議決定）、4頁。

18　『地域主権推進大綱』（平成24年11月30日　閣議決定）、4頁。

19　以下の記述は、松井（2019）に基づくものであり、内容には一部重複がある。

20　例えば、2020年の地方分権改革有識者会議の提案募集に提出された子ども・若者計画を例にとってみてみると、自治体からの見解では、自治体は独自に総合計画をはじめ政策分野ごとの計画を策定しているなかで、「次世代育成、少子化対策、こどもの貧困、こども・若者育成などの部局横断的観点から計画の努力義務が何重にも課されている」ことで、「職員は法律の要請に応えるため相互に照会・回答・調整・既存計画との整合性チェックを繰り返し、これに膨大な労力を費やし、実質的な政策推進に注がれるべきエネルギーが削られている」と述べている（『令和2年地方分権改革に関する提案募集提案事項内閣府最終的な調整結果』（令和2年12月18日）、73頁）。

21　第45回地方分権改革有識者会議・第120回提案募集検討専門分科会合同会議（開催日2021年7月2日）「資料8「重点募集テーマ」に係る提案についての主な検討の視点（案）」、1〜5頁

22　地方分権改革有識者会議計画策定等に関するワーキンググループ『効率的・効果的な計画行政に向けて』（2023年2月）、6頁。

23　ナビゲーション・ガイドの実効性を確保するために次のような工夫がある。一つめは、各府省に立証責任を要請した点である。計画等の体系の提示し、計画等の形式を採用せざるをえない理由を国側に提示することを求めた。その際、代替案となる形式との比較を行い、さらには、計画策定等に係る負担（行政のコスト）の見込みを示し、負担と効果の見込みの比較結果を国側に立証責任を求めている

　　二つめは、各府省に対して計画以外の形式を提示した。ナビゲーション・ガイドの

なかの「行政計画の要素の類型等（試案）」では、総合計画、行政評価、条例、規則・規定・要領・実施基準等を示している。国が政策を実現するための手段として計画形成以外の手段が存在することを明示したのである。これにより計画の策定要請は減少するかもしれないが、他の形式による要請が増加する可能性もなくはない。

　三つめは、計画等の形式によらざるを得ない場合の対応策を提示した。できる規定を優先すること、自治体の種別ごとの多様性を踏まえた規定の書き分けをすること、未策定自治体を公表するような、いわゆる「さらし」等を抑制すること、既存計画との統廃合や既存計画での内容の追加、関連する計画との一体的策定・上位計画への統合可能である旨を規定化することとした。つまり、自治体が自ら計画体系の最適化を判断できるようにし、事務負担の軽減を求めた。

　最後に、内閣府による経過観察の機会を設けることとした。各府省の既存計画等の見直し状況を把握し、公表している。これは、政府側がしばしば採用してきた、自治体間での政府政策の採用状況を一覧で提示するいわば「さらし」のような手段を、政府内で実施しうるとしたのである。ナビゲーション・ガイドでは、計画形式を原則認めていない。しかし、否定はしない姿勢もある。府省側に説明責任を求め、説明ができない場合に、計画以外での形式を提案する、誘導手段となっている。地方分権改革の一つの成果であるメルクマール方式による法令協議で見られるような府省間協議とは異なり、府省間での対等・協力関係の可能性を探った点も特徴的である。

【参考文献】

荒木一男（2020）「総合計画と総合戦略の関係」松井望・荒木一男編『東京大学社会科学研究所シリーズNo.70　自治体計画の特質と地方分権改革以降の変化と現状』、東京大学社会科学研究所

荒見玲子（2021）「「制度の狭間」問題の解消・多機関連携・冗長性（3・完）―共生社会型・地域包括ケアシステム構築の事例から―」『名古屋大学法政論集』289

礒崎初仁（2019）「「立法分権」を妨げるもの(1)　統制手段としての行政計画」『ガバナンス』No.224、2019年12月

礒崎初仁（2018）『自治体政策法務講義　改訂版』第一法規

伊藤修一郎（2019a）「自治体総合計画と政治」『季刊行政管理研究』第166号、2019年6月

伊藤修一郎（2019b）「企画と総合計画：5つの計画観」『都市問題』vol.110、2019年9月

伊藤修一郎（2022）「自治体総合計画にみる政策課題と計画内容の変遷」『都市問題』

vol.113、2022年5月

今井照（2017）「縮小社会における自治体のミッション「地域活性化」からの撤収」『ガバナンス』№197、2017年9月

今井照（2018）「「計画」による国─自治体間関係の変化～地方版総合戦略と森林経営管理法体制を事例に」『自治総研』477号、2018年7月号

今井照（2022）「分権改革の高次化に向けて　国法による自治体への計画策定要請から考える」『都市問題』vol.113、2022年5月

打越綾子（2004）『自治体における企画と調整　事業部局と政策分野別基本計画』日本評論社

大森彌（2011）『政権交代と自治の潮流』第一法規

北村亘（2022）「2019年の中央官庁の地方自治観」北村亘編『現代官僚制の解剖　意識調査から見た省庁再編20年後の行政』有斐閣

木寺元（2012）『地方分権改革の政治学　制度・アイディア・官僚制』有斐閣

小西敦（2021・2022）「「地方創生」における都道府県の「戦略的」対応(1)（2・完)」『自治研究』第97巻12号、第97巻2号、

澤俊晴（2021）「地方政府による政策実施の「拒否」　食品ロス対策を事例として」『季刊行政管理研究』第173号、2021年3月

鈴木洋昌（2019）『総合計画を活用した行財政運営と財政規律』、公人の友社

鈴木洋昌（2023）「現場から提起する分権改革　西尾先生のメッセージをどう受け止めるか」『自治体学』vol.36─2、2023年3月

嶋田暁文（2021）「計画策定等の（実質的）義務付けと地方分権」『ガバナンス』№246、2021年10月

勢一智子（2022）「地方分権時代における計画行政の諸相」後藤・安田東京都市研究所編『都市の変容と自治の展望』公益財団法人後藤・安田東京都市研究所編

曽我謙悟（2019）『日本の地方政府　1700自治体の実態と課題』中央公論新社

金井利之・今井照編著（2016）『原発被災地の復興シナリオ・プランニング』、公人の友社

中村悦大・高松淳也（2020）「計画における外部アクターの影響　東海地方における総合戦略の策定を題材に」松井望・荒木一男編『東京大学社会科学研究所シリーズ№70　自治体計画の特質と地方分権改革以降の変化と現状』、東京大学社会科学研究所

西尾勝（1990）『行政学の基礎概念』、東京大学出版会

西尾勝（2008）「四分五裂する地方分権改革の渦中にあって考える」『年報行政研究』43

西尾勝（2007）『地方分権改革』東京大学出版会

西尾勝（2018）「地方分権改革を目指す二つの路線」『地方自治法施行70周年記念自治論文集』2018年

野村武司（2023）「こども基本法で問われる自治体の役割」『都市問題』vol.114、2023年3月

松井望・長野基・菊地端夫（2009）「自治体計画をめぐる「基本構想制度」の変容と多様性の展開」『年報自治体学　自治体計画の現在』第22号

松井望（2015）「県庁内のガバナンス変容と持続―マニフェスト導入による政治時間の規律づけ―」宇野重規・五百旗頭薫編『ローカルからの再出発日本と福井のガバナンス』有斐閣

松井望（2017）「「基本方針による管理」と計画化：総合戦略と総合計画を事例に」『公共政策研究』第17号、2017年

松井望（2019）「分権改革以降の自治体計画策定　国の＜計画信仰＞と自治体の「忖度・追従」」『都市問題』vol.110、2019年9月

松井望（2022）「自治体計画策定への職員参加と人材育成」『自治大学校からの情報発信』23

宮脇淳（2010）『創造的政策としての地方分権　第二次分権改革と持続的発展』岩波書店

村上裕一（2018）「自治体担当者は地方創生をどう受け止めたか」小磯修二・村上裕一・山崎幹根『地方創生を超えて　これからの地域政策』、岩波書店

山下祐介・金井利之（2015）『地方創生の正体　なぜ地域政策は失敗するのか』、筑摩書房

山中雄次（2023）『NPMの導入と変容　地方自治体の20年』晃洋書房

Herd、Pamela and Moynihan, Donald P.(2019).Administrative burden:policymaking by other means,Russell Sage Foundation

【インタビュー・資料調査一覧】

・地方自治確立対策協議会地方分権改革推進本部事務局・全国知事会調査第一部　2023年3月28日

・内閣府地方分権改革推進室　2023年4月3日

・川崎市総務企画局都市政策部企画調整課、同局同部地方分権・特別自治市推進担当　2023年3月29日

・神戸市企画調整局政策課総合計画担当　2023年4月25日

・一般社団法人共同通信社くらし報道部　2023年4月14日

年報59号公募論文・研究ノート・書評論文・研究動向論文の決定経緯について

　年報59号の論文・研究ノート・書評論文・研究動向論文の公募は2023年9月15日に締め切られ、論文5本が提出されました。

　年報委員会は、各論文につき3名ずつ、それぞれの主題にふさわしいと判断される匿名査読者を選定し、審査を依頼しました。査読者に対しては、応募者が特定できないよう原稿に必要な措置を加えた上で、応募原稿の写しを送付しました。その際、「査読要領」に記載の掲載要件に基づいて、年報委員会が作成した評価基準並びに評価区分を示し、審査がこれによって行われるよう、あわせて依頼しました。

　年報委員会内においても、「公募要領」4に記載の「二重投稿の禁止」に該当する事案がないか、つまり投稿された論文等が既発表の論文等と同一もしくは極めて類似していないかどうかを確認しました。

　その後、約4週間の査読期間を経て、同年11月に査読者全員の査読報告書が出揃いました。年報委員会では、査読報告書を踏まえて、「査読要領」に記載の掲載要件に基づき、掲載の可否を審査した結果、論文2本については掲載不可と判定し、残り3本の論文については条件付きで掲載可と決定し、応募者に通知しました。

　条件付きで掲載可とした論文3本について、応募者によって修正されたものを査読者による再査読に付しました。再査読結果が出揃ってから、年報委員会において、再査読報告書を踏まえて、「査読要領」に記載の掲載要件に基づき、掲載の可否を審査しました。そして、2024年1月、大田衞会員の「戦後石油行政の分析的叙述：戦略的相互作用における行政指導」、須川忠輝会員の「明治地方自治制の地方制度特例とその制度設計—日本統治下の樺太における地方自治の発展—」、山田健会員の「技術官僚をめぐる戦前と戦後：港湾政策における連続と断絶」を、本号に掲載することに決定いたしました。以上が決定の経緯です。

　公募制度を安定的に運用するためには、会員による積極的な応募が欠かせませんが、それとともに、応募しやすい制度とするための方策を不断に検討していく必要があります。58号より、投稿者にも審査基準がより明瞭になるよう、「公募

要領」に加えて「査読要領」も掲載しています。また、57号より運用されました、査読者間での査読結果及び内容の共有も続けてまいります。これまでご投稿いただいた会員各位、そしてご協力いただいております匿名の査読者の方々に、この場を借りて厚く御礼申し上げます。

　なお、年報58号から62号に投稿された論文の査読者の氏名（公表を希望しない査読者を除く）につきましては、年報63号（2028年発行予定）に掲載する予定です。年報53号から57号への投稿論文について少なくとも1回以上査読をお引き受けいただいた会員名（公表を希望しない査読者を除く）につきましては、年報58号（2023年発行）に掲載されております。

第59号年報委員会

＜公募論文＞

戦後石油行政の分析的叙述：戦略的相互作用における行政指導

大　田　　衛

┌─　**要旨**　─────────────────────────────────

本稿の目的は、戦後日本の産業政策における行政指導をめぐるアクターの意思決定メカニズムを、Analytic Narratives（分析的叙述）の手法を用いて明らかにすることである。政策実施過程における官庁と業界の関係性を繰り返しゲームとしてモデル化し、相互作用のパターンとしての均衡とその成立条件を示したうえで、当該モデルを用いて戦後石油行政を通史的に分析した。その結果、以下のことが明らかとなった。第1に、石油行政における通産省（経済産業省）と石油業界の協調や対立は、政策ネットワークの安定性、機会主義的競争による業界の私的利益、統制を実施するための行政コストといったパラメータの変化の帰結として説明できる。第2に、行政裁量の行使としての行政指導水準の決定は、業界との戦略的相互作用における官庁の利得最大化行動として説明できる。第3に、行政指導は、1980年代以前だけでなく、2010年代においても石油行政の有効な政策手段であった。これらの成果により、本稿は、行政指導論における通説であるネットワーク論の不十分な部分を補完し、産業政策・行政指導研究に新たな貢献をするものである。
───

▷キーワード：Analytic Narratives（分析的叙述）、産業政策、石油行政、行政指導、ネットワーク論

第1章　序論

　日本の行政に特徴的な政策実施手段として知られる行政指導[1]（Administrative Guidance）について論じる行政指導論は、日本行政学における「古典的論点」（原田 2022：159）の一つである。行政指導は、国・地方を問わずあらゆる政策分野で広く用いられる手法であるが、政治学・行政学の立場からの行政指導論は、産業政策における行政指導、特に1950～80年代に旧通商産業省（通産省）が経済界に対して実施した行政指導を扱ったものが多い。こうした「産業政策論としての行政指導論」のパズルは、「産業政策が行われているような政治システムはいかなるものか」（建林　1994：79）あるいは「なぜ日本では行政指導という弱い規制になるのか」（大山　1996：76）といったものであった。すなわち、法的強制力をもたず、あくまでも相手方の自発的協力によってのみ目的が実現される「弱い規制」である行政指導が、なぜ「産業政策の神髄」（小野　1999：30）と呼ばれ、多くの場合に企業や業界団体から受け入れられてきたのかが問われたのである[2]。

　本稿の目的は、この「古典的」なパズルに対し、議論の流行以降に日本の政治学・行

政学に導入されたAnalytic Narratives（分析的叙述）の手法[3]を用いて、より洗練され
た解答を提示することである。次章で詳しく検討するように、通説とされるネットワー
ク論は、行政指導を「行政と関係団体を柔軟な形でつなぐ重要な紐」（村松　2001：
233）、すなわち制度化されたネットワークにおける一種の利益交換手段と捉えてきた。
しかし、こうした議論は、行政指導をめぐるアクターの意思決定メカニズム、特に行政
裁量としての指導水準の決定や官民の戦略的相互作用の解明という点で課題を残すもの
であった。

　これに対して本稿は、繰り返しゲームの数理モデルと質的な事例分析とを接合し、合
理的選択論の立場から官庁と業界の戦略的相互作用とその規定要因・メカニズムを描き
出すことで、ネットワーク論の不十分な部分を補完する。事例としては、産業政策の代
表的分野の一つである石油行政を取り上げる。戦後石油行政については既に多くの先行
研究が存在するが[4]、1962年の石油業法制定から現在までの約60年にわたる政策実施過
程[5]を、フォーマル・モデルによる論理的かつ一貫した枠組みの下で分析した研究は見
当たらない。したがって、本稿は、行政指導研究としてのみならず、石油行政研究とし
ても新たな貢献をするものである。

　本稿の構成は次のとおりである。まず、行政指導論に関する先行研究を検討し、その
主張のエッセンスと課題を抽出する（第2章）。次に、検討結果を踏まえて、官庁と業
界の戦略的相互作用を説明するためのモデルを構築する（第3章）。そして、戦後石油
行政の政策実施過程を通史的に記述するとともに、どのようなパラメータのいかなる変
化が相互作用のパターンを変化させたのかを分析する（第4章）。最後に、本稿の成果
と含意、残された課題について述べる（第5章）。

第2章　先行研究の検討

　本章では、行政指導論に関する先行研究を検討し、その主張のエッセンスと課題を抽
出する。前章で述べた問いに対する行政指導論の解答は、「行政指導万能論（官僚規制
論、国家主導論）」、「行政指導無能論（市場規制論、市場主導論）」及び「ネットワーク
論（行政指導システム論）」の3つに大別されるが（建林　1994；大山　1995；驛
2012）、事例研究の積み重ねを経て、ネットワーク論が通説的地位を占めるに至ってい
る。

　ネットワーク論の主張の要点は、大きく次の2点にまとめられる。第1に、「相手と
の取引関係を長期化して相互の行動期待を高めておくことが、指導の受容度を高めるよ
うに作用する」（大山　1996：66）といったように、官庁と業界との関係性の態様を、
行政指導の有効性を規定する独立変数と捉えていることである。第2に、行政指導無能
論と異なり、行政指導の有効性を一定程度肯定したうえで、しかしその理由を、行政指
導万能論が主張する「事実上の強制力」ではなく、あくまでも業界の「自発的協力」に
みることである。換言すれば、ネットワーク論は、官民関係を垂直的なヒエラルキー関
係ではなく、水平的な相互依存関係と捉えている点に特徴がある。建林（1994）によれ

ば、業界が行政指導に自発的に協力するのは、行政指導が単なる規制の手段ではなく、審議会や天下りなどの制度化された人的ネットワークにおける一種の利益交換手段だからである[6]。このようなネットワークを大山（1996）は「既得権ネットワーク」と呼び、行政指導は、既得権ネットワークの下で事前に内容調整が行われることで有効に機能するが、これに対抗する「改革ネットワーク」が強くなると機能しないと主張している。また、Samuels（1987）は、官民の相互依存関係を「互酬を前提にした同意」（reciprocal consent[7]）と呼び、それが統制を指向する官僚と、市場競争を指向する業界との間の妥協の産物であったとしている。

　以上のようなネットワーク論の主張は、事例研究によって支持されており、総論的には妥当であるように思われる。しかし一方で、行政指導をめぐるアクターの意思決定メカニズムについて、必ずしも洗練された説明を与えていないという課題がある。例えば大山は、行政指導の有効性の規定要因として①事実上の強制力、②指導内容の必要性・正当性、③業界の利害状況、の３つを挙げているが（大山　1996：38－43）、必要性や正当性といった変数は測定が困難であるし、これらの要素と「ネットワーク間のパワーバランス」のようなマクロ的要素との関連性も明らかでない。更に、一口に行政指導といっても、その内容は業界の意に反したものからその希望をほぼ反映したものまで様々である。しかし、従来のネットワーク論は、行政指導の内容がプログラム形成過程[8]における官民の事前交渉によって合意されているという事実を確認するに留まり、行政裁量としての指導水準（業界に対する配慮の度合い）の決定メカニズムを解明することはできていない。またこの点に関しては、裁量権を行使する官庁側の意思決定と、それを受容する業界側の意思決定とが、相互依存の関係にあることが重要である。そして、このような官民の戦略的相互作用を分析するにあたっては、相手の戦略や実際には起こらなかった事象をも視野に入れた反実仮想的アプローチ、すなわちゲーム理論の分析枠組みが有効である。

第3章　モデル

　本章では、前章における先行研究の検討を踏まえて、行政指導という手段の選択や、それに対する業界・企業の応答、そして行政指導の水準が決定されるメカニズムを理解するためのゲーム・モデルを構築する。以下では、はじめに官庁と業界の相互作用を一回限りの戦略形ゲームとしてモデル化し、そのうえで、ネットワーク論が重視する関係性の継続（＝ゲームの繰り返し）の要素を導入した場合に、ゲームの帰結がどのように変化し、そこからいかなる含意を得られるかをみていくこととする。

第1節　一回限りのゲームによる定式化

⑴　ゲームの構造

　官庁（A）と業界（I）の２者による次のようなゲームを考える。プレイヤー i（＝A, I）の行為選択肢集合を $S_i = \{C_i, nonC_i\}$ とする。ここで C は協調、$nonC$ は非協調である。両者は同時に選択を行い、ゲームは１回限り行われると仮定する。各選択肢に対応

する具体的行動は次のようなものである。

＜官庁＞

協調：業界と合意形成を図りつつ、行政指導による緩やかな規制を行う。行政指導による規制の範囲や強度（以下「行政指導水準」という）は官庁の裁量でコントロールされる。

非協調：業界及び各企業の意思や利益を考慮せず、法的権限に基づく「統制」を行う。

＜業界＞

協調：官庁と合意形成を図りつつ、行政指導に自発的に協力する。

非協調：業界として官庁に協調することはせず、各企業が機会主義的に競争する。

　また、官庁は、行政指導水準$g(0<g<1)$を、ゲームの開始前に任意に設定できることとする（1に近づくほど規制が厳しくなる）[9]。gの値は、官庁が業界の利益に配慮する度合いと解釈できる。

　ゲームの帰結に対するプレイヤーの利得関数u_iは次のとおりとする。

＜双方協調＞

$u_A \{C_A, C_I\} = g$：官庁は、行政指導水準に応じた利益としてgを得る。規制を厳しくすれば官庁の利得は増加し、緩和すれば（業界への配慮を強めれば）減少すると考える[10]。

$u_I \{C_A, C_I\} = 1-g$：業界は、行政指導水準に応じた利益として$1-g$を得る（官庁とは逆に、規制が厳しくなれば業界の利得は減少し、緩和されれば増加すると考える）。

＜官庁のみ協調＞

$u_A \{C_A, nonC_I\} = 0$：強制力のない行政指導はその目的を実現することができず、官庁の利得は0となる。

$u_I \{C_A, nonC_I\} = 1-g+p$：業界は、行政指導水準に応じた利益に加えて、機会主義的競争による私的利益$p(0<p\leq1)$を得る。

＜業界のみ協調＞

$u_A \{nonC_A, C_I\} = 1$：官庁は、統制を通じた政策実現利益を得ることができ、その値は1とする。

$u_I \{nonC_A, C_I\} = 0$：統制により業界の企業活動は著しく制約され、その利得は0となる。

＜両者非協調＞

$u_A \{nonC_A, nonC_I\} = 1-c$：官庁は、政策実現利益として1を得るものの、強力な規制を導入するための合意形成や違反者の監視・処分に要する行政コスト$c(>0)$を負担しなければならない。

$u_I \{nonC_A, nonC_I\} = p$：業界は、機会主義的競争による私的利益$p$のみを得ることができる。以上を利得表にまとめたものが**表1**である。なお、これらゲームの構造は、両プレイヤーにとって共有知識であることとする。

表1　1回限りのゲームの利得表

官庁　＼　業界	協調（C）	非協調（nonC）
協調（C）	$g, 1-g$	$0, 1-g+p$
非協調（nonC）	$1, 0$	$1-c, p$

出典：筆者作成

(2)　均衡

　このゲームのナッシュ均衡は、統制を実施するための行政コストcの値に応じて、

$$\{s_A ; s_I\} = \begin{bmatrix} nonC_A ; nonC_I & if\, c < 1 \\ C_A ; nonC_I & if\, c > 1 \end{bmatrix}$$

となる。後者の戦略の組は、業界が行政指導に従わないにもかかわらず、統制実施コストが大きすぎるがゆえにその状態が固定化するという、行政指導無能論が想定するような状況を表すものといえる。いずれにせよ、官庁と業界の戦略的相互作用を1回限りのゲームとして定式化した場合、両者の協調が自発的に成立することはない。そこで次に、ゲームのルールを変更し、このゲームが繰り返し行われる場合を考える。

第2節　繰り返しゲームによる定式化

　表1の構造を有するゲームが繰り返しプレイされると仮定する。この場合、プレイヤーi（$=A, I$）の期待利得EU_iは、

$$EU_i = \sum_{t=1}^{\infty} \delta^{t-1} u_t^i \tag{1}$$

と定式化できる。δは割引因子（$0 < \delta < 1$）、u_t^iはt回目のラウンドにおける各プレイヤーの利得である。ここでは割引因子δを、①相互作用の頻度、②ゲームの継続確率、の2つの要素から構成されるものと解釈する。すなわちδは、官庁と業界による政策ネットワークの安定性（緊密性及び継続性）を示す変数である。更に、各ラウンドにおいて得られる利得u_t^iはtの値に関わらず一定（すべてのtについて$u_t^i = u_i$）と仮定すば、等比数列の無限和の公式を用いて、(1)式を次のように変形できる。

$$EU_i = \frac{u_i}{1 - \delta} \tag{2}$$

　既に述べたように、ネットワーク論の主張によれば、産業政策における官庁と業界の関係性は「互酬を前提にした同意」である。繰り返しゲームの理論においては、はじめのラウンドでは協調を選択し、それ以降のラウンドでは前のラウンドで相手がとった行動と同じ行動をとる「しっぺ返し」（Tit-For-Tit）戦略が、互酬的な行動戦略として代表的である。繰り返しゲームにはこれ以外にも無数の戦略のバリエーションが存在するが、ここでは典型的な戦略である①ALLC（常にCを選択する）、②ALLnonC（常にnonCを選択する）、③TFT（しっぺ返し）、の3種類に限定して考える。この場合の利得行列は表2のとおりとなる。

表2 繰り返しゲームの利得表

官庁＼業界	ALL-C	ALL-nonC	TFT
ALL-C	$\dfrac{g}{1-\delta}, \dfrac{1-g}{1-\delta}$	$0, \dfrac{1-g+p}{1-\delta}$	$\dfrac{g}{1-\delta}, \dfrac{1-g}{1-\delta}$
ALL-nonC	$\dfrac{1}{1-\delta}, 0$	$\dfrac{1-c}{1-\delta}, \dfrac{p}{1-\delta}$	$\dfrac{1-c}{1-\delta}+c, \dfrac{p}{1-\delta}-p$
TFT	$\dfrac{g}{1-\delta}, \dfrac{1-g}{1-\delta}$	$\dfrac{1-c}{1-\delta}-1+c, \dfrac{p}{1-\delta}+1-g$	$\dfrac{g}{1-\delta}, \dfrac{1-g}{1-\delta}$

出典：筆者作成

　モデルが作成できたところで、このゲームのナッシュ均衡を確認しておこう。まず、$c<1$の場合、双方が常に協調しない $\{ALLnonC_A; ALLnonC_I\}$ の組が均衡となる。また、$c>1$の場合は、行政指導が失敗し続ける $\{ALLC_A; ALLnonC_I\}$ の組が均衡となる。これらは1回限りのゲームの場合と同様である。しかし、繰り返しゲームの場合は、以上に加え、次の条件を満たす行政指導水準gが存在するとき、官民の相互協調をもたらす $\{TFT_A; TFT_I\}$ の組も均衡となる[11]。

$$1 - \delta c \leq g \leq \frac{\delta - p}{\delta} \tag{3}$$

　(3)式の2つの不等号のうち左側は官庁にとって、右側は業界にとって、TFTの組から逸脱する誘因がないことを示している。行政指導を介した官民の相互協調が実現するためには、指導水準が厳しすぎても緩すぎてもいけないのである。このように、1回限りのゲームでは自発的な相互協調が実現しない状況でも、ゲームが繰り返し行われる場合、一定の条件の下で協調が実現する可能性がある。また、(3)式によれば、①政策ネットワークの安定性（δ）が高ければ高いほど、②機会主義的競争による業界の私的利益（p）が小さければ小さいほど、③統制の実施コスト（c）が大きければ大きいほど、相互協調の実現可能性が高まるとともに、そのために選択可能な行政指導水準（g）の範囲が広くなる。以上をまとめたものが**表3**である。

表3 繰り返しゲームの均衡とその条件

均衡	具体的状況	条件
$\{ALLnonC_A; ALLnonC_I\}$ （両者非協調）	統制を志向する官庁と機会主義的に競争する業界の対立	$c<1$
$\{ALLC_A; ALLnonC_I\}$ （官庁協調、業界非協調）	行政指導の失敗	$c>1$
$\{TFT_A; TFT_I\}$ （「しっぺ返し」を前提とした協調）	行政指導を介した官民協調	$1 - \delta c \leq g \leq \dfrac{\delta - p}{\delta}$

出典：筆者作成

　なお、(3)式が満たされることは、TFTの組がこのゲームにおける「唯一の」均衡で

あることを意味しない。特に、官庁と業界が対立する $\{ALLnonC_A ; ALLnonC_I\}$ の組は、$c < 1$ の条件の下で常にナッシュ均衡であり、この場合、$\{TFT_A ; TFT_I\}$ と合わせて複数の均衡が存在する。しかし、このケースでは、TFT 均衡が $ALLnonC$ 均衡を利得支配（payoff dominance）しており、前者をプレイすることが両者にとって合理的であることから、TFT 均衡が実現する可能性が高いと考えられる（Harsani and Selten 1988）。

第3節　パラメータの変化要因

　前節までの分析から、どのようなパラメータのいかなる変化が、繰り返しゲームの均衡をどう変化させるのかに関する仮説が導出できた。最後に、これらのパラメータがどのような要因によって変化すると考えられるのかを整理しておく。

　まず、割引因子 δ は、政策ネットワークの安定性（緊密性及び継続性）が高まるほど大きな値を取る。安定性を高めるのは、既存の業界団体や個別業法の存在、そしてこれらを背景とした官民の人的交流である。また、参入や退出が少なく、業界内の利害状況が同質的であるほどネットワークが安定しやすいと考えられる（松井 1998）。次に、業界の私的利益 p を変動させる主な要因は、市場環境である。需給状況が急激に変動する危機的な局面では、市場が再び安定するまでの間、余剰を奪い合って各企業が機会主義的に行動するインセンティブが増大すると考えられる。そして、統制の実施コスト c は、統制に対する世論や政治家の支持、業界内の企業数（少ない方がモニタリングが容易）などに規定されると考えられる。

　以上の各パラメータに対し、行政指導水準 g は特殊である。このパラメータについては、官庁が裁量的に決定できる。そのため、官庁は、均衡における自らの利得を増加させるため、(3)式の範囲内で、$(\delta - p) / \delta$ の値により近い（＝より厳しい）行政指導水準を設定すると考えられる。

第4章　事例分析

　Analytic Narratives の大きな特徴は「演繹と実証主義の相互作用」（Bates et al. 1998 : 16；北村 2009 : 25）である。以下の事例分析では、戦後石油行政の政策実施過程を、法の制定改廃や石油危機など相互作用の環境条件に大きな変化があった時期ごとに区分した上で、それぞれの時期ごとに過程追跡を行い、均衡が変化した（あるいは、しなかった）要因をモデルに戻って説明する、という順序で叙述していく。

第1節　事例の概要

　石油産業は、伝統的に、政府が業界に対して積極的に関与する「規制産業」である。1951年にGHQから日本政府への権限移譲が行われて以来、通産省は、行政指導を主たる政策手段として、石油製品の需給と価格をコントロールしてきた。特に、1962年に施行された石油業法の下でのコントロール・システムは、しばしば「石油業法体制」と呼称された（大山 1996 : 203）。石油業界にはいくつかの業界団体があるが[12]、その中でも、1955年に設立された石油連盟は、全国的規模で石油の製造・販売を行う企業を構成

員とする基幹的産業団体であり、政策ネットワークの形成に大きな役割を果たしてきた。しかし、1980年代後半以降は、他の産業セクターと同様、石油産業においても規制緩和が進められた。当初は行政指導レベルの緩和であったが、1996年の特石法廃止による石油製品の輸入自由化を経て、2001年の石油業法廃止による「体制」の解体に至った。一方で、2009年にエネルギー供給構造高度化法が制定され、これに基づき重質油の高度利用を促す規制が新たに導入されるなど、近年は再規制の動きがみられるようになっている。

第2節　石油業法体制の確立：1962年～1972年

　石油業法は、石油精製業等の事業活動を調整し、石油の安定的かつ低廉な供給の確保を図ることを目的として、1962年に制定された法律である。同法成立以前の石油行政においては、輸入貿易管理令に基づく外貨資金割当制度（FA制度）を背景として、通産省による行政指導が行われていた。このFA制度が貿易自由化に伴って廃止されるにあたり、通産省は、石油産業への関与を継続するため、関与の根拠法を新たに制定することを試みた。第40回通常国会に提出された石油業法案は、将来的な規制緩和の検討を求める附則の一部修正（後述）を経て、衆参両院で全会一致をもって可決された。

　石油業法に規定された政策手段は、通商産業大臣による石油供給計画の策定や、事業や設備に係る許可制度、石油製品の標準販売価格の設定などであった。通産省は、石油業法の制定に際して「石油業の事業活動を必要最小限度において調整するための規定を定めた」と説明していたが（衆議院本会議における趣旨説明より）、石油の供給能力を規定する精製設備の新設等が許可制となるなど、実際の事業活動に対する影響力は強大であった。しかも、その許可基準は「事業計画の内容が石油の安定的かつ低廉な供給を確保するため適切であること」（6条3号）など曖昧な形で規定され、通産省に大きな裁量権を与えていた。

　石油業法の制定に際して、石油連盟内には、一部の中小規模会社に賛成意見もあったが、大多数は強い法規制に反対、あるいは法規制そのものに反対の意見であった（石油連盟　1985：156－7）。石油連盟は、石油業法はあくまで貿易自由化の影響を緩和するための時限立法とし、5年以内に廃止すべきと主張した。しかし、通産省は恒久法とすることを譲らず、代案とされた附則の再検討条項についても、「緩和又は廃止の目的をもって」という文言が国会審議の中で削除されるなど、石油連盟・石油業界は、石油業法の制定過程においてほとんど影響力を行使することができなかった。

　官民の意見の不一致は、政策の実施過程でも顕在化した。石油連盟は、精製設備の新設等の許可基準について、稼働率や財政状態、販売計画等を構成要件とすることを要望したが、通産省側の意向によって「石油政策への協力の度合い」という項目が加えられ、その運用においては中小規模の石油会社に優先的に配慮することとされた。生産調整をめぐっても、主要石油企業の多くが市場シェアを基準に割当を行うべきと主張したのに対し、製油能力に比して販売力が乏しい中小規模の民族系企業[13]を優遇したい通産省は、製油能力を割当基準に組み入れた。また、価格調整に関しても、通産省は、業界

が主張した「建値制」（主要石油企業が価格決定のイニシアティブを取る方式）の導入を拒否し、1962年11月、石油業法15条に基づく標準販売価格を設定・告示した（水戸2006：135－7）。こうした通産省の行政指導に反発した出光興産は、生産調整に従うことを拒否し、1963年11月には石油連盟を脱退した（1966年に復帰）。これを受けて、通産省は、1964年4月、通商産業大臣名の談話により、全石油会社の社長に対して自省が設定する原油精製量と製品価格を遵守するよう警告した。また、出光興産に対しては、石油精製設備の建設を認めないという制裁的措置を実施した[14]。

　このように、石油業法の施行当初は、通産省と業界との関係は決して良好なものとはいえず、通産省の設定した行政指導水準も、概して主要石油企業の意思や利益に配慮したものではなかった。しかし、その後、石油行政をめぐる官民のネットワークは緊密化し、「石油業法体制」の確立へと向かっていく[15]。その象徴の一つが、通産省の主導により、1965年8月に中小規模の民族系企業を統合して設立された共同石油である。同社の社長ポストは通産官僚出身者の指定席となり、通産省の側も、融資や製油所の建設等において同社を優遇した。また、その他の多くの石油企業も、事業拡大などの便宜を得ることを期待して、通産省を退職する高官に進んで要職を提供した。その結果、1979年時点で28人の元通産官僚が石油企業の役員を務めるなど[16]、石油業界は通産官僚の「天下り天国」（新藤　1992：141）と呼ぶべき状況を呈するに至った。更に、産業構造審議会の総合エネルギー部会が1965年4月に解散し、これに代わる独立組織として総合エネルギー調査会が同年6月に発足すると、石油連盟もそのメンバーとして参加することとなった。これにより、石油業界は、石油政策のプログラム形成過程に正式にアクセスするチャネルを得た。

　通産省と石油業界との間に制度化された人的ネットワークが築かれていく中で、行政指導水準にも変化が生じた。1966年には標準販売価格が廃止され、生産調整についても、通産省が直接主導する方式から、各社の生産実績等について毎月の報告を求めつつ、必要に応じ、石油連盟を主体として自主的な調整を行う方式に変化した。こうした方式は次第に慣行となり、通産省鉱山局の日常事務と化していった。このほか、石油精製設備の新設等の許可基準についても適宜見直しが行われた。

　以上をまとめると、石油業法の施行後しばらくは、通産省と業界の相互作用は不安的な状態にあったが、1960年代半ば以降、審議会・天下り等による人的ネットワークの緊密化や、石油業法が恒久法となり、改正の議論すら起こらないことによる関係性の長期化により、割引因子δが上昇した。また、標準販売価格の廃止や生産調整方式の変更など、通産省が設定する行政指導水準も、業界に対する統制の度合いを弱めていった。すなわち、gの値が低下した。これらの要因により、TFTの組が均衡となるための条件である(3)式が満たされる状況が生じた。そして両プレイヤーは、「互酬を前提にした同意」であるこの均衡戦略をプレイし、協調的な「石油業法体制」を確立していった。

第3節　石油危機：1973年～1982年

(1)　第一次石油危機

　1973年10月の第４次中東戦争勃発を端緒として、いわゆる「第一次石油危機」が発生した。当初、石油需給情勢悪化に対する日本政府の対応は鈍かったが、石油連盟の要望を受け、11月16日に内閣総理大臣を本部長とする緊急石油対策推進本部（同年12月18日に「国民生活安定緊急対策本部」に改組）を設置。併せて閣議決定された「石油緊急対策要綱」に基づき、石油及び電力の使用節減に関する行政指導等が開始された。

　しかし、消費節約運動などの一般的指導は所期の成果を挙げず、市場に混乱が生じていた。石油企業は、コスト上昇を転嫁するべく、石油製品の大幅な値上げを行った。消費者団体や通産省は、石油企業が「便乗値上げ」をし、危機に乗じて多大な利益を上げていると批判した。通産省と業界の間には、日本に入ってくる原油がどの程度減少するのかについて見解の相違があった。12月３日、山下通産事務次官は、石油会社が「無責任」、「諸悪の根源」であると非難し、これに対して石油業界は「手際が悪いのは通産省の方だ」と反発[17]。石油業法体制下における両者の蜜月に変化が生じていた。

　行政指導を実施しつつ、政府は、いわゆる「石油二法」（石油需給適正化法と国民生活安定緊急措置法）の法案を11月30日に閣議決定した。石油二法については、経済統制を強めるものとして石油業界のみならず財界や公正取引委員会などからも強い反対があったが（水戸　2006：195－７）、石油不足に対する国民の懸念を背景に、12月21日に異例の早さで可決・成立した。石油需給適正化法により、内閣総理大臣による「緊急事態宣言」の告示をトリガーとして、石油供給目標の策定、石油精製業者や販売業者に対する指導指示といった権限が通商産業大臣に与えられた。また、これらに従わない者に対しては罰則や制裁的公表といった措置を講じることとされた。「緊急事態宣言」は法律の公布と同時に告示され、石油供給目標に基づき、精製、輸入、販売のコントロールが実施された。また、国民生活安定緊急措置法により、政令で指定された生活関連物資について、主務大臣が標準価格を定めることとされた。この標準価格は、石油業法に基づく標準販売価格と異なり、従わない者への制裁的公表といったサンクションを伴うものであった。通産省は、それまでの行政指導による規制をより強化するべく、上記石油供給目標の告示と併せて、家庭用灯油の上限価格を380円／18ℓとする標準価格を告示した。こうした一連の措置は、石油業界の利益には反するものであった。

　以上のとおり、第一次石油危機においては、通産省と業界の双方が協調的行動を取らなかった。すなわち、業界は「便乗値上げ」によって一時的にではあるが莫大な利益を上げ[18]、これを非難した通産省は統制的色彩の濃い法案を立案・実施した。このような戦略の変化が生じた要因は、次のように考えられる。第１に、石油供給量の急激な減少により、機会主義的競争に伴う業界の私的利益pが大きく上昇した。第２に、石油企業に対して世論が厳しい目を注いだことで、統制を実施するための行政コストcが低下した。このようなパラメータの変化により、(3)式が満たされなくなったため、両者はTFTの組から逸脱し、$ALLnonC$の組をプレイした。

(2)　日常型指導への回帰と第二次石油危機

　1974年の春頃から、OAPECの生産削減の緩和等により、日本における石油需給は急

速に好転した。これに伴い、同年6月には、国民生活安定緊急措置法に基づく家庭用灯油の標準価格が廃止され、行政指導による規制に移行した。「緊急事態宣言」は9月1日に解除され、同月12日には新たな石油供給計画が告示されるなど、石油行政は、石油業法体制下の「日常型指導」（大山　1996：214）へと回帰していった。そうした中で、1975年には、家庭用灯油やLPガスの価格を抑制する行政指導が廃止されるとともに、石油製品の値上げを促進するべく、石油業法に基づく標準価格が13年ぶりに設定された。ただし、標準価格の水準は、業界にとってなおも不満が残るものであった[19]。

　一方で、石油危機の経験は、石油を含むエネルギー政策の再定義を促した。総合エネルギー調査会石油部会が1974年9月に発表した中間答申では、石油の安定供給確保に関して、海外石油開発や供給源の多様化・分散化等と併せて、従来の60日備蓄を90日備蓄に強化する必要性が提言された。通産省と石油業界は、備蓄強化の必要性については認識が一致していたが[20]、そのための負担の在り方については隔たりがあった。通産省は、1976年4月に施行された石油備蓄法に基づき、1979年3月末までに90日備蓄を達成する目標を定めるとともに、石油会社に対する助成措置を講じたが、助成の内容は業界を満足させるものではなかった（石油連盟　1985：273）。また、通産省は、石油危機下の1974年1月以来、ガソリンスタンド（GS）の建設を凍結する行政指導を実施していたが、1975年頃になると、元売り業者の系列でない「無印」スタンドが行政指導を無視して建設されるといった事態が生じるようになった。そのため、ガソリン販売業を登録制とすること等を定めた揮発油販売業法が、業界（特に流通業者）の要望に応じる形で1976年11月に制定された[21]。

　第一次石油危機後の通産省と石油業界の関係は、このように、お互いに不満を抱きつつも、全体としては改善が進んだ。そうした中、1978年から79年にかけてのイラン革命を契機として、第二次石油危機が発生した。この間、原油価格は一挙に2倍以上に上昇したが、第一次石油危機の際のように石油需給適正化法が発動されることはなく、元売り各社が提出する資料を基に、行政指導により製品別の値上げ上限を指示する「シーリングプライス制度」が実施されるに留まった。江崎通産相が石油業界の会合で製品価格の値上げに対する支持を表明し[22]、業界の側も、通産相の要請に応じて「便乗値上げはしない」と宣言するなど[23]、両者は協調的に危機に対応した。

　以上のとおり、$ALLnonC$の組からTFTの組へと均衡が変化した要因は、次のように考えられる。第1に、行政指導を通じた相互作用が繰り返される中で、官民の相互依存関係がより深まっていたことである。この頃には、石油業界の「行政依存体質」が広く知られるようになっていた[24]。一方、通産省の側も、先述のとおり多数の元通産官僚が石油企業の役員を務めるなど、業界と密接な関係にあった。すなわち、政策ネットワークの緊密化が進み、割引因子δが非常に高い状態となった。第2に、pとcの変化である。いずれのパラメータも、第一次石油危機が去ったことでそれ以前の状態に戻った。そして、これらの変化により、再び(3)式が成立した。また、δの上昇により、(3)式において業界が受容可能な行政指導水準の閾値である（$\delta-p$）／δの値が増加したため、通

産省は、価格や備蓄などの規制に際してgを高めに設定し、より自らの利益に沿った―業界にとっては不満の残る―行政指導を実施することができた。その後の第二次石油危機は再びpの上昇とcの低下をもたらす可能性があったが、いずれの変化も、第一次石油危機と比べて軽微であった。すなわち、pについては、前回の「便乗値上げ」が世論から大きな批判を浴びた経験や、石油連盟らが独占禁止法違反で刑事告発された「石油ヤミカルテル事件」への注目などにより、結果として、危機に乗じた機会主義的競争のインセンティブは強まらなかった。また、cについても、高度経済成長の終了とともに、市場介入的な規制の弊害が内外から指摘されるようになったことで、統制的手段を発動する政治的コストが高くなっていた（内山　1998：242−4）。このため、第二次石油危機においては、(3)式が満たされる状態が維持され、TFTの組からの逸脱は生じなかった。

第4節　規制緩和：1983年～2001年

(1)　第一次規制緩和期

　1984年6月、石油審議会は、石油産業に対する行政介入の漸進的な緩和縮小を基本的方向とする「石油産業の構造改善の方向と石油産業政策のあり方について」と題する報告書を取りまとめた。また、第2次臨時行政調査会（第2臨調）を引き継ぐ機関として総理府に置かれた（第1次）臨時行政改革推進審議会も、1985年7月の「行政改革の推進方策に関する答申」において、石油行政における各種行政指導の緩和・弾力化を求めるとともに、中期的措置としての石油業法及び揮発油販売業法の抜本的見直しを提言した。こうした流れを受けて、1986年11月には、石油審議会石油部会に「石油産業基本問題検討委員会」が設置された。そして、同委員会が1987年6月に提示した「規制緩和アクション・プログラム」に基づき、この年から1993年にかけて、精製設備許可の弾力化、ガソリン生産枠指導の廃止、灯油の在庫指導の廃止、GS建設指導と転籍ルールの廃止、原油処理枠指導の廃止などの規制緩和措置が相次いで講じられた（内藤　2012：50−61）。

　これら一連の規制緩和（第一次規制緩和）の特徴は、既存の法制度そのものは変更せず、行政指導レベルでの運用見直しを内容としたことであった[25]。また、その背景には、石油産業を取り巻く経済環境の変化があった。第二次石油危機以降、業界全体が、原油価格の大幅な上昇と国内石油製品需要の急激な減少、為替レートの円安傾向などにより、深刻な経営危機に直面していたのである（深谷　2012：137）。各企業は、少しでも多く自社の利益を確保するため、生産割当枠やGSの営業権といった行政規制に関わる既得権の確保をめぐる機会主義的競争を繰り広げ、結果的に過当競争状態に陥っていた。そうした中で、行政指導水準の見直しによる市場原理の導入は、過当競争の正常化やガソリンの業者間転売の減少等を通じて、市況の安定をもたらした（大山　1996：236）。

　以上のとおり、第一次規制緩和期には、経済不況を背景に、機会主義的競争のインセンティブとなる私的利益pの上昇と、それに伴う均衡戦略からの（一時的）逸脱という

事態が生じた。しかし、これに対して官庁側が行政指導水準gを低下させたことで、中長期的には$g \leq (\delta - p) / \delta$の状態が維持され、その結果、石油の安定供給という目的実現のための官民の協調的関係が維持された。

⑵ 第二次規制緩和期

1994年6月、石油審議会石油部会の石油政策基本問題小委員会は、その中間取りまとめにおいて、特定石油製品輸入暫定措置法（特石法）[26]の廃止と、同法廃止後5年を目途とした石油政策全般の再点検を提言した。石油製品の輸入自由化につながる特石法の廃止について、業界は「ガソリンなどをつまみ食い的に単品輸入されると総合的な生産体系が崩れる」（建内保興石油連盟会長）として規制存続を主張したが[27]、産業横断的な規制緩和の流れの中、1995年4月公布の石油関連整備法により廃止が決定された。

特石法の廃止は1996年3月の施行であったが、それ以前から、輸入自由化に向けた動きに市場は敏感に反応していた。特に、「唯一の採算油種」と言われたガソリン価格が、消費者の価格下落期待の高まりや大手既存企業の参入阻止戦略などによって1994年頃から大幅に下落し、石油販売業に見切りをつけて撤退・廃業する事業者が続出した（内藤　2012：64−5；深谷　2012：153）。特石法の廃止後、石油業界の業績は更に急激に悪化した。1996年度の精製・元売り29社の経常利益は前年度から4割近く減少し、1985年度以降で最悪となった[28]。自由化により異業種からの新規参入が活発化したにもかかわらず、1996年から2000年にかけて、国内のGS数は1割近く減少した（橘川　2011：172）。

一方で、石油審議会石油部会が1998年6月に発表した報告書において「平時における公的関与の一層の縮小・廃止」が必要とされるなど、規制緩和の流れが止まることはなく、2001年12月の石油業法廃止により、1962年から約40年にわたって続いた「石油業法体制」が名実ともに終焉した。しかしそれは、当初企図されたように石油業界の体質を強化するものではなく、むしろ産業全体の脆弱性を増す結果となった（深谷　2012：167）。また、石油行政を所管する資源エネルギー庁石油部は、本省である通産省が中央省庁再編によって経済産業省となった2001年に、資源・燃料部へと再編された。

以上のとおり、第二次規制緩和は、法制度の廃止・見直しを含む更なる規制緩和の動きに対して各企業が機会主義的に行動したことで、漸進的な自由化＝ソフトランディングという官庁・業界双方の意図に反し、業界全体の業績悪化という痛みを伴うハードランディングとなった。ここで業界の戦略が*ALLnonC*に変化した大きな要因と考えられるのは、規制緩和に伴うgの低下の影響を上回るほどの政策ネットワークの不安定化、すなわちδの大幅な低下である。石油業法体制下における通産省は、石油企業の経営に深く関与する一方で、計画策定等のための情報、そして高級官僚の再就職先を業界に依存していた。また、業界側も、業界内部の利害対立や過当競争問題、石油ユーザーとの値上げ交渉など多くの場面で、通産省の行政指導に頼ってきた。そして、こうした関係性は、石油業法という「業法」の存在により、長期的に継続することが約束されていた。ところが、一連の規制緩和によって相互作用の頻度は減少し、自由化のリアリティ

が強まるとともに、繰り返しゲームの終了が意識されるようになった。また、石油産業に異業種からの新規参入が相次ぐ中で、プログラム形成過程における石油連盟等の影響力も低下した。第一次規制緩和期の「規制緩和アクション・プログラム」を策定した検討委員会が精製・元売り企業の社長と学識経験者のみで構成されていたのに対し、特石法廃止をはじめとする第二次規制緩和をリードした石油政策基本問題小委員会では、28人の委員の半数以上が、商社、ユーザー代表、マスコミ、経済学者といった業界外部のアクターで占められていた（深谷　2012：148）。

　一方、この時期には、通産省にとって、業界の機会主義的競争に対する「しっぺ返し」として統制を実施するという選択肢の魅力が失われていた。そもそも、石油業法廃止のようなドラスティックな規制緩和は、資源エネルギー庁石油部や石油連盟といった石油業法体制内部のアクターが主導したものではなく、1980年代以降の政治や社会のレベルにおける新自由主義の台頭をはじめとする、いわば「外圧」によって推し進められたものであった（橘川　2000：175）。そのような状況の下では、時計の針を逆回しするかのような戦略を実行する行政コストは非常に大きかった。すなわち、cの値が、1を上回るほどに上昇していた。このため、ゲームの均衡は、官庁が業界の誘導に失敗する$\{ALLC_A; ALLnonC_I\}$の組へと移行した。

第5節　石油業法廃止後：2002年〜

　1990年代半ば以降の第二次規制緩和は、市場競争の激化とともに、石油業界の再編・集約を促した[29]。まず、1999年4月に、日本石油と三菱石油が合併し、日石三菱（2002年に「新日本石油」に社名変更）が発足。次いで2000年7月に、東燃とゼネラル石油が合併して東燃ゼネラル石油となった。更に2002年6月には、エッソ石油とモービル石油が合併、東燃ゼネラル石油と合わせて、日本におけるエクソンモービルグループを形成した。このような企業の合併・統合に加え、物流の合理化を目的とした業務提携も相次ぎ、2005年頃には、精製・元売り業界は主要4グループに集約された。

　一方、特石法が廃止された1996年に246,812千klであった国内の石油製品需要は、2000年代以降減衰が進み、2009年には193,530千klとなった[30]。その上、総合エネルギー調査会石油部会が2010年4月に策定した石油製品の需要見通しでは、2010〜2014年度の5年間に需要が更に16.2%減少するとされた。特に重油については36.5%の大幅な減少見通しであり、石油製品内でガソリン等の軽質油の比率が高まる「白油化」が同時に進行することが見込まれた。消費地精製主義の下、国内市場をターゲットに事業を展開してきた石油業界は、市場の縮小という難題に直面することとなった。

　このように、企業集約と市場縮小が進む中で、過剰となった生産設備の削減と効率化が、石油企業の重要な経営課題となった。しかしながら、シェア獲得をめぐる過当競争体質を長年抱えてきた業界にとって、過剰設備問題は「業界全体で設備過剰でも、個別企業は皆、『他社が廃棄してくれればいい。それまでの我慢』と思っている」[31]というジレンマ状況である上、雇用や地域経済といった問題も関連することから、自助努力による設備削減は遅々として進まなかった[32]。そうした中、経済産業省の行政指導が、再び

重要な役割を担うこととなっていく。

　総合エネルギー調査会は、2008年2月に取りまとめた報告書において、重質分解能力（重質油等から高付加価値の白油製品を精製する技術）を向上させる取組を官民一体で推進する必要性を指摘した上で、これと併せた設備廃棄の推進を「需要動向への対応並びに固定費の削減にもつながる有効な手だて」と位置付けた。この方針に基づく再規制の契機となったのが、2009年7月に制定されたエネルギー供給構造高度化法であった。同法は、「非化石エネルギー源の利用（2022年4月の改正後は「エネルギー源の環境適合利用」）及び化石エネルギー原料の有効な利用」の促進を目的とするものであるが、経済産業省は、この枠組みを過剰設備の削減や石油業界の再編を進める手段として利用した。2010年7月に経済産業大臣が同法9条（現11条）に基づき公表した行政指導指針[33]は、石油精製業者に対し、当時10%の重質油分解装置装備率を2013年度までに13%程度に引き上げることを求めていた。この指針のポイントは「比率」を指標としている点であり、分解装置の新増設には巨額投資が必要なため、各社は表向きの政策目的であった「分子」（重質油分解装置）の増強ではなく、「分母」（常圧蒸留装置）の削減によって基準達成を目指すこととなった。この新規制の導入に際し、経済産業省幹部は「過去10年、民間任せで余剰能力はほとんど解消しなかった」、「今後も企業の向かうべき方向を示し、誘導する」などと述べ、規制緩和路線からの転換を示唆した[34]。これに対して業界側からは「石油業法でもできなかったやり方だ」と一部反発もあったが、「目指す方向は同じ」と理解を示す声もあり、結果的に、国内の精製能力は約2割削減された。重質油分解装置の増強に取り組んだ企業は少なく、所期の政策目的は必ずしも達成されていないようにもみえるが、経済産業省は「各社による製油所の「選択と集中」・設備最適化が促され、各社の生産性向上や収益力向上に一定の成果」を挙げたと肯定的に評価した[35]。そして、2014年度から2017年度にかけての指針（いわゆる「高度化法2次告示」）においても、ほぼ同様のスキームによって過剰精製能力の更なる削減が進められた[36]。

　また、これら一連の新たな行政指導は、石油業界の再々編のトリガーともなった。既に指針導入前の2010年に新日本石油とジャパンエナジーが統合し、JX日鉱日石エネルギーが発足していたが、その後、2012年にエクソンモービルグループが東燃ゼネラルグループに体制を移行、2014年には東燃ゼネラル石油が三井石油を完全子会社化した。高度化法2次告示の発出後は更に統合が進み、石油精製・元売り業界は、2020年までにENEOS、出光興産（出光昭和シェル）、コスモ石油の主要3社の体制となった。

　以上のとおり、石油業法廃止後の石油行政においては、2010年代になって行政指導が「復活」し、経済産業省の主導の下、官民が協調する形で過剰設備の削減や業界再編が進展した。すなわち、均衡が再びTFTの組に移行した。このようにゲームの均衡が変化した要因としては、次の3点が挙げられる。第1に、私的利益pの減少である。自由化前後の過当競争が業界全体にダメージを与えたことに加え、2000年代以降、国内市場の縮小が進む中で、これまでのような内向きのシェア獲得競争を行うメリットは小さく

なっていった。第2に、統制を実施するための行政コストcの低下である。従来の新自由主義的規制緩和政策が修正され再規制の動きが強まることは、行政分野を問わず、2000年代以降の共通トレンドとなっている（深谷　2016）。そうした中、石油行政においても、2009年にエネルギー供給構造高度化法という新たな規制の枠組みが誕生したことで、サンクションを背景とした業界に対する強力な介入が可能となったほか、経済産業大臣の権限強化や業界再編による業界側のアクター数減少により、規制執行コストが減少した。第3に、割引因子δの上昇である。行政の関与を裏付ける法律の制定や、業界再編によるアクター数の減少と利害状況の同質化により、政策ネットワークが再構築された。そして経済産業省は、各パラメータの分布の変化を踏まえて、業界が受容可能な範囲で行政指導水準gを高めた。

第5章　結論

　本稿では、戦後石油行政の政策実施過程について、Analytic Narrativesの手法を用いて分析を行ってきた。事例分析の結果をまとめると次のとおりである（表4）。

表4　戦後石油行政の政策実施過程

時期	石油業法体制の確立 1962～1972	石油危機　1973～1982	
		第一次石油危機	日常型指導への回帰と第二次石油危機
パラメータの変化	δ の上昇	p の上昇、c の低下	$\delta \cdot c$ の上昇、p の低下
行政指導水準	緩和	該当なし（統制）	強化
均衡	（不安定⇒）①両者TFT（協調）→	②両者ALL-nonC（対立）→	③両者TFT（協調）→

時期	規制緩和　1983～2001		石油業法廃止後2002～
	第一次規制緩和期	第二次規制緩和期	
パラメータの変化	p の上昇	c の上昇、δ の大幅な低下	δ の上昇、$p \cdot c$ の低下
行政指導水準	（p の上昇を受けての）緩和	更なる緩和	強化
均衡	④業界の一時的逸脱 ⑤両者TFT（協調）	⑥官庁ALL-C，業界ALL-nonC（行政指導の失敗）	⑦両者TFT（協調）→

出典：筆者作成

　このように、戦後石油行政における官民の戦略的相互作用のパターンは、多くの時期において協調的なものであったが、第一次石油危機のように双方が対立したり、第二次規制緩和期のように通産省が業界の誘導に失敗することもあった。そして、そのような均衡の変化は、政策ネットワークの安定性、機会主義的競争による業界の私的利益、統制を実施するための行政コストといった、繰り返しゲームにおけるパラメータの変化の帰結として説明できるものであった。また、行政指導は、1980年代以前だけでなく、2010年代においても石油行政の有効な政策手段であったし[37]、行政裁量の行使としての行政指導水準は、官庁が置かれた環境条件、すなわち当該ゲームの構造における他のパラメータの分布に応じて、自らの利得を最大化するような形で決定されていた。ただし、1990年代半ば以降の第二次規制緩和期では、政策ネットワークの不安定化を背景に、官

庁が行政指導水準を低下させても業界が協調する見込みがなかったにもかかわらず、機会主義的競争に歯止めをかけるために企業活動を統制するような措置は採り得ないという状況にあった。そのため、通産省は、自由化をソフトランディングさせることができなかった。

　以上により、第2章で述べたネットワーク論の課題に対し、一定の貢献ができたと考える。とりわけ、「弱い規制」としての行政指導の成立条件に加え、従来あまり検討されてこなかった行政指導水準の決定メカニズムを論理的に示したことは、本稿の大きな意義である。また、石油行政の規制緩和に関する先行研究では、当初は漸進的に規制緩和が進められたものの、特石法の廃止を契機として市場競争が急進的に進展し、その結果、規制の管轄が狭く、コントロールも弱い「縮小型規制レジーム」の状態が不可逆的に固定したものとされている（深谷　2012）。しかし、本稿における石油業法廃止後の政策実施過程の分析によれば、一旦は規制が縮小した石油セクターにおいても、エネルギー供給構造高度化法の制定を契機として（かつてほど包括的ではないにせよ）「再規制」が行われ、かつ、その手段として、官庁が定めたガイドラインに基づき業界を誘導する「古典的」な行政指導が用いられている。こうした事実は、先行研究の知見に修正やアップデートを迫るものといえるだろう[38]。

　一方、残された課題として、本稿の議論の一般化が挙げられる。政策過程分析において数理モデルを用いる利点の一つは、仮説の抽象度を高められることにある。本稿のモデルも、石油行政に限らず、ネットワーク的な官民関係が存在する他の政策分野にも適用し得ると考えるが、モデルの一般性を論証するためには、更なる経験的なテストを経る必要があるだろう。今後の課題としたい。

【注】

1　法律用語としての行政指導は「行政機関がその任務又は所掌事務の範囲内において一定の行政目的を実現するため特定の者に一定の作為又は不作為を求める指導、勧告、助言その他の行為であって処分に該当しないもの」と定義され（行政手続法2条6号）、これには作用法上の根拠を有するもの（フォーマルな行政指導）とそうでないもの（インフォーマルな行政指導）の両方が含まれる。本稿では、この定義に該当するもののほか、不特定多数に対する指導やガイドライン（行政指導指針）の制定も含めて「行政指導」の概念で把握する。

2　産業政策論に関しては、産業政策と日本の経済発展との因果関係について論じる研究も多いが、本稿ではこうした観点からの分析・考察は行わない。

3　Analytic Narrativesについては、Bates et al.(1998)、Levi and Weingast（2022）、北村（2009）などを参照。政治経済学的な研究が多いが、政策実施過程の分析にも応用されている（Asquer 2014）。

4　政治学・行政学的な研究に限っても、石油業法体制の時代についてSamuels（1987）、大山（1996：第7章）、水戸（2006：第7章及び第9章）、規制緩和が進められた時代について大山（1996：第8章、2002：第4章）、橘川（2000）、深谷（2012）などがある。また、1980年

代から90代中期にかけての石油政策の経済史的な分析として、内藤（2012）。その他、佐伯（1986）は、石油業法の実施手段としての行政指導に関する詳細な行政法学研究である。

5 いかなる営為を「政策実施過程」と理解するかについては様々な見解があるが、ここでは広義に「政策目的実現のためのプロセス全体」を指すものと考える（嶋田 2010；大田 2020）。

6 なお、ネットワーク内部における政府と市場のどちらの役割をより重視するかについては論者によって幅がある（驛 2012）。建林（1994）は、政府をより重視する立場を「ネットワーク国家論」と、市場をより重視する立場を「制度論経済学」と呼んでいる。

7 日本語訳は村松（2001：236）に倣った。

8 「プログラム形成過程」の概念については、嶋田（2010）参照。

9 ゲームのプレイヤー自身がパラメータを任意に設定できるという仮定は、やや突飛に映るかもしれない。しかし、政策実施過程における官庁は、ゲームのプレイヤーであると同時に、自ら法令や要綱等のプログラムを定めることで、ゲームのルールを変化させることができる主体でもある（大田 2020）。それゆえ、ここでは行政指導の水準・程度をゲームのルールを規定するプログラムの一種と考えて、分析に取り入れる。

10 このように仮定するのは、行政指導の内容が統制に近づけば近づくほど、それが奏功した際に政策を通じた組織目的（権力や予算の最大化など）が達成されると考えるためである。Samuels（1987）や大山（1996）の議論でも、官庁は（可能であれば）統制を志向することが前提とされている。

11 ここでは便宜上戦略を3つに限定しているが、こうした限定をしない一般的な場合でも、(3)式に$g \geq \dfrac{1}{1+\delta}$を加えた条件の下でしっぺ返し戦略の組がナッシュ均衡となる。

12 石油連盟以外の業界団体としては、小売販売業者から構成される全石連（全国石油業共済協同組合連合会及び全国石油商業組合連合会）や、石油製品の品質管理を主たる事業とする全国石油協会がある。

13 従来、日本の石油企業は外国資本（メジャー）と提携関係にあるものが多く、これに対して国内資本のみから成る企業は「民族系企業」と呼ばれていた。

14 石油ヤミカルテル事件高裁判決（東京高判昭和55年9月26日）参照。

15 以下の記述については、水戸（2006：143-5）を参照。

16 1979年3月27日の参議院予算委員会における政府委員答弁より。

17 「朝日新聞」1973年12月5日。

18 「日本経済新聞」1973年12月4日。

19 「読売新聞」1975年11月29日。

20 「読売新聞」1974年7月4日。

21 「読売新聞」1978年8月9日。

22 「読売新聞」1979年1月6日。

23 「読売新聞」1979年3月2日。

24　「読売新聞」1981年12月24日。

25　この頃から石油業法の廃止・自由化論は存在したが、通産省は慎重姿勢を取っていた。「朝日新聞」1983年8月31日。

26　特石法は、「特定石油製品（ガソリン、灯油、軽油）の輸入を円滑に進めること」を目的に10年間の時限立法として1986年に施行された法律である。しかし、輸入業者に様々な義務付けを行うことで、実質的には製品輸入を制限する（輸入業者を石油精製業者に限定する）制度として機能していた（橘川　2011：167）。

27　「日経産業新聞」1994年9月12日。

28　オイル・リポート社『石油年鑑1997』215頁。

29　2005年頃までの石業界の再編に関する以下の記述は、内藤（2012：65）に基づく。

30　経済産業省『資源・エネルギー統計』参照。

31　「日本経済新聞」2002年12月18日。

32　この点に関しては、杉浦（2019：74）も、「業界主導による再編においては、企業のシェアを失うような戦略は採用されにくかったものと考えられる」と指摘している。

33　「原油等の有効な利用に関する石油精製業者の判断の基準」（高度化法1次告示）。

34　「日経産業新聞」2010年11月8日。

35　資源エネルギー庁資源・燃料部（2017）参照。

36　2017年10月には、重質油分解装置の有効活用（稼働率向上、製油所間連携、能力増強等）促進を目的に、減圧蒸留残渣処理率を指標とした3次告示（取組期間2018年度〜2021年度）が発出された。その後も、精製プロセスにおけるCO_2排出削減に寄与する取組の促進を企図した4次告示が2023年4月に施行されるなど、エネルギー供給構造高度化法に基づく行政指導が継続している。

37　なお、現在の行政指導については、1980年代以前と異なり、行政指導指針の公表や不服従に対する不利益取扱いの禁止等を定めた行政手続法が適用される。ただし、本稿で扱った石油業法時代の行政指導は多くが文書で明示されており、また、本稿のモデルでは業界の自発的協力に行政指導の実効性を求めていることから、議論に大きな影響はないと考える。

38　もっとも、エネルギー供給構造高度化法はかつてのような「業法」ではなく、これを媒介とした政策ネットワークがどれほど安定的であり続けるかは定かではない。その意味で、今後も状況を注視する必要がある。

【参考文献】

内山融（1998）『現代日本の国家と市場』東京大学出版会。

驛賢太郎（2012）「高度経済成長期における産業政策論の再検討：レント概念を手掛かりにして」『神戸法學雜誌』62（1／2）、211−64。

大田衛（2020）「規制政策実施過程と市民─ゲーム理論と事例研究によるアプローチ」『年報行政研究』55、81−99。

大山耕輔（1995）「行政指導の問題と行政学」『法社会学』47、55−63。

大山耕輔（1996）『行政指導の政治経済学』有斐閣。

大山耕輔（2002）『エネルギー・ガバナンスの行政学』慶応義塾大学出版会。

小野五郎（1999）『現代日本の産業政策―段階別政策決定のメカニズム』日本経済新聞社。

北村亘（2009）『地方財政の行政学的分析』有斐閣。

橘川武郎（2000）「規制緩和と日本の産業―石油産業の事例」橋本寿郎・中川淳司（編）『規制緩和の政治経済学』167－90、有斐閣。

橘川武郎（2011）『通商産業政策史　1980－2000　第10巻　資源エネルギー政策』㈶経済産業調査会。

佐伯彰洋（1986）「石油行政における行政指導」『同志社法學』37⑹、134－71。

嶋田暁文（2010）「政策実施とプログラム」大橋洋一（編著）『政策実施』ミネルヴァ書房、191－212。

新藤宗幸（1992）『行政指導』岩波新書。

杉浦勝章（2019）「石油精製業を取り巻く環境変化と産業再編」『下関市立大学論集』63⑵、67－78。

石油連盟（1985）『戦後石油産業史』。

建林正彦（1994）「産業政策と行政」『講座行政学第 3 巻　政策と行政』77－114、有斐閣。

内藤隆夫（2012）「1980年代から90年代中期の石油政策：「安定供給」から「安定的」かつ「効率的」供給へ」『経済学研究』62⑴、29－67。

原田久（2022）『行政学（第 2 版)』法律文化社。

深谷健（2012）『規制緩和と市場構造の変化』日本評論社。

深谷健（2016）「規制改革の動態と官僚制：市場から接近する再規制の過程とその構造」『武蔵野法学』5・6、37－71。

松井隆幸（1998）「政策ネットワーク分析と日本の産業政策：「政府の失敗」と関連して」『富大経済論集』44⑵、511－32。

水戸考道（2006）『石油市場の政治経済学』九州大学出版会。

村松岐夫（2001）『行政学教科書〔第 2 版〕』有斐閣。

Asquer, A. (2014) Using Analytic Narratives in Policy Analysis: An Explanation of the Implementation of the Water Reform in Italy (1994-2002). *Journal of Comparative Policy Analysis: Research and Practice*, 16⑴, 79－93.

Bates, R. H., Greif, A., Levi, M., Rosenthal, J. L. and Weingast, B. R. (1998) *Analytic Narratives.* Princeton University Press.

Harsanyi, John. C., and Reinhard Selten (1988) *A General Theory of Equilibrium Selection in Games.* MIT Press.

Levi, M., and Weingast, B. R. (2022) Analytic Narratives and Case Studies. In Widner, J., Woolcock, M., and Nieto, D. O. (eds.) *The Case for Case Studies: Methods and Applications in International Development,* 239-57, Cambridge University Press.

Samuels, R., J. (1987) *The Business of the Japanese State: Energy Markets in Comparative and His-*

torical Perspective. Cornell University Press.（＝1999、廣松毅監訳『日本における国家と企業
　－エネルギー産業の歴史と国際比較』多賀出版。）

資源エネルギー庁資源・燃料部（2017）「エネルギー供給構造高度化法３次告示について」経済
　産業省ホームページ（2023年5月10日取得、https://www.meti.go.jp/shingikai/enecho/）。

明治地方自治制の地方制度特例とその制度設計
—日本統治下の樺太における地方自治の発展—

須　川　忠　輝

― 要旨

　戦前に運用されていた明治地方自治制では、当時の日本が統治していたすべての地域に画一的な地方制度が導入されていたわけではなく、一般制度の適用が困難な地域においては、現地の特殊性を踏まえた多様な特例制度が構築されていた。しかし、一般制度に関する広範な研究蓄積に比して、特例制度を扱った先行研究は少なく、なぜ各地で独自の地方制度体系が発達したのか、そしてどのように特例制度が設計され、導入されたのかが明らかではない。

　そこで本稿では、日露戦争後のポーツマス条約によって日本領となった南樺太における3つの時期の地方制度改革を事例として、特例的な地方制度の設計過程を分析した。分析の結果、現地官庁である樺太庁が、中央政府から自律的に行動し、独自の地方制度の設計や地方自治の拡充を主導したこと、また樺太庁の組織上の性格や同地域が直面した政治課題が要因となって、内地やほかの特例地域とは異なる地方制度が構築されたことが明らかになった。本稿は、明治地方自治制が内部に抱える多様性を示唆するとともに、内務省―府県体制とは異なる地方制度のあり方を提示した点に意義がある。

▷キーワード：明治地方自治制、制度設計、樺太、外地、地方行政

第1章　はじめに

　1888年に制定された市制、町村制や1890年に制定された府県制を基幹とし、第二次世界大戦後の地方自治法制定に至るまで運用された明治地方自治制は、わが国の政治行政や統治のあり方を解明する上での重要性から、様々な分野で研究対象とされ、数多くの研究成果が発表されてきた。しかし、当時の日本が統治していたすべての地域に画一的な地方制度体系が施行されていたわけではない。一部地域では、町村制や府県制が適用されず、当該地域の特殊性を踏まえた特例的な地方制度が導入されていた[1]。その具体例は、北海道や沖縄、隠岐や奄美をはじめとする島嶼部、外地であった台湾や朝鮮などである。これらの地域では、主に行政制度の未整備や住民構成の違い、人口の希薄性などの理由により、近代的な地方自治制度の導入が時期尚早とされた。それゆえ、特例地域の地方制度は、総じて地方自治の制約や後進性（姜1999：25）を特徴としており、いくつかの地域では、一定期間が経過した後に、特例制度の廃止と一般制度への統合が行われている。例えば、沖縄では、ほかの府県に遅れて、1909年に府県制が、1921年に町村制が施行された。他方で、一般制度の存在を前提としながらも、地域ごとに複数の特例的な地方制度体系が運用されていたことは、戦前の地方制度が、画一的な制度にとら

われない制度設計の自由度の高さと多様性を有していたことの証左でもある。

　しかし、明治地方自治制が内部に抱える多様性は、これまで十分に分析されてきたとは言い難い。一般制度を対象とした研究の多さに比して、特例制度を扱った研究は乏しく、また従来は地域史の観点からの記述が中心であった。近年では、一部の特例地域を対象とした包括的な研究が発表されているものの、対象や時代が限定されているほか、制度概要の記述が中心であるという課題が残されている。とりわけ、制度の静態的な記述を超えて、なぜ各地で独自の地方制度体系が発達したのか、そしてどのように特例的な地方制度が設計され、導入されたのかを動態的に分析することは、特例制度の実態やその位置づけを明らかにする上で、不可欠である。また、特例地域における地方制度も、明治地方自治制を構成する一部であり、その内実を明らかにすることは、当該地域における統治の実態のみならず、明治地方自治制ひいては戦前日本の統治の全容や戦前戦後の地方制度の変化を解明する上でも重要である。

　そこで、本稿では、特例地域における地方制度のあり方を解明する一環として、日露戦争後のポーツマス条約（1905年）によって、日本に編入された南樺太（以下、樺太）における地方制度の設計を分析する。従来、樺太の地方制度は北海道の特例制度との類似性が強調され、研究上の分析対象となることが少なかった。しかし、後述の通り、ほかの特例制度にはみられない特徴を有しているがゆえに、その制度設計を分析することは、先行研究を補完すると同時に、わが国の行政や地方自治史に対して新たな知見を提示することができる。とりわけ行政学の文脈では、中央地方関係や地方自治が学問上の看板テーマであるにもかかわらず、戦前戦後の変化を分析する（例えば、市川2012；稲垣2015）ほかは、戦前期の地方制度を直接的な研究対象として扱うことが少ない。それゆえ、本研究は学問上の空白を補完すると共に、行政学研究の射程を広げる意義を持つ。

　あらかじめ本稿の概要を述べれば、中央政府の現地官庁たる樺太庁が、中央政府から自律的に行動し、独自の地方制度の設計を主導したこと、そして、所管先が変遷し、府県より強力な総合行政主体であった樺太庁の性格や樺太が直面した政治課題が要因となって、内地やほかの特例地域とは異なる地方制度が構築されたことを明らかにする。

　以下では、まず戦前の地方制度特例に関する概要と先行研究の整理を行った上で、本稿の分析の視角を提示する。続いて、日露戦争後に日本が樺太の南半分を領有した時期から戦時体制下の樺太の内地編入に至るまでの期間のうち、地方制度に関して大きな転換点となった3つの時期の制度改革を分析する。具体的には、1920年代初頭、1920年代後半、1930年代半ばのそれぞれの改革をめぐる制度設計を取り上げる。最後に、本稿で得られた知見と地方制度特例全体の分析に向けた示唆を論じる。

第2章　地方制度特例と樺太

第1節　明治地方自治制における特例制度体系

　1888年に制定された町村制では、その第132条にて「此法律ハ北海道、沖縄県其他勅

令ヲ以テ指定スル島嶼ニ之ヲ施行セス別ニ勅令ヲ以テ其制ヲ定ム」という規定が置かれた。町村制は、翌1889年より順次、各府県にて施行されたが、北海道や沖縄、それに1889年の勅令第1号で指定された小笠原諸島、伊豆諸島、対馬、隠岐、奄美大島や徳之島などの鹿児島県下の島嶼については、町村制の適用外とされた。これらの地域では、その後、一般制度とは異なる特例的な地方制度が順次導入され、北海道では「北海道区制」「北海道一級町村制」「北海道二級町村制」など、沖縄では「沖縄県郡編成」「沖縄県区制」「沖縄県及島嶼町村制」などが制定されたほか、島嶼部でも隠岐では「島根県隠岐国ニ於ケル町村ノ制度ニ関スル件」が、隠岐以外では「沖縄県及島嶼町村制」が制定された。また、日清戦争以降に日本が新たに統治することになった外地でも、独自の地方制度が導入された。具体的には、台湾、樺太、関東州、朝鮮、委任統治領である南洋群島が該当し、例えば、台湾では、「台湾総督府地方官官制」や「台湾州制」「台湾庁地方費令」「台湾市制」などが施行された。したがって、戦前の日本では、その領域のかなり広い範囲で、市制や町村制などの一般制度とは異なる複数の特例的な地方制度が施行され、それぞれの地域では独自の地方制度体系が構築されたのである。

第2節　特例制度をめぐる先行研究

　ところで、明治地方自治制をめぐっては、分析対象としての重要性から、行政学はもちろんのこと、歴史学や法制史などの各分野で数多くの研究蓄積が存在する（例えば、北山2020；竹下2018；中西2018；松沢2009；山田1991など）。これらの研究では、地方自治の運用実態はもちろんのこと、制度設計の過程についても分析が進められてきた。しかし、先行研究では「北海道や沖縄県を除き画一的な制度のもとに置かれたように議論（高江洲2009：11）」されることが常であり、前述の特例制度に代表される「例外」は、見落とされてきたといっても過言ではない。当然、特例制度に関する研究は、一般制度の研究蓄積に比して、僅少であり、多くの場合、特例が導入されていた地域における現地史研究の文脈で扱われるにとどまっていた。例外として、北海道（鈴江1985）、島嶼部（高江洲2009）、朝鮮や台湾（姜2001；野口2017；山中2021など）の地方制度に関する包括的な研究のほか、特例制度間の比較を行った研究（秋山2000；姜2001；白木澤2022など）が存在する。ただし、いくつかの研究は、法令や制度の概要を説明する静態的な分析が中心であり、特例制度が導入された背景や制度設計者の意図や動向を十分に分析できていない。また、現地側視点への偏りがみられる研究や、制度面と実態面のリンクが乏しい研究も多い。さらに、特例制度の研究自体が僅少で、発展途上であるがゆえに、すべての特例地域に一定以上の研究蓄積があるわけではない。このことは、特例制度間の包括的な比較や、一般制度を含めた明治地方自治制の全容を解明する上での高いハードルとなっている。

　とりわけ、1905年から1945年にかけて日本領であった樺太の地方制度は、資料上の制約が大きく、これまで学術研究の俎上に載せられることがほとんどなかった。日本統治下の樺太をめぐっては、近年、外交や経済、社会、文化、教育などの多方面で先行研究が蓄積されている（竹野2020など）が、その行政機構や統治制度を対象とする研究はほ

とんど存在しない（数少ない研究として、塩出2011；楊2016など）。同様に地方制度についても、戦前に樺太庁によって刊行された『樺太庁施政三十年史』や戦後に樺太からの引揚者を中心に結成された全国樺太連盟による『樺太沿革・行政史』といった資料にて制度の概説が行われているほかは、移民史や先住民研究など人の動きに関する研究（加藤2022；塩出2015など）で触れられるにとどまっている。ほかの特例地域の地方制度との比較を行う研究（姜2001；柴田1964；白木澤2022）も存在するが、樺太の地方制度が分析の主対象ではない上、静態的な制度比較が中心である。

第3節　分析対象としての樺太の有用性

　他方で、先行研究の少なさとは裏腹に、樺太の地方制度を分析することには、研究上の有用性が存在する。第1に、明治地方自治制確立後の体系的な地方制度導入の事例を提供できる点である。樺太は、1943年の内地編入に至るまで、外地であったものの、台湾や朝鮮などとは異なり、内地からの移住者比率が高い（日本人比率は全体の約95％）という特徴を有していた。それゆえ、度々内地編入の議論が登場したほか、民法などの国内法が適用され、内地に準じた法体系が構築されるなど、内地制度との連関が常に意識されていた[2]。また、日本統治下以前は、人口が希薄で行政機構が未発達であり、人口の増加にあわせて政治行政制度が構築されたため、歴史的な制度背景にとらわれない、制度設計における自由度の高さも備えていた。そして、北海道や沖縄よりも後に、段階的に地方制度の骨格が整備されたことから、ほかの事例とは異なる、大正、昭和初期における基幹的な地方制度の設計という事例を提供し得る。

　第2に、府県とは異なる性格を有する樺太庁による統治という特殊性に基づく有用性である。日本統治下の樺太では、中央政府の現地官庁として、樺太庁が設置されたが、同庁は総合行政主体としての性格が強く、広大な事務を所掌するとともに、独自の特別会計制度を有していた。それゆえ、樺太庁長官は、台湾や朝鮮の総督と比較すると、法律に代わる命令の発布権がない点で相対的に弱い地位にあった（加藤2022：11）ものの、府県知事と比較すると強大な権限を有していた。また、同庁は大半の期間で内務省の所管とはされなかった。したがって、先行研究で指摘されてきた内務省―府県体制（市川2012）とは異なる地方制度のあり方を提示し得るという新規性がある。

第4節　分析の視角

　以上を踏まえて、本稿では、日本統治下の樺太における地方制度を対象として、なぜ独自の地方制度体系が発達したのか、そして特例的な地方制度は、どのように設計され、導入されたのかを分析する。そもそも、明治地方自治制では、一般制度の適用が困難な事情がある地域に対して、画一的な特例制度を導入するのではなく、地域ごとに多様な地方制度が運用されていた。したがって、一律に中央政府による画一的な制度設計が行われていたとは考えにくい。それでは、なぜ地域ごとに独自の制度体系が構築されたのだろうか。

　上記の問いを明らかにする上で、本稿では特例制度の設計の担い手となった現地官庁に着目する。すなわち、本稿の分析対象でいえば、中央政府の出先機関としての性格を

有した樺太庁である。樺太の日本領化直後に新設された樺太庁は、前述の通り、総合行政主体として、地方制度を含む広範な事務を担う現地官庁であった。そこで、本稿では、現地官庁たる樺太庁の動向に焦点を当てながら、いかにして樺太で独自の地方制度体系が構築されたのかを解明していく。

なお、分析の前提として、行政組織としての樺太庁の基本的な性格に触れておく。同庁は、はじめ内務省の所管とされたものの、その後は内閣、内務省、内閣、拓務省、内務省の順に所管が複雑に変化した上、樺太庁長官は、原則として各省大臣の指揮監督下に置かれなかった。樺太庁では、その長官が、戦前の官僚制度で最上位の親任官に次ぐ勅任官（高等官1・2等）とされ、庁に設置された内務部や警察部などの部長や、広大な管轄区域を分割する出先機関たる支庁の長などが奏任官（高等官3〜9等）とされた。支庁長は、後に町村の監督のほか、官選の町村長の選出にも影響を及ぼした。また、樺太庁の職員定員は、1907年の発足時点で289名であったが、その後は増加の一途をたどり、1936年には3,193名となった。このうち、樺太庁本庁は641名、支庁は210名の定員とされ、高等官は、勅任官の長官に加え、奏任官が本庁で36名、支庁で7名とされた（樺太庁1937：179−181）。

樺太庁長官の人事は、発足から1920年代半ばまでは、陸軍出身の熊谷初代長官を除けば、内務省出身者が長官ポストを独占しているが、1927年就任の喜多孝治第9代長官以降は、内務省出身者のみならず、逓信省、朝鮮総督府、拓務省出身者や内務省出身でありながらも、長らく満州や関東庁での官歴を有する人物が長官に就任している（加藤2008：43）。部長級以下でも、内務省や道府県出身者が多数を占めるものの、樺太庁採用者のほか、大蔵省や台湾、朝鮮両総督府、拓務省など他省庁出身者が要職に就任しており、さらには樺太庁のポストが最終官歴となる者も多かった[3]。また、内務省出身者であっても、樺太庁異動前後に拓務官僚となる例もあった。以上を踏まえると、樺太における地方制度の設計主体となった樺太庁は、内務省系官僚を中心としながらも、組織や人事の性格上、一般の府県とは全く異なる特徴を有しており、独自性が強かったといえる。

以下では、制度設計を主導した現地官庁たる樺太庁の動向に焦点を当てながら、帝国議会資料や行政資料、当時の樺太で刊行されていた新聞、雑誌資料を活用しながら分析を進める。そもそも、樺太については、終戦後の混乱やソ連による占領を理由として、残存する行政資料が乏しいという制約がある。そこで、本稿では、現地で刊行されていた『樺太日日新聞』を活用しながら、樺太庁の動向を把握する。

第3章 地方行政区画の整備と「官治」地方制度の導入：黎明期から1920年代初頭まで

北海道の北に位置する樺太は、地理的な近接性ゆえに、歴史的に日本との関係が深く、元々は日露の雑居地であった。1875年の樺太千島交換条約締結によって、樺太は全島がロシア領となるものの、日露戦争末期の1905年7月に全島が日本の軍政下に置かれ、翌8月には樺太民政署が設置された。その後、ポーツマス条約の締結に伴って、北

緯50度線よりも南側が日本領となった一方で、北樺太はロシアに返還された。日本領となった南樺太では、形式的には民政が始動するが、領有初期は事実上の軍政が敷かれていた。1907年になると、樺太庁官制が発令され、樺太民政署を廃止の上、新たに樺太庁が設置された。これ以降、樺太庁による統治体制が確立するが、その特徴は第1に樺太庁長官は武官専任としないこと、第2に樺太庁には総合行政主体としての性格が付与され、かつ財政上は特別会計制度が導入されたこと[4]、第3に本国で施行される法令は勅令により個別に施行されるか、法律や勅令により樺太を対象とする法令を制定することであった（塩出2011：223）。実際に、初代の樺太庁長官こそ軍人であったものの、その後は文民長官による統治が行われた[5]。

　日本領化直後に1万人程度だった樺太の人口は、その後、内地からの移住者が相次いだことで、増加の一途をたどり、島内各地に集落が形成されるようになる。各集落では、部落民会や町民会が組織され、総代や評議員を選出して、公共事務の処理にあたった（全国樺太連盟1978：426）[6]。これらの組織は、公の行政組織ではなく、住民による自発的な団体にすぎなかったが、その後の地方自治の萌芽となるものであった。また、1915年には、勅令である「樺太ノ郡及市町村編成ニ関スル件」が発令され、同令に基づいて、樺太全体が17郡4町57村に分割された。ただし、ここでの郡や町村は、あくまでも地理的な行政区画でしかなく、法人の設置や地方自治の導入が行われたわけではなかった。いわば、行政上の利便性に基づいて、町村の名を付した区画が登場したのである。

　法人としての町村が設置されたのは、1920年代初頭であった。すなわち、1921年の「樺太ノ地方制度ニ関スル法律」ならびに1922年の「樺太町村制（勅令）」に基づく地方制度改革によって、1922年4月に団体としての町村が実現したのである。その概要は、次の通りである。まず「樺太ノ地方制度ニ関スル法律」は全9条からなる短い法律であり、地方制度の詳細は勅令で定めるとされた。町村には、町村長と収入役を置くとともに、町村評議会が設置された。ただし、町村長は樺太庁長官が、収入役と町村評議会議員は樺太庁支庁長が任免するとされたため、町村評議会はあくまでも町村長の諮問機関にすぎず、公選制の議会の設置を伴わないことから、新制度は「自治制と呼ばれたけれども、其実は官治制[7]」と評価されるものであった。そもそも、従来は住民による自発的な団体とはいえ、各地に部落民会や町村会が設置され、その選挙が実施されていたため、官選評議会の設置は、むしろ「自治」の要素の後退であった。また、新制度は「樺太庁長官ノ指定スル地域ニ付之ヲ適用ス」とされたため、当初より樺太全土に法人としての町村を置くものではなかった。

　それでは、1920年代初頭の地方制度は、どのように導入が図られたのか。樺太では、日本領化以降に、内地からの移住者が増えたことで、人口が増加し、戸籍の整備や多様な行政事務の増加に伴い、既存の行政制度の抜本的な変革が急務であった。そうした中で、現地官庁たる樺太庁内部で新たな地方制度の準備が進められた。当初樺太庁は、1920年に帝国議会へ、樺太に地方制度を整備するための法案の提出を予定していたが、衆議

院の解散に伴い、延期することを余儀なくされた（塩出2015：187）。そのため、「樺太
ノ地方制度ニ関スル法律」の原案は、樺太庁が作成の上、政府提出法案として翌1921年
３月17日に国会に提出され、その内容を議論する「樺太の地方制度に関する法律案委員
会」が衆議院にて同19日に開催された後、同25日に貴族院にて可決された。その際に、
帝国議会にて、法案説明を行った永井金次郎樺太庁長官は、樺太の現状について「樺太
ノ民度ニ応ジテ内地ノ町村制度ト同様ナ町村制ヲ施ク訳ニハ参リマセヌ」「内地ノ民度
カラ見マスルト、非常ニ低イ」「此町村ヲ構成シテ居ル町村ノ公民ト云フ様ナ方面カラ
見マスルト、余程民度ノ点ニ於テ劣ッテハ居ナイカト云フ考ヲ持ッテ居ル」とし、民度
の観点から樺太に内地同様の地方自治制度を導入することは時期尚早であるとした[8]。

　これに対して、法案の審議を行った前述の地方制度委員会では、新制度の内容が「自
治」ではなく「官治」の性格が強いことに対して疑問の声が上がった。例えば、「殆ド
此官治行政ノ一種ノ官制ヲ定メルノト何モ違ッタ所ガナイ、是ガ第一ノ住民ノ性質ニ封
スル御見解ヲ伺ヒマスルト同時ニ、斯ウ云フ風ニ絶対ノ官治行政ヲ御探リニナルト云フ
コトハ、時代錯誤ヂヤナイカト思フ」「町村長ガ官選デ、議員マデモ官選デアル、名ハ
自治デモ更ニ自治トハ思ハレマセヌ、或意味ニ於テ自治ノ逆転デアル」といった発言が
党派を超えて現れた[9]。これに対して永井長官は、「官治」との指摘を認めつつ、繰り返
し民度の問題を主張するとともに、新制度が北海道二級町村制と類似していることに言
及した[10]。すなわち、樺太よりも先に地方制度を整備している北海道においても、二級
町村では官選制が導入されているのであり、同じく諮問機関の評議会を置く台湾の制度
にも言及しながら、公選制の議会を設置しない樺太の地方制度が特殊ではないと主張し
たのである[11]。また、樺太庁の酒井隆吉内務部長は、新制度の施行に際して、将来的な
地方自治の拡充に言及しつつ、「町村長及評議員の官選を不当なりと誤信する者も少く
ない是れでは自治に非ずして自だらくである（。［筆者補足］）当局が監督を為すのは此
じだらくを為さしめぬ為で従つて行政の実を全ふする所以である、内地の例を見るに自
治の真意を誤つて居る向きも少くない様であるが[12]」と述べ、「官治」への批判に反論し
ている。

　以上を小括すると、樺太では日本領化以降に、人口が増加し、地方行政の円滑な実施
のために法人としての町村の設置が進められた。ただし、1920年代初頭に実施された地
方制度改革は、内務省などの中央省庁ではなく、現地官庁たる樺太庁が制度設計を主導
したものの、その内実は「自治」の要素が乏しく、同庁による地方行政の延長線上に置
かれるものであった[13]。いわば、団体としての町村の設置は、行政上の便宜としての性
格が強かったのである。当時は、「最近朝鮮に起れる自治制要請及び英国に於ける愛蘭
自治運動の如き断然政府の手より分離して統治を行はんとするにありて斯る自治制の施
行は却つて非常なる悪影響を及ぼす虞」がある[14]とした永井樺太庁長官の発言に代表さ
れるように、樺太への地方自治の導入が、同じく外地である朝鮮や台湾の自治権拡大運
動や独立運動を刺激する懸念が存在していたと考えられる。それゆえ、新たな地方制度
は官治的性格が強く、「変態自治制」と称されたが、実際の運用では、その後に連なる

住民による自治の実践もみられた（全国樺太連盟1978：434）。ただし、その後は本国レヴェルでの行政整理の議論から、北海道との合併論が再燃したほか、植民地縮小論も登場したことで、制度上の「自治」制度の導入は一旦棚上げされることになった[15]。

第4章　実体としての地方自治制度の導入：1929年の「樺太町村制（法律）」の制定

　1922年の「樺太町村制（勅令）」に基づく地方制度は、「官治」的制度であったため、次なる段階として、内地制度に準じた「自治」の性格を有する制度の導入が待たれた。その実現は、1929年の「樺太町村制（法律）」によって、一応の決着をみる。ただし、1920年代初頭の地方制度改革が、直接的には地方団体が不在であるがゆえに生じる行政上の課題を克服することに重きが置かれたのに対し、1929年の地方自治制度改革は、より複雑に政治的要因の影響が色濃く現れるものであった。すなわち、樺太への地方自治の導入は、帝国議会の参政権問題、樺太庁の内務省移管問題とパッケージ化されて議論が進められたのである。議会選挙の実施を伴う地方自治制度の導入は、帝国議会の参政権付与に必要な戸籍の整備や選挙人名簿の作成の前提となるし、樺太庁の内務省移管は、府県との差異を縮小し、内地同様の地方自治制度の施行や帝国議会参政権の獲得につながる可能性があった[16]。したがって、1929年の地方制度改革は、単なる地方自治の拡充ではなく、樺太が直面していた複数の政治課題と密接に関連していたのである。それでは、どのようにして特例地域である樺太の自治拡充が図られたのだろうか。以下では、ほかの政治課題との連関も踏まえながら、「樺太町村制（法律）」の制定に至るまでの制度設計過程を分析する。

　1920年代初頭の地方制度改革は、骨格を法律で定め、詳細を勅令で定めるという二段階の改革であったが、周到に準備されていたとは言い難いものであった。例えば、地方制度の施行は、樺太全土で一括して進めるのではなく、まずは1922年4月に5町19村で施行され、翌1923年4月に残る地域でも施行されたのだが、1923年の全域での施行時には、施行前月の3月末の時点でも町村間の境界が変動する可能性が報じられるなどの混乱があった[17]。これに対して、1929年改革については、早い段階から制度設計や制度の導入に向けた土壌の整備が行われていた。1924年9月の樺太庁支庁長会議では、早くも町村長の公選制が諮問事項に加えられた[18]ほか、1925年には町村評議員の改選にあわせて、評議員の予選を導入するか否かが各町村で議論され、一部の町村では予選が実施された[19]。さらに、1926年に特別委員会を全会一致で通過しつつも、衆議院での審議未了により成立しなかった衆議院議員総選挙の参政権付与法案が帝国議会に提出されたことを踏まえて、同年に樺太庁内部で地方自治制度を導入する検討が加速した。ここで検討された制度の骨格は、後に成立する「樺太町村制（法律）」と同様に、北海道の町村制に準じて、町村を一級と二級に分けるものであったとされる[20]が、樺太庁地方課の松尾紘治町村主任は、主要町村について「北海道の一級町村以上に内地のそれに近づいた制度案を起てゝみるつもり[21]」とし、現行地方制度からの大幅な変更も想定されていた。地方自治制度案は、樺太庁内務部地方課内で研究の上、早くも1926年の5月には昌谷彰

長官に提出された[22]。その後は、長官が交代し、後任の豊田勝蔵長官の下で、翌1927年の帝国議会（第52回議会）への提出に向けて、制度案修正の検討が進められた。新制度では、人口の多い主要町村については、公選制の町村議会の設置が予定されており、総じて地方自治の拡充が目指されたのである。

　1926年秋以降になると、もう一つの政治課題である樺太庁の内務省移管が現実味を帯びるようになる。同年10月に、政府の行政調査会幹事会が、拓殖省の新設と樺太庁の内務省移管案を決定[23]し、その後は樺太庁でも同庁の内務省移管を前提としながら、地方自治制度案の制度設計が進められていく。1927年3月には、地方課が作成した原案が樺太庁案として、政府に提出されたものの、政府側で、二級町村議会の選出方法が公選から官選へと変更された（最終的には公選に変更）[24]。同月に、衆議院に「樺太に地方制度施行に関する建議案外一件委員会」が置かれ、豊田長官の後任の喜多孝治長官は「今度ノ地方制度改正ノ内容トシテモ、事情ノ許ス限リ完全ナル自治権ヲ亨有スルヤウニシタイモノト思ッテ居リマス」と発言し、樺太の特殊事情ゆえに、特例的な地方制度の導入はやむを得ないものの、地方自治の拡充が樺太庁としての基本路線であるとした[25]。また、同時期に樺太を対象とする地方自治制度法案の次期議会への提出と1929年度からの施行方針が決定された。同年秋以降は、樺太庁側で作成された原案が、内閣拓殖局、法制局で審議されたが、拓殖局での審議に際しては、本国側での修正を想定しながらも「思ひ切つて進んだ案を作成する[26]」という方針から、大部分の町村を一級町村とする意向であった樺太庁に対し、拓殖局側では、一級町村の数を限定し、それ以外の町村については現行の地方制度を運用すべきであるという意見が有力であった。そのため、喜多長官が樺太庁案への支持拡大に奔走し、結果として一級・二級町村制は認められたものの、一級町村の数は限定され、かつ小規模町村には二級町村制を適用せず、現行地方制度のままとすることとされた[27]。なお、内務省移管問題については、特別会計の維持を条件として賛成する声もあったが、1928年初頭に翌1929年に新設される拓務省への移管に変更され、樺太庁の内務省移管は棚上げされた。

　その後、1928年1月に樺太へ地方自治制度を導入する法案が貴族院に提出されるも、提出後に衆議院の解散が生じ、次の特別会に提出される運びとなったが、結局は1929年1月の第56回議会にて、政府提出法案第1号として衆議院に提出された。衆議院の第一読会での、地方自治法案は帝国議会の参政権付与の準備段階であるかという質問に対して、喜多長官は、今回の法案提出に関して、両者は関係していないとしつつ、「自治制ガ完全ニ行ハレルト云フ将来ニ於キマシテハ、自ラ選挙法ヲ布クダケノ情勢ヲ樺太ニ於テ見出スルモノト考ヘテ居リマス[28]」と答弁している。続く、衆議院の大正十年法律第四十七号改正法律案委員会では、現地住民からの要求を理由として地方自治法案を提出したのかという質問に対し、喜多長官は住民からの地方自治への希望を耳にしたとしつつ、「其要求ナクトモ将来ノ自治進展ノ為ニ之ヲ改正スル必要アリト考ヘテ居ルノデアリマス[29]」と答弁した。同委員会では、将来的に樺太全土レヴェルの地方議会の設置を望むとの希望条件を付して、法案が可決され、衆議院本会議でも満場一致で可決され

た。その後は、貴族院へと送付され、委員会、本会議での審議後、同年3月6日に法案が成立し、同月27日に「樺太町村制（法律）」が公布された。議会の審議では、法案に賛成しつつも、地方自治制度の導入が時期尚早であるという声もみられたが、内地での地方自治拡充の動向はもちろんのこと、日本人比率が95％を超えるという樺太の人口構成ゆえに、制度の導入が認められたといえる。

　以上の経過をもって、樺太における本格的な地方自治制度の導入が確定した。制度の詳細は次章で記すが、その制度設計過程では、1920年代初頭の改革で地方自治の導入に対して消極性を有していた樺太庁の立ち位置に大きな変化が見られた。1929年の改革では、中央政府の現地官庁たる樺太庁が積極的な改革推進者となったのである。特筆すべきは、制度設計過程において、樺太庁が、本国側の意向とは異なる独自の動きをみせながら、地方自治の拡充を模索した点である。そして、このような樺太庁の立ち位置の変化の背景要因となったのが、残る2つの政治課題（本国レヴェルにおける樺太の内務省移管問題の出現と帝国議会参政権問題への対応）の存在であった。これらは、樺太の内地行政への一元化の前提となるものであり、とりわけ前者については、憲政会の第1次若槻礼次郎内閣期の行政調査会において、樺太を内務省所管とし、北海道同様の行政を行うことが答申され、続く田中義一内閣では、与党の政友会によって樺北合併が唱えられる[30]など、政党を超えた合意がみられた。さらに、樺太への府県制の導入や特別会計制度の廃止も、本国レヴェルで議論されたため、樺太への地方自治制度の導入という課題自体は、内地行政への一元化を志向する中央政府の了解の下、進められた[31]。したがって、1920年代初頭の地方制度改革の時点とは異なり、樺太の外地性はかなりの程度縮減していたといえよう。また、そもそも樺太の人口は、一般制度の適用対象である内地からの移住者が大半を占めるため、現地社会からの自治拡大要求もあったことも指摘せねばならない。そして、これら本国レヴェルの内地行政への一元化志向と現地社会における自治拡大要求が交錯する形で、中央政府とは切り離され、独自の制度設計を進める制度的基盤を有した現地官庁たる樺太庁による地方自治への積極性へと結実したのである。

　なお、同時期に政治課題となった3つの問題のうち、当該時期に実現に至ったのは地方自治制度の導入のみであった。帝国議会の参政権問題は、衆議院議員選挙法を樺太に施行する法案が、何度も議会に提出され、一部は衆議院で可決されたものの、結局は終戦直前の1945年まで成立しなかった[32]。そして、参政権こそ実現したものの、そのまま終戦を迎えたため、選挙の実施には至らなかった[33]。また、樺太庁の内務省移管問題は、本国レヴェルで議論が進んだものの、特別会計制度の存続を求める樺太庁や樺太住民側の反発もあり、最終的には、前述の通り、朝鮮、台湾両総督府や南洋庁とともに、1929年に新設された拓務省に移管された[34]。

第5章　地方自治の拡充と広域レヴェルの地方自治問題：1937年の「樺太市制」の制定

　1929年の「樺太町村制（法律）」は、全7条の短い法律であり、具体的な制度運用の

詳細は勅令によって定められた。新制度の特徴は、第1に町村制の適用町村について、人口や財政状況などから一級町村と二級町村に分けたことである[35]。一級町村では、事務について概括例示方式が採用され、町村長は議会から選出されるのに対して、二級町村では、制限列挙方式が採用され、町村長の任免は樺太庁長官によるとされた[36]。基本的には、一級が内地の町村制に、二級が北海道二級町村制に準じるものであり、二級から一級への昇格もみられた。

新たな地方自治制度は、帝国議会での成立から間もない、1929年7月に施行され、11町が一級町村、24村が二級町村に指定された（指定外が5村）。そして、同年8月末から9月上旬にかけて、第1回町村議会選挙が各町村で実施された。1933年の第2回町村議会選挙では、全定数570に対して720名が立候補し、立候補者の職業としては農業が最も多く、次いで漁業、商業と続いた[37]。選挙後には、一級町村では議会で町村長選挙が実施された。

内地に近似した地方自治制度が全土に導入された後、次なる地方自治の課題となったのは、市制の導入と、樺太全土を対象とする広域レヴェルの地方自治体の設置問題であった。市制の導入については、「樺太町村制（法律）」の施行前より、樺太庁発足時にその庁舎が置かれた南部の大泊町にて、将来的に市制の導入を期待する声があったが、1930年の国勢調査の結果、大泊町と現在の樺太庁所在地である豊原町の人口が3万人を上回っていることが判明し、同年に樺太庁が、将来的に両町に市制が適用できるかの調査をはじめた[38]。既に1920年代の内地における地方自治拡充の動きによって、従来と比較して、市の自律性が高まっており、現地社会でも、市への昇格は地方自治を拡充するものと捉えられた。市制導入の方法としては、既存の町村制を法改正の上、市制町村制に変更する案と単独の市制を制定する案が想定されていた[39]。

他方で、1930年代前半の時点では、市制導入の要件を満たしつつある豊原大泊両町による市制施行運動に対して、樺太庁は時期尚早として市制導入に慎重姿勢を有していた。その背景には、両町に多額の借入金があり、財政状況が危ぶまれたことが挙げられる[40]。その後は、同時の市制施行を目指していた豊原大泊両町のうち、豊原町が単独での市制実現を目指す方針に切り替えた[41]。そして、1935年に入ると、同町の人口増加や財政状況の好転を受け、樺太庁内でも市制導入の準備が加速し、同年12月に、所管官庁である拓務省内で樺太市制法案の提出が決定された[42]。しかし、その後は衆議院解散のため、帝国議会への法案提出が延期され、翌1936年秋以降に、樺太庁や拓務省において市制法案の詳細が決定された。

1937年2月の第70回帝国議会に提出された樺太市制法案は、貴族院から衆議院の順に審議が行われ、翌3月に成立した。新たな「樺太市制」は、原則として内地の市制に則ったものであったが、樺太の特殊性を踏まえて、手続きの便宜上、法律では基幹的な事項のみを定め、詳細については勅令にて対応するものとした。従来の一級町村制と市制を比較すると、市会と市参事会の設置や樺太庁支庁長の監督を受けないことが変更点である[43]。そして、市制は当面、豊原町（同年7月に豊原市に移行）のみに施行される

ものとし、そのほかの一級町村については、市制拡大時に適用を検討するものとした[44]。さて、帝国議会での審議では、拓務次官や樺太庁長官などの政府側が一貫して、市制制定の背景を、樺太島民による市制への渇望、内地の市と比較して豊原町が市制導入の形式的条件を満たしているという理由から説明している。例えば、貴族院での法案趣旨説明に際して、入江海平拓務次官は、豊原町が「内地ノ新設ノ市ニ比較シマシテ、敢テ遜色ヲ見ナイ程度ニマデ発達致シテ居ル」とした上で、「樺太ニ市制ヲ施行スルト云フコトハ、本島住民ノ多年ノ要望デアリマスシ、又一面サウスルコトニ依リマシテ、町村ノ発達ヲ促ス結果トモナリ、更ニ樺太拓殖上寄与スル所ガ少ナクナイト」と説明している[45]。

　市制施行は、樺太の地方制度の特殊性を弱め、一般制度へと接近させるものであった。1930年代半ばに約6年にわたって樺太庁長官を務めた今村武史長官は、貴族院にて「矢張リ地方自治ノ向上発展ト云フコトハ、樺太全体ノ発達ノ基礎ヲ成スモノデアルト、斯ウ云フ風ニ考ヘテ居リマシテ、中央集権デ之ヲ官選デヤッテ行カウト云フ考ハ持ッテ居リマセヌ」とした上で、「自治制度ニ依ッテ地方ノ発展向上ヲ期スルト云フ精神ニ付テハ、内地ト同ジデアリマス[46]」と答弁しており、この時点での樺太庁やその所管官庁である拓務省の基本方針は、市町村レヴェルでの地方自治の拡充を進めるというものであった。

　他方で、残された課題となったのが、広域レヴェルに内地の府県に相当する組織や議会を設置する問題であった。1920年代より、度々樺太への府県制適用と内地編入を含む形での樺太庁の内務省移管議論が登場するが、樺太庁の総合行政主体としての性格の喪失や財政上の特別会計制度の廃止が懸念され、樺太庁や樺太現地社会からの根強い反発があった。また、樺太全土を対象とする議会の設置は、内地行政への一元化が実現していない中で、内地制度への接近が図られた市町村レヴェルとは異なり、ほかの外地の自治拡大要求の動きを刺激する恐れや拓殖上のデメリット、さらには財源の不安定化につながる特別会計制度の廃止をもたらす可能性から進展しなかった（塩出2015；白木澤2022）。樺太庁を所管する拓務省でも、入江拓務次官が「樺太全体ヲ一ツノ単位トシタ自治制ヲ設ケルト云フヤウナ考ハ持ッテ居リマセヌ」とした上で、「内地ノ各府県ト同様ニ最後ハナルモノヂヤナイカ」と考えるが、「マダサウ云フ時期ハ近キ将来ニ直グ来ルトハ思ッテ居リマセヌ[47]」と述べたように、樺太に府県に相当する組織や議会を設置することが積極性を持って検討されたわけではなかった。

　ただし、1937年以降、府県制や広域の地方議会設置の代替として、各市町村から選出される評議員による樺太庁評議会が設置された。この評議会は、樺太庁長官の諮問機関としての性格が強いが、評議員には学識や経験を有する者が選出され、「評議会は単に諮問に応ずるのみにとどまらず施政上の重要事項について建議できる（全国樺太連盟1978：368－369）」ことになっていた。すなわち、一種の疑似「島会」としての位置づけであった。とはいえ、実態としては、抽象的な陳情が中心であり、諮問機関にもなり得なかったという評価もある（原・天野2017：216）。その後、1940年には、樺太庁側が

広域地方議会の設置について、拓務省と折衝を行うも、実現しなかった。樺太庁は、「地方議会設置までは民意を察知[48]」するために樺太庁評議会を存続させるとしたものの、結局のところ、終戦に至るまで樺太全土レヴェルの議会の設置は実現しなかった。

以上でみたように、「樺太町村制（法律）」施行以降も、町村側の市制施行運動を受けて、市町村レヴェルでのさらなる自治の拡大が、樺太庁の主導によって進められた。市町村レヴェルでの自治拡大は、樺太庁のみならず、同庁を所管する拓務省の方針であったものの、広域レヴェルの地方議会設置をめぐっては、内地行政への一元化が実現しない中、いまだ外地である樺太の性格ゆえに、積極性をもって進められるには至らず、実現することはなかった。なお、その後の戦時体制下で、樺太は1943年に内地に編入された。また、大東亜省の新設に伴う、拓務省の廃止によって、樺太庁は内務省に移管されたが、特別会計については存続することとなった。また、内地編入に伴い、「樺太市制」「樺太町村制（法律）」は廃止され、北海道の一級・二級町村制と共に内地の市制、町村制との統合が図られた。ただし、「北海道及ビ樺太ノ実情上一般ノ例ニ依ルコトヲ適当トセザル事項モアリマスルノデ、之ニ付キマシテハ勅令ヲ以テ必要ナル特例ヲ設ケ得ルコトニ致シタノデゴザイマス[49]」とされ、市制、町村制に特例が設けられたため、一般制度への完全なる統合には至らなかった。

第6章　結論

本稿では、戦前の明治地方自治制における地方制度特例地域において、なぜ独自の地方制度体系が発達したのか、そして、どのように地方制度が設計され、導入が図られたのかについて、日本統治下の樺太における地方制度特例を事例として分析した。分析に際しては、制度設計を主導する現地官庁たる樺太庁の動向に着目し、樺太庁が有する性格や樺太が置かれた政治事情ゆえに、独自の地方制度体系が発展したことを明らかにした。

日本統治下の大半の期間において、樺太は外地（属領）とされ、台湾や朝鮮と同様に植民地として扱われた。しかし、領有当初より、日本人比率が極めて高いという特徴ゆえに、その位置づけは外地というよりも準内地であり、市町村レヴェルでは内地の地方制度への接近が段階的に図られた。樺太において、包括的な地方制度が導入されたのは、1920年代初頭のことであったが、この時に導入された「樺太ノ地方制度ニ関スル法律」ならびに「樺太町村制（勅令）」に基づく地方制度は、形式上は地方自治制度として扱われたものの、実態としては「官治」の様相が強かった。そこでは、府県知事よりも強い権限を持つ長官を頂点とし、総合行政主体としての性格を有する樺太庁による、地方自治への消極性がみられた。しかし、その後は、樺太が直面する政治課題や現地社会からの自治拡大要求の中で、一転して樺太庁が同地における地方自治の拡充を主導し、内地地方制度への接近が目指された。その到達点が、1929年の「樺太町村制（法律）」の施行であり、これをもって、島内の各町村では公選制の地方議会が導入された。その後も、樺太庁が制度設計の主体となる形で、地方自治の拡充が試みられ、1937

年には内地の市制と類似した「樺太市制」が制定された。他方で、府県制の適用や樺太全土レヴェルの地方議会を設置することに関しては、関係するアクターの利害やほかの植民地への影響が懸念されたことから、ついに実現することはなかった。本稿の分析からは、現地官庁たる樺太庁が同地における独自の地方制度の設計主体となっていたことが確認された。

　最後に本稿の分析によって得られた知見と今後の見通しについて記す。本稿は、戦前の地方制度の特例地域の一つである樺太を対象としたものであるが、特例制度全体や明治地方自治制研究、さらには行政学の議論に貢献し得る発見として、次の2点が挙げられる。

　第1に、国の行政機関であり、官治の象徴たる現地官庁としての樺太庁による地方制度の設計と、同庁による地方自治拡充への積極性である。従来、地方制度については、内務省─府県体制の下での発展が分析されてきたが、本稿の分析は、内務省が直接的に関与しない特例地域の地方制度体系がいかに設計され、導入されたのかを明らかにした点に新規性がある。加えて、官治の象徴である現地官庁が、中央政府の方針に従属せずに、独自に地方自治の拡充を志向していたことを明らかにした点は、外地官庁の性格や動向、さらには現地社会との関係性を再検討する必要を示唆するものである。この点は、近年に発表された、出先機関の自律的な行動を明らかにする研究（山田2020）などと同様に、行政学における現地出先機関に対する理解を刷新する意義を有する。

　第2に、地方制度特例の制度設計にあたっては、内地の一般制度やほかの特例制度が参照項となるものの、それぞれの特例地域の環境や事情に応じた、自由度の高い制度設計が行われていたという点である。このことは、明治地方自治制が画一的な制度体系や方向性を有しているわけではなく、その内部に多様性を抱えていることを示唆するものである。先行研究では、特例制度間の比較の視点が極めて乏しいことが指摘されている（秋山2000：4）が、一見すると類似する制度であっても、制度の詳細を探ると、制度上あるいは運用上の差異がみられる（例えば、北海道一級・二級町村制と樺太町村制）。本稿の先には、当然ながらほかの地方制度特例や内地制度との比較が想定されるが、比較の作業は、内務省─府県体制の下での普遍性と特例地域が置かれた特殊性を明らかにする上でも重要である。このことは、特例制度そのものが明治地方自治制の中でどのように位置づけられるのかを明らかにする前提となる。また、地方制度特例は、画一的な制度にとらわれない制度設計の自由度の高さゆえに、戦後の地方自治特例制度の土台となり得るものであるとの指摘もある（姜1999：25）。それゆえ、単に歴史的な制度としてではなく、現代日本の地方自治制度との関係性についても検討が必要であろう。

※本稿は、日本行政学会2023年度研究会での報告内容を基にしたものです。分科会にて貴重なご指摘を頂戴した討論者の清水唯一朗先生、ならびに執筆過程で助言をいただいた先生方、また大変有益なコメントを頂戴した匿名の3名の査読者の先生方には、心より厚く御礼申し上げます。なお、本稿は、科研費23H00784の研究成果の一部です。

【注】

1　ここでの特例とは、1889年から1898年にかけて、東京市、京都市、大阪市に導入されていた市制特例のように、一般制度の体系の中に設けられたものではなく、一般制度とは切り離して、各地域に導入された特例的な制度体系のことを指す。

2　ただし、内地の法体系と完全に同一ではなく、1943年の内地編入と樺太法令法（1907年法律第25号）の廃止によって、帝国議会で制定された法律が直ちに樺太にも適用されることになった後も、一部の勅令や樺太法令法が存在した時期の法律の扱いをめぐって、内地とは異なる運用が行われた（浅野2008）。

3　一部の樺太庁官僚の経歴については、国立公文書館アジア歴史資料センター「アジ歴グロッサリー植民地官僚経歴図」（http://ec 2.jacar.go.jp/glossary/gaichitonaichi/career/, 最終アクセス日時：2023年12月７日）に掲載されている。

4　樺太では1907年に、台湾にならって、内地予算から独立した特別会計制度が設置された。同会計は、歳入面で森林収入が主軸であり、その廃止は1920年代以降に議論されるも、樺太庁や現地社会の反対により、1943年の内地編入後も存続された。

5　なお、台湾総督は、1919年に武官専任の制限が外され、以後1936年まで文官が総督に任命されたのに対し、朝鮮総督はすべて武官であった。

6　1909年の樺太庁令第31号では、樺太庁支庁長の選任によって、各集落に部落総代を置き、公共事務を処理させるとされた。

7　公選制導入後の豊原町議会議員水戸部日出吉による評価（『樺太自治』第15号［1933年］、11頁）。

8　第44回帝国議会・衆議院樺太の地方制度に関する法律案委員会議事録（1921年３月19日）。以下、引用に際しては、旧字体は新字体に改めた。

9　第44回帝国議会・衆議院樺太の地方制度に関する法律案委員会議事録（1921年３月19日）。前者は立憲政友会、後者は憲政会議員の発言である。

10　島嶼部で町村制が非適用とされた際にも、民度論が登場している。この点について、「『人情風俗』の違いを根拠とするような『民度』論とは、適用地域の限定をはかるものであり、法制区分の恣意性を隠匿するという目的をもった政治的な言語（高江洲2009：56）」との指摘がある。

11　なお、台湾と朝鮮でも1920年に地方制度改革が実施され、各地方団体に諮問機関が設置された。このうち、朝鮮では、府と指定面のみ、諮問機関の議員の選挙が実施された。ただし、齋藤実朝鮮総督の「右制度改正の趣旨は、（中略）又将来地方自治の制度を布くの前提として一般地方民に自治的訓練を行はむとするに在り（「改正地方制度施行一周年に際して」『朝鮮』80、１－３）」という言葉にあるように、あくまでも地方自治の導入に向けた前段階の位置づけであった。他方で、台湾では、台湾総督府が地方自治制の制定と宣伝しながらも、実態としては地方自治と評価できるものではなく、諮問機関の議員は官選制であった（近藤1996：141－142）。

12　『樺太日日新聞』1922年４月１日、１面（「自治制施行に就て　酒井内務部長談」）。

13 同時期の樺太庁は、内閣総理大臣の指揮下に属していた。

14 『樺太日日新聞』1921年5月13日、1面「改正は容易なり：地方制度案に就て（永井長官談）」）。

15 ただし、当時の樺太では、1920年の尼港事件に対する報復措置として、日本軍が占領した北樺太の扱いをめぐる問題が懸案となっており、そもそも北海道との合併は困難であったとされる（『朝日新聞』1924年8月11日、東京朝刊、2面）。加藤高明内閣では、若槻禮次郎内相が樺北合併に対し否定的な見解を示し、「合併と云ふ事よりも統治問題が肝要である」とした（同1924年8月27日、東京朝刊、2面）。

16 樺太をめぐる政治課題の動向は、既に先行研究でも触れられている（楠1990；塩出2015）。

17 『樺太日日新聞』1923年3月29日、2面。

18 『樺太日日新聞』1924年11月7日、2面。

19 「樺太ノ地方制度ニ関スル法律」では、第4条にて町村評議員は樺太支庁長が任命すると定められていたものの、任命にあたっての方法は限定されていなかった。それゆえ、支庁長による人選が困難な場合も想定され、一部の町村では予選方式が採用されていた。

20 『樺太日日新聞』1926年3月27日、2面。

21 『樺太日日新聞』1926年4月3日、2面。

22 『樺太日日新聞』1926年5月21日、2面。

23 『樺太日日新聞』1926年10月13日、2面。

24 『樺太日日新聞』1927年3月10日、5面。

25 第52回帝国議会・衆議院樺太に地方制度施行に関する建議案外一件委員会議事録第1号（1927年3月18日）。同時期に、貴族院に「樺太に衆議院議員選挙法施行に関する法律案特別委員会」が置かれ、帝国議会参政権問題が議論されたが、選挙法施行は審議未了となった。

26 樺太庁の森本節躬地方課長の発言（『樺太日日新聞』1927年10月20日、2面。）。

27 『樺太日日新聞』1927年12月17日、5面。

28 第56回帝国議会・衆議院本会議議事録第5号（1929年1月24日）。

29 第56回帝国議会・衆議院大正十年法律第四十七号改正法律案（樺太町村制）（政府提出）委員会議事録第2号（1929年1月29日）。

30 『樺太日日新聞』1927年7月27日、5面。

31 樺太庁の廃止や府県制の導入案は、内閣総理大臣官房総務課作成の『行政刷新委員会に関する件（1930年）』（国立公文書館デジタルアーカイブ）などで確認できる。

32 1945年3月に、貴族院で貴族院令中改正案と衆議院議員選挙法改正法案が可決され、樺太からは衆議院議員3名、貴族院議員1名（多額納税者議員1名）が選出される予定であった（楠1990）。

33 樺太では長らく参政権が認められていなかったため、内地の候補者を積極的に応援した上で、内地選出の衆議院議員を通じて、樺太住民の意思を国政に反映させようとする動きがあった（原・天野2017：210－217）。

34 なお、その後、拓務省の存廃をめぐって、政党間の駆け引きが繰り広げられたほか、拓務

省は外務省や外地に置かれた現地官庁との間で、常に権限や事務配分をめぐる対立に直面していた（熊本2012；十河2021）。

35　一部町村では、新制度が適用されず、従来の制度のままであった。

36　一級町村では、町村長が町村議会議長を務める場合が多く、特に人口の多い一部町村のみ、町村長とは別に町村議会議長を置いていた。

37　『樺太自治』第16号、102頁。

38　『樺太日日新聞』1930年9月27日、5面。

39　『樺太日日新聞』1930年10月5日、2面。

40　『樺太日日新聞』1935年2月10日、2面。

41　『樺太日日新聞』1935年8月21日、2面。

42　『樺太日日新聞』1935年12月22日、夕刊1面。

43　町村は、樺太庁支庁長、樺太庁長官、主務大臣の監督を受けるとされたが、市では樺太庁支庁長の監督を受けないとされた。ただし、制度設計の段階では、市長の監督機関を樺太庁長官とするか支庁長とするかが議論となり、将来的に大泊、恵須取両町への市制拡大の準備のため、樺太庁支庁長の監督を予定していた（『樺太日日新聞』1935年11月30日、夕刊1面および同1936年12月27日、2面）。

44　1938年より大泊、恵須取両町のいずれかまたは両方の市昇格が予定されたが、実現しなかった（『樺太日日新聞』1936年12月27日、2面）。

45　第70回帝国議会・貴族院本会議議事録第6号（1937年2月18日）。貴族院に設けられた樺太市制案特別委員会では、樺太の産業構造を踏まえれば、豊原における住民一人当たりの町税の負担額が内地各市や朝鮮、台湾と比較しても高いことから、樺太への市制導入が「政策的ノ意味合ガアルンヂヤナイカ」との指摘があり、「北境ノ関係、其ノ他ノ日本ノ地帯上、政策的ノ見地ニ於テ市制ヲ布カネバナラヌ」のではないかとの質疑があった。これに対して、政府側は市制移行に伴って住民の課税負担が増加するとは考えられないと答弁している（第70回帝国議会・貴族院樺太市制案特別委員会議事録第2号［1937年2月22日］）。なお、前述の「北境ノ関係」に関連して、樺太では、国境を接するソ連の軍事的脅威が意識されながらも、長らく日本軍が常駐せず、国境付近に国境警備員が配置されるのみであった（原・天野2017）。しかし、1938年1月に俳優の岡田嘉子と演出家の杉本良吉が北緯50度線を越えてソ連に亡命するという事件が生じ、1939年5月にようやく樺太混成旅団の編成が決定した。したがって、1937年の時点では、地方制度の設計に軍事や外交の影響が強く出現したわけではない。

46　第70回帝国議会・貴族院樺太市制案特別委員会議事録第1号（1937年2月20日）。

47　第70回帝国議会・貴族院樺太市制案特別委員会議事録第1号（1937年2月20日）。

48　第4回樺太庁評議会での小河正儀樺太庁長官の発言（『樺太』第12巻8号［1940年］、78頁）。

49　1943年の衆議院市制中改正法律案外四件委員会での湯澤三千男内相の発言（第81回帝国議会・衆議院市制中改正法律案外四件委員会議事録第2号［1943年2月1日］）。

【参考文献】

秋山勝（2000），「近代沖縄・北海道地方（自治）制度の比較史的研究」『沖縄大学地域研究所年報』15，3－33.

浅野豊美（2008），『帝国日本の植民地法制：法域統合と帝国秩序』名古屋大学出版会.

市川喜崇（2012），『日本の中央―地方関係：現代型集権体制の起源と福祉国家』法律文化社.

稲垣浩（2015），『戦後地方自治と組織編成：「不確実」な制度と地方の「自己制約」』吉田書店.

加藤絢子（2022），『帝国法制秩序と樺太先住民』九州大学出版会.

加藤聖文（2008），「植民地官僚の形成と交流―関東州・満洲国・拓務省の役割」，松田利彦編『日本の朝鮮・台湾支配と植民地官僚』国際日本文化研究センター.

樺太庁（1937），『樺太庁施政三十年史』.

―――（1942），『樺太要覧　昭和十七年』.

姜再鎬（1999），「地方制度特例：沖縄、北海道、樺太などの地方制度」，小早川光郎ほか編『史料日本の地方自治　第1巻　近代地方自治制度の形成』学陽書房.

―――（2001），『植民地朝鮮の地方制度』東京大学出版会.

北山俊哉（2020），「日本の政治発展（JPD）からみた地方自治制度：明治維新から総力戦体制へ」『季刊行政管理研究』170，4－12。

楠精一郎（1990），「樺太参政権問題」手塚豊編著『近代日本史の新研究8』北樹出版.

熊本史雄（2012），「拓務省研究の現状と課題：植民地・外地行政監督官庁の評価をめぐって」『近代史料研究』12，25－41.

近藤正己（1996），『総力戦と台湾：日本植民地崩壊の研究』刀水書房.

塩出浩之（2011），「日本領樺太の形成：属領統治と移民社会」，原暉之編著『日露戦争とサハリン島』北海道大学出版会.

―――（2015），『越境者の政治史：アジア太平洋における日本人の移民と植民』名古屋大学出版会.

柴田啓次（1964），「北海道一，二級町村制度の変遷㈠〜㈢」『北海道自治』14：4－6.

白木澤涼子（2022），「明治地方自治体制における「自治ノ移行」とはなにか：1943年部落会・町内会の法制化から考える」『経済學研究』71：2，93－122.

鈴江栄一（1985），『北海道町村制度史の研究』北海道大学出版会.

全国樺太連盟（1978），『樺太沿革・行政史』全国樺太連盟.

十河和貴（2021），「第二次若槻内閣の行政制度改革構想と政党内閣制：拓務省廃止問題再考」『日本史研究』709，17－45.

高江洲昌哉（2009），『近代日本の地方統治と「島嶼」』ゆまに書房.

竹下譲（2018），『地方自治制度の歴史　明治の激論：官治か自治か』イマジン出版.

竹野学（2020），「日本における近代サハリン・樺太史研究の動向その1：政治・外交・軍事・経済」『北方人文研究』13，99－119.

中西啓太（2018），『町村「自治」と明治国家』山川出版社.

野口真広（2017），『植民地台湾の自治：自律的空間への意思』早稲田大学出版部.

原暉之・天野尚樹編著（2017），『樺太四〇年の歴史：四〇万人の故郷』全国樺太連盟.

松沢裕作（2009），『明治地方自治体制の起源：近世社会の危機と制度変容』東京大学出版会.

山田健（2020），「中央－地方関係における出先機関の行動様式：運輸省港湾建設局に着目して」『年報政治学』2020（Ⅰ），292－315.

山田公平（1991），『近代日本の国民国家と地方自治：比較史研究』名古屋大学出版会.

山中永之佑（2021），『帝国日本の統治法：内地と植民地朝鮮・台湾の地方制度を焦点とする』大阪大学出版会.

楊素霞（2016），「日露戦後における植民地経営と樺太統治機構の成立：日本政府内部の議論からみる」『社会システム研究』32，27－50.

○新聞資料

　『朝日新聞』

　『樺太日日新聞』

○雑誌資料

　『樺太』（樺太社）

　『樺太自治』（樺太自治協会）

　『朝鮮』（朝鮮総督府）

○議会資料

　国立国会図書館・帝国議会会議録検索システム（https://teikokugikai-i.ndl.go.jp/#/?back，最終アクセス日時：2023年9月14日）

○行政資料

　国立公文書館デジタルアーカイブ（https://www.digital.archives.go.jp/，最終アクセス日時：2023年12月7日）

技術官僚をめぐる戦前と戦後：港湾政策における連続と断絶

山　田　　　健

----- 要旨 -----

　本稿は、行政学の伝統的主題である戦前―戦後をめぐる官僚制論について、連続的側面・断絶的側面の双方を視野に入れながら再検討を試みた。とりわけ、研究蓄積が豊かではない技術官僚の在り方について、港湾行政に従事した官僚たちに焦点を当て、出向や研修に着目しながら史資料から跡づけた。その結果、港湾行政における戦後の技術官僚が、占領期に形成された制度をふまえて出向や研修を展開し、戦前以来の大港集中主義を残しながらも（連続）、港湾政策を工学的な観点のみならず経済学的な観点を交えながら立案・決定・実施する形で（断絶）、組織的なまとまりを形作るに至ったことが明らかになった。また、彼らが特定の大港の整備へ積極的に関与した点で集権的に機能した反面、特定の大港以外の港湾整備では地方自治体の管理を期待した点で分権的に機能したことも、あわせて明らかになった。

▷キーワード：技官の王国、大港集中主義、出向、研修

1　はじめに

(1)　問題の所在

　戦前―戦後をめぐる官僚制論は、日本の行政学における伝統的な主題の一つである。辻清明は、戦前期の官僚が戦後も人的に維持されている点や各種の戦後改革が微温的にとどまった点を重視し、戦前―戦後の官僚制の温存を問題視した（辻1951）。対して、村松岐夫は、辻らの官僚制批判を「戦前戦後連続論」と位置づけ、むしろ戦後の政治制度の変化を重視する形で「戦前戦後断絶論」を提示し、その指摘は首長公選制下での地方政治の作動を見出した点で中央―地方関係論にも示唆を与えた（村松1981；村松2014）。この議論は、眼前にある戦後日本の行政をいかに捉えるかを争う点で、本質的かつ現代的であった。

　この議論を通じて、戦前―戦後における日本官僚制の連続的側面・断絶的側面の併存が認識され、双方の側面を捉える官僚制研究が発展した[1]。また、村松が着目した政治制度の変化のみならず、行政組織内部の変容に対する分析も深化した。

　総論的には、牧原出が出向人事や政官関係に焦点を当て、戦後の官僚制に見られる戦前からの継承と戦後独自の組織的変容を明らかにした（牧原1995）。加えて、牧原は「原局型官僚」と「官房型官僚」という官僚類型を示し、両者の組織内外での関係性が政策に影響を与えた様子についてもあわせて明らかにした（牧原2003）。

　各論的には、若林悠は気象行政を分析し、組織的評判構築を目的とした専門性の標榜

が戦前戦後を通じた課題であったことを明らかにした上で、その在り方が戦前の「エキスパート・ジャッジメント」から戦後の「機械的客観性」へ変容した過程を描出した（若林2019）。また、前田貴洋は労働基準監督行政を分析し、当該行政が戦後に「脱警察化」されたものの戦前と同様に非専門的な官僚によって担われ、なおかつ司法警察権によって実効性を担保されていた様子を明らかにした（前田2017―2019）。

　他方で、この種の研究蓄積は、依然として豊かではない。とりわけ、技術官僚は、戦前戦後それぞれに分析されているものの、戦前戦後を架橋した分析には恵まれていない傾向にある。具体的には、戦前の技術官僚が冷遇されていた様子（大淀1997）および戦後に技術官僚が「技官の王国」を形成しえた様子（新藤2002）は認識されているものの、冷遇から「王国」をなすに至るまでの経過は明らかにされていない。また、技術官僚をめぐる戦前から戦後にかけての組織構造・人事慣行・地方への利益誘導といった在り方が継承されていることは明らかにされている（藤田2008：3章）反面、その政策指針の変化には分析の余地が残されている。

　そこで、本稿では、技術官僚の在り方に焦点を当て、その貫戦史的な連続と断絶の過程を跡づけることで、戦後日本の官僚制をより深く理解する手がかりを見出すことを目指す。

(2) 分析の視角

　具体的な題材として、本稿は港湾行政に焦点を当てる。港湾行政は、戦前期こそ冷遇下にあったものの、戦中期には兵站の観点から重視されて機構改革の対象となり、戦後にも同様に機構改革の遡上にあげられた。その意味で、港湾行政は貫戦史的に行政を捉えることに適した題材と考えられる。

　これまでの研究では、港湾をめぐる技術官僚の動向は、戦前戦後それぞれに分析されてきたものの、架橋的な分析が十分になされるには至っていない。連続的側面については、戦前期の技術官僚が大港を中心に整備する志向（大港集中主義、稲吉2014）を有していた点や戦後期の技術官僚がその志向を引き継いでいる点（山田2020a）がそれぞれ明らかにされてきた。断絶的側面については、港湾法の制定を通じて、港湾行政が旧内務省による集権的な築港から地方自治体による分権的な管理を目指すようになったことが明らかにされてきた（林2020）。しかし、このような連続と断絶がいかなる過程を辿って生じるようになったのかは、明らかにされるには至っていない。

　対して、本稿では、港湾政策をめぐる技術官僚の連続と断絶について、史資料から過程を跡づけることを目指す。すなわち、本稿は、連続的側面・断絶的側面を前提としながら、二つの側面が入り交じった形で、技術官僚の在り方が組織的に形成される様子を明らかにすることを試みる。

　その手がかりとして、本稿は出向と研修に着目する。先行研究は、出向人事を読み解くことで、戦前―戦後の行政の維持と変化を明らかにしてきた（牧原1995）。この成果に倣い、本稿もまた技術官僚の出向人事とその効果に焦点を当てる。他方、組織に新たな行動様式が取り入れられたとしても、その様式が定着するためには、組織全体へ様式

を浸透させる手続きとしての研修が必要になる（Boin2001）。この点に鑑み、出向人事に加えて、研修にもあわせて焦点を当てる。

したがって、本稿では、港湾行政をめぐる経緯について概観し、戦前─戦後の連続的側面・断絶的側面として大港集中主義の展開とその制約を記述した上で、出向および研修を通じて技術官僚が組織化される様子を跡づける。予め結論を述べるならば、港湾行政における戦後の技術官僚は、占領期に形成された制度をふまえて出向と研修を展開し、戦前以来の大港集中主義を残しながらも（連続）、港湾政策を工学的な観点のみならず経済学的な観点を交えながら立案・決定・実施する形で（断絶）、組織的なまとまりを形作るに至った。また、彼らは、特定の大港の整備へ積極的に関与した点で集権的に機能した反面、特定の大港以外の港湾整備では地方自治体の管理を期待した点で分権的に機能した。

2 戦後港湾行政の始動

(1) 技術官僚の世界としての港湾行政

技術官僚とは、いわゆる法制官僚とは異なった位置づけで入省し、特定分野における専門知識と技術の必要性から登用された官僚集団のことをさす（新藤2002：第1章）。法制官僚に比した技術官僚の特徴は、独創性・創造性を意識しながら、技術的専門性をもとに影響力を行使することであった（大淀1997：結語）[2]。それゆえに、技術官僚は省庁体系全体からすれば中枢的地位を与えられがたいものの、専門性の高い政策領域においては実権を掌握することが可能であった。先行研究では、その好例として、建設・薬事・環境といった分野の技術官僚の活動が焦点を当てられてきた（藤田2008；田中2018）。

技術官僚の位置づけや特徴が顕在化した客観的指標として、これまでの研究は人事に着目してきた。とりわけ、特定の専門分野に限定した形で人事が展開され、その分野のポストを独占しつつも、組織全体の枢要な役割を与えられない傾向にあることが指摘されてきた。すなわち、技術官僚には「ガラスの天井」と称される昇進の限界があり、個別の専門分野に限られた形でポストを独占することで彼らは「技官の王国」を形成するものと認識されてきた（新藤2002）。また、その人事慣行として、現場と本省とを行き来しながら専門性を涵養する、あるいは「本省系」（法案作成や計画立案に長け、本省課長から、局長を最高位とするコース）と「現場系」（地方事務所を中心に回り、地方環境事務所長を最高位とするコース）とに分けられる、という傾向があることも明らかにされてきた（藤田2008；田中2018）。

港湾行政に従事した官僚も、このような技術官僚にほかならない[3]。そのほとんどは工学部出身で、特に戦前から高度成長期にかけての官僚の多くは鈴木雅次の『港工学』をもとに港湾工学の素養を身につけて内務省または運輸省へ入省した[4]。日本が戦後復興・高度成長を果たす過程で貿易や産業の拠点として港湾に注目が集まる中で、運輸省内では港湾行政は技術官僚の専管領域という棲み分けがなされ、港湾政策の担い手とし

て技術官僚は活躍した[5]。そのキャリアパスは、現場と本省とを往復しながら港湾行政に従事することで専門性を涵養・活用し、港湾局長を上限に退官するというものであった[6]。このような様子は、港湾行政に携わる技術官僚の頂点である港湾局長歴代の経歴に明瞭に現れており、その多くは工学部学士課程卒業→入省→出先機関の港湾事務所の所長や次長→本省の建設課長や計画課長→本省に近く位置づけられた出先機関の局長[7]→本省局長→退官といったパスを辿り、在職中のいずれかのタイミングで工学博士号を得ている（表1）。

　他方、港湾行政の人事には、既存研究で指摘されてきた技術官僚の人事とは一線を画す点も見受けられる。それは他省への出向経験である。比田正から竹内良夫に至るまで数代にわたって、港湾局長となった人間は経済安定本部またはその後継組織である経済企画庁へ出向した経験を有し、岡部保のように経済企画庁の局長から港湾局長へ異動した例も存在する（表1）。技術官僚は「最初に配属された局、たとえば国土交通省でいうならば河川局・道路局などに生涯勤務する」ものという通説的理解（新藤2002：24）からすれば、この人事慣行は特徴的と考えられる。

　ただし、他省への出向経験は程度差こそあれ類例も存在する。藤田由紀子が指摘するように、建設省の技術官僚にも他省へ出向した例があった（藤田2008：44）。

　したがって、港湾行政とは技術官僚の世界であるとともに、これまでの行政研究で見出しがたかった技術官僚とその世界の様子を把握しうる可能性を秘めた開拓的な政策領域と考えられる。

表1　港湾局長の経歴など（各追想録所収の経歴書をもとに筆者作成）

代	在任期間	氏名	学歴	学位	出向経歴	局長までの主な省内キャリアパス
1	1945.9-1950.7	後藤　憲一	東京帝国大学工学部土木工学科	工学博士	満州国政府	－
2	1950.7-1955.6	黒田　静夫	東京帝国大学工学部土木工学科	工学博士	陸軍省	東海海運局長
3	1955.6-1958.12	天埜　良吉	東京帝国大学工学部土木工学科	工学博士	－	港湾局計画課長、三建局長
4	1958.12-1961.4	中道　峰夫	東京帝国大学工学部土木工学科	工学博士	－	港湾局建設課長、計画課長、三建局長
5	1961.4-1963.1	坂本　信雄	東京帝国大学工学部土木工学科	工学博士	－	新潟港所長、港湾局建設課長、計画課長、二建局長
6	1963.1-1964.8	比田　正	東京帝国大学工学部土木工学科	工学博士	経済安定本部、通産省（併任）	横浜港所長、港湾局計画課補佐、二建次長、建設課長、計画課長、二建局長
7	1964.8-1967.8	佐藤　肇	北海道帝国大学工学部土木工学科	工学博士	経済安定本部	尼崎港所長、港湾局機材課長、建設課長、調査設計室長、技術参事官、技術研究所長、三建局長

8	1967. 8-1969. 8	宮崎　茂一	東京帝国大学工学部土木工学科	－	経済企画庁	港湾局計画課長、技術参事官、四建局長、三建局長
9	1969. 8-1972. 6	栗栖　義明	京都帝国大学工学部土木工学科	工学博士	経済安定本部	港湾局計画課補佐、名古屋港所長、伊勢建次長、計画課長、技術参事官、三建局長
10	1972. 6-1973. 8	岡部　保	東京帝国大学工学部土木工学科	－	経済企画庁	二建企画課長、港湾局計画課補佐、建設局長、計画課長、技術参事官
11	1973. 8-1976. 6	竹内　良夫	東京帝国大学工学部土木工学科	工学博士	経済企画庁	神戸港次長、港湾局計画補佐、臨海工業地帯課長、計画課長、大臣官房参事官、技術参事官、三建局長
12	1976. 6-1979. 1	大久保喜市	東京帝国大学工学部土木工学科	－	総理府	青森港所長、港湾局計画課補佐、機材課長、計画課長、技術参事官、二建局長
13	1979. 1-1980. 6	鮫島　泰佑	東京大学工学部土木工学科	－	経済企画庁、外務省（併任）	二建企画課長、清水港所長、航空局計画課長、港湾局計画課長、技術参事官、三建局長

(2)　港湾行政をめぐる経緯

　戦前期の港湾行政は、内務省・大蔵省・逓信省といった様々な省庁が関与し、継続的に主導権を握る主体が定まらないままに展開された（稲吉2014）。それでも、こと築港事業では内務省が積極的な活動を見せており、港湾整備事業は同省の技術官僚によって中心的に担われた[8]。とはいえ、彼らは港湾整備に専心していたわけではなく、内務省が手がける社会資本の一つとして、河川・道路・橋梁と並行して港湾に携わったにすぎなかった。

　戦中期、内務省によって所管されていた港湾行政は、運輸通信省へと移管された。戦況が悪化し兵站や情報経路が制約されたことを背景に、当時の首相であった東条英機はその種の組織を一体化させる機構改革に着手し、海陸の結節点としての港湾も当該組織へ取り込む決定を下した（香川2014）。この移管について、運輸通信省下の技術官僚は省内での立場を「海陸の谷間で押しつぶされそうな有様」[9]と認識していたものの、様々な土木事業のうちに埋没する状況を脱した点で「格上げ」[10]の意味を有していたこともまた確かであった。

　戦後、連合国軍総司令部（GHQ）の占領改革に際して、港湾行政は、旧内務省系統の建設省と旧運輸通信省系統の運輸省との間で所管を争われた。建設省が建設行政一元化の観点から港湾行政の所管を志向したのに対し、運輸省は海運行政一元化の観点から港湾行政の所管を志向した（山田2021）。結果的に、港湾行政は運輸省によって所管されることとなり、工学的手法のみならず経済学的手法を活用し、単なる修築工事にとどまらない形での港湾整備を動機づけられることとなった。

　かくして港湾行政は運輸省に所管されたものの、その途上では現場の技術官僚からの反発が生じていた。関係者の話を総合すれば、全国の港湾事務所において建設省との合流の機運が高まり、同所長による会議が2回開かれて意見の一致を見た結果、地方建設部長や部の課長らが後藤憲一港湾局長一人を取り囲んで建設省との合流を求め、後藤局長は「薄氷を踏む思い」を余儀なくされた[11]。

　そのような建設省への合流や工学的手法の復権の機運は、運輸省下の港湾行政が始動した後も依然として残存していた。具体的には、建設省系官僚との交流を残す官僚や[12]、建設省移管論を水面下で求める官僚[13]の存在を確認することが可能である。

　官僚同士の対立の火種がくすぶる中、運輸省港湾局は、港湾技術者に対して「心の拠点を与え、他日港湾の発展を期する何等かの基本的施策を打たねばならぬ」との考えから、運輸技術研究所を設立した[14]。この動向には、工学的手法による社会資本整備事業にこだわりを見せる現場の技術官僚の不満を和らげ、言うなれば「ガス抜き」をする狙いがあったと考えられる。運輸省港湾局の船出は、運輸省所管ならではの港湾行政を動機づけられつつも、内務省所管時代の港湾行政を一掃しがたかった点で、容易ならざるものであったと言えよう。

　このような状況下で、1949年に運輸省設置法が制定された。省設置法は、官制に比べて詳細に職掌を規定し、省の活動に対する枠付けが具体的なものとなっているが（原田2020；2022）、同時に戦前期・戦中期と異なる新たな位置づけを与える面もあった。運輸通信省の官制では、港湾局の職掌は港湾の建設や保存のように土木行政に限定され、港湾の運営は海運総局の職掌とされていた（香川2014：13）。他方、運輸省設置法では、港湾局の職掌として、港湾の建設や保存のような土木行政に加え、港湾の運営も盛り込まれた。かくして、港湾局は、運輸省設置法を通じて、旧内務省由来の土木行政を残しつつも、経済学的手法を活用した形で港湾を整備することを枠付けられたのであった。

　また、翌1950年には、港湾法が制定された。同法では、地方自治体に港湾管理権が認められた反面、大港整備に国が関与する余地も認められ、その規定下で港湾をめぐる中央―地方関係が作動することとなった（林2020；山田2020a）。すなわち、特定の大港に技術官僚が積極的に関与する一方で、それ以外の港で地方自治体の管理が期待される形で、集権・分権が併存する政策過程の法的基盤が形成された。

(3)　大港集中主義の残存

　一般的に、行政資源は制約されているため、行政組織が全ての需要に応答することは困難である。そのため、行政組織は一定の判断基準のもとに対応する需要を順序づけた上で、行政活動を展開する。とりわけ、港湾政策においては、大港の建設需要と中小港の建設需要のどちらに重心を置くかが問われる。

　戦前以来、港湾整備事業に携わる技術官僚が関心を寄せた対象は、大港の建設需要であり、その志向は大港集中主義と認識されてきた（稲吉2014）。大港集中主義の背景として、自然条件を克服する港湾建設志向が挙げられる[15]。たとえば、旧内務官僚の後藤

憲一は、当時「水を制する者は国を制する…土木屋は地球の一部を常に改造していく」と良く語っていたという[16]。「改造」という表現が示唆する通り、技術を用いて自然条件を克服しながら大胆に工事を施しうることが、決して恵まれた処遇ではないにもかかわらず社会資本整備事業に従事する技術官僚の職務満足度を支えていた[17]。

　これまでの研究では、港湾法が大港集中主義の存続余地を残す形で形成されたことが明らかにされている（山田2020a）。GHQや行政管理庁は、運輸省が横浜・神戸を中心とする大港の管理に関わることを許容した。そして、港湾法にも特定の大港への国の関与を正当化しうる条文が盛り込まれた。すなわち、港湾局官僚は、大港集中主義を捨てる必要に迫られなかった。

　制度形成過程において、港湾行政の運輸省所管について、現場レベルから反発があがっていたことも看過しえない。GHQが天皇制廃止を避けたように、新たな体制の構築を円滑に進めるために、あえて旧来の仕組みを維持することも一つの戦略である。

　このように、大港集中主義を残した形での港湾法成立を見た港湾局官僚は、港湾法制定直後、「港湾によっては国港湾と考えてよいものがある」[18]・「特定重要港湾の港湾委員に国の代表を加える道を開き…」[19]という見解を提示した。また、港湾局自体も重要港湾の港湾計画について「国の計画に適合しない…ときは、この計画の変更を求める」解釈を掲げ、大港集中主義を顕在化させた[20]。

　その様子は、局長級の官僚にあっても変わらない。たとえば、天埜良吉は、「港湾法によりますと港湾の計画は港湾管理者が自ら立てるべきでありますが国家的要請の実現のためにはわれわれもその計画に意見を申し上げ…その実現に邁進致したい」と、国家的な大港整備への関与を言明した[21]。また、比田正は、「中小港湾…これに必要な投資は全体の枠からすれば、ごく僅かなものにすぎませんので、大港湾の整備と並行して進めるという、従来からの港湾局の方針は今後とも変わらない」と展望した[22]。あるいは、佐藤肇は「大港湾」と比較しながら松山港や小名浜港での市長の尽力を例示し、「港湾法が全く地方自治による港湾の管理方法を規定しているのもこのような活動する人々の闊達な手腕と野心に期待しているから」と指摘した[23]。佐藤によれば、港を「大きな船が入るようにつくって」いくことこそ、「港湾局の使命」であった[24]。

　全国に散在する中小港に配慮した意見も、なかったわけではない。たとえば、宮崎茂一は、「中央の役人が、あまり東京、大阪等の重要港湾だけを見ずに、少しは地方港湾も見たらいいじゃないか」と、本省の視点が京浜・阪神に集中する状況を相対視した[25]。

　それでも、港湾局および同局の官僚に内在した志向は、戦前以来の大港集中主義であった。港湾整備五箇年計画において港湾局は「地方港湾については、なるべく圧縮するというような政策を打ち出し」[26]、港湾局官僚は新たな技術を用いて大港を整備することに少なからず満足感を有していた[27]。

⑷　大港集中主義に対する制約

　とはいえ、大港集中主義の展開が制約を伴っていたことも事実である。たとえば、佐

藤肇は、1957年に好景気にもかかわらず港湾政策の予算が伸びなかったことに鑑み、「本年度は先ず主要港の整備を第一とし、来年度以降において中小港湾のレベルを向上させていくということも止むを得ない」と指摘した[28]。すなわち、大港集中主義には、決して豊かではない財政資源を致し方なく主要港へと集中させていた側面があり、港湾局の活動を安定化させるためには財政資源の制約を緩和する方策が求められた。

予算の確保は、港湾局にとって深刻な問題であった。予算がなければ、港湾局は財源配分を通じて、港湾建設局や地方自治体に対して影響力を行使しえない[29]。また、現場の局員を中心に構成される港湾局の労働組合も、毎年度の直轄工事予算を「最大の関心事」と注視していたから、予算面の不備は全国各地の現場を制御するためにも避けなければならなかった[30]。したがって、予算確保は、「本省づとめの役人の頭の底へこびりついて一日といえども忘れられない問題」であった[31]。

港湾は、地域住民が生活の足として利用する鉄道や道路とは異なり、生活に関わるという実感を持たれにくく、それゆえに政治利益にも結びつきにくい（稲吉2014）。法制上、港湾法が地方自治体に管理権を認めているため、港湾は鉄道（国鉄）や道路（国道）のような国が管理する社会資本でもない（多賀谷2012：はしがき）。そのため、港湾は地方利益の均霑という観点から国政政治家の関心を持たれにくい傾向にあり、「政治家の内には往々にして"港湾は票にならない"と云われる」のであった[32]。

この点について、港湾局は、国家経済と結び付けた港湾行政の在り方を訴求することで、政治的・社会的支持調達を試みた。港湾局長の黒田静夫は、港湾の処理能力が貿易量の増加に追いついていないとして、「放置しておくと経済自立はおろか国民生活の安定すらおびやかされる」と警鐘を鳴らした[33]。同じく港湾局長を務めた天埜良吉は、「港湾の歩みは貿易の振興と地方産業の開発に率先して協力すること」[34]で、「最も重点をおかれて整備が促進される部門は産業に直結した港湾の整備」と語った[35]。また、坂本信雄も港湾局長在任中に、「生きものとしての港湾を国の経済発展におくれないように、いつも順応させて、発展できるようなルートに乗せておく」ことを言明していた[36]。

国家経済と結び付けた港湾行政の在り方は、制度形成の経緯に即したものでもあった。組織編成における運輸省港湾局の主張は、海事行政の一元的包括化の中に港湾行政を位置づけ、港湾整備事業の目的を建設ではなく利用に求め、運輸省所管の意義を訴求するものであった。この主張からすれば、旧内務省の大港集中主義を単純に継続する限りでは、港湾行政の運輸省所管を正当化しえない。港の利用という観点から物流網の中に港湾を位置づけ、工学的な方法論のみならず経済学的な方法論から行政に取り組むことが求められた。国家経済と結び付けた位置づけは、これらの課題を解消しうるものであった。

同時代的な社会潮流も、この論理展開を促進した。国家が経済復興を果たす中、大消費地に隣接する港湾では、貿易量が急激に増大して滞貨・船混み問題を生じさせていた。また、高度成長期には、過疎・過密に対応した形で、都市部と地方部の社会資本を同時に整備する地域開発政策が求められた[37]。これらの要請によって、経済的な文脈か

ら港湾整備事業の意義を正当化しやすくなったと考えられる。

　したがって、大港集中主義は、国家経済の文脈を取り入れる形で、発展的に港湾局の政策指針として位置づけられた。そして、更新された政策指針をもとに、運輸省港湾局は大規模な港湾開発の展開を試みた。

3　港湾局官僚の出向と研修

(1)　出向

　国家経済の文脈のような新たな発想を含む政策指針について、組織全体に浸透させるためには、新たな発想を広く理解させるための工夫を要する。国家経済の文脈の包摂を円滑にしたものは、国土計画・経済計画と接合した港湾計画の策定であった。港湾局は、港湾計画を導入することで組織目標を明確化し、人事・審議会・勉強会といった仕掛けを通じて、政策指針を浸透させていった。また、港湾計画の策定手続きを通じて、政策指針の実現、すなわち大規模港湾開発を正当化した。

　1955年以降、港湾局は経済計画に対応する形で、港湾整備五箇年計画を策定してきた[38]。裏を返せば、終戦から初めて港湾整備五箇年計画が策定される1955年までの10年間は、港湾計画が発達していなかった時代と言えよう[39]。

　他方、GHQの指導下で制度が形成される中、全国的な港湾計画策定が着手されていたことも事実である。黒田静夫や岡部保によれば、1948年10月付で海運総局より出された「今後の港湾事業の趨勢」が、国家的な港湾計画の原点であった[40]。この文書は取扱量を推計して目標を設定し、今後の方針を展望しているが、これらの項目はたしかに高度成長期以降の港湾計画へと踏襲されている[41]。

　この萌芽的な計画は、港湾法制定にも関わった運輸省海運総局港湾資材課長の東寿を中心に策定された。東の部下であった岡部保によれば、この計画は、難解な東の表現を岡部が「和文和訳」することで完成したという[42]。また、港湾建設部では、東の「画期的な港湾計画論」の指令に基づいて、各港の港湾性格要素の分析から管内港湾の計画策定にあたった[43]。新鮮に映った東の計画論は港湾局内で「新興宗教」となぞらえられ、東は「教祖」と祭り上げられた[44]。

　では、東の港湾計画論は、どのようなものであったか。参考書的な意味合いから「赤本」と称された彼の著作によれば[45]、港湾計画とは「単なる土木計画ではなく、港湾経営という企業を行うための附帯施設の建設計画」である（東1956：2）。計画にあたっては、①立地理論的考察による港湾性格の決定、②国土計画又は地方計画の考察による港湾規模の決定、③都市計画的考察による臨港地区の設定、④企業経営的考察による港湾施設計画といった4つの視点に基づく作業を要するという（東1956：5）。また、「運輸省港湾局において港湾管理者の計画をチェックするような場合、つまり港湾法によると国がある港の工事費を共助する反射として国は国の公益または公共性について管理者の計画を監督する権限を保留している」として、地方自治体に港湾管理権がある一方で、国の港湾管理への関与の余地も認めるものであった（東1956：49）。東の計画論は

「国の補助介入理論」[46]という特徴を有し、大港集中主義の余地を確保していた。

　東の港湾計画論は、工学的手法で行われてきた港湾整備に経済・経営学的な発想を取り入れながら大港集中主義の余地を示したものと解釈しうる。東の論理は、制度形成過程における運輸省の港湾行政所管の主張と重なっていると言えよう。

　この論理を浸透させるにあたって、東は指導力を発揮した。具体的には、港湾計画論を明確化した上で、それを人事・審議会・研究会といった場を通じて局の構成員に伝達することで、局全体に定着させることを試みた。

　改めて振り返れば、東寿は終戦直後より港湾行政の目標を見定めようとした人物であった。「今後の港湾事業の趨勢」をまとめた港湾資材課長時代、東は日本港湾協会の情報誌『港湾』の編集者を務め、「"日本港湾の断絶の時代に、明日をつくるために今日といかにとり組まなければならないか"について、編集方針、テーマの選択、執筆依頼等々大変なご苦労」[47]をしながら、港湾行政の展望を見出すことを試みていた。また、港湾計画論を「赤本」（東1956）としてまとめたのはもちろんのこと、現場レベルでは「公共の仕事は廉く速く美しく」という簡潔な標語を掲げ、港湾行政に求められる能率あるいは経済性を分かりやすく表現していた[48]。

　こうして見出された政策指針を共有する仕掛けとなったものが、他省への出向人事であった[49]。東寿は、「港湾に少しでも関係がある分野へは積極的に人を送り出し」、「港湾に対する認識を高めると同時に、他分野の情報を入手して港湾計画策定の方向付けを行った」[50]。また、初代港湾局長の後藤憲一も出向人事に積極的で、「港湾局から外部へ出向した以上、里の事は心に掛ける必要はない」と、港湾局の単純な利益表出には固執しない形で、出向者を送り出していた[51]。

　代表的な出向先の一つが、経済計画を所管する経済安定本部やその後身の経済企画庁であった（比田1983：147、表1）。出向官僚は経済企画庁の活動をこなしながら経済学・経営学的方法論を学び取るとともに、経済企画庁の肩書きで日本港湾協会の情報誌『港湾』に論稿を投稿し、その知見を中央・地方の港湾関係者に広めることで、国家経済と結びつけた港湾計画の策定作業を支援した[52]。

　経済企画庁への出向人事には、副次的な効果もあった。人事を通じた関係構築によって、経済企画庁は港湾局の大港整備への関与に親和的な存在となった。すなわち、港湾局は出向人事を通じて、対外的な支持調達もなしえたのである。

　経済企画庁総合計画局長の大来佐武郎は、1958年の海外視察を機に、国内資源開発から海外資源を利用した工業振興への転換に活路を見出した上で、その貿易の要所として港湾を位置づけた（小堀2014：140-141）。その港湾観は、「十万トンのスーパータンカーでも優に入れる港が各地にある」日本の状況を国際的な貿易での「有利の条件」とみなすものであり、同庁の公式的な「資源白書」にも反映されたという（小堀2014：脚注70）。加えて、大来は「例えば港湾とか、あるいは鉄道、電力、石炭といったようないわゆる基礎的分野については、もう一方政府が踏み込んで実現を期する」と指摘した[53]。大来を中心とする経済企画庁は、海外資源に依存した工業・貿易振興の観点か

ら、運輸省に特定の大港の重点的整備を求めた。

　その一つの成果が、1957年の港湾整備5か年計画であった。港湾局計画課長となっていた東寿によれば、この計画を構想するにあたって、港湾を「経済計画の基盤」と位置づけ、「新長期経済計画に対応」した[54]。この計画では、貨物輸送の増加と船舶の大型化に鑑み、輸出貨物の集中する六大港における輸出専門埠頭整備を中心とした外貿対応に加えて、「10万屯級が脚光を浴びる」という認識から大型船に対応した浚渫事業を盛り込むことを想定した。この内容は、前述した経済企画庁の要請に応えるものであった。

　ところで、港湾整備5か年計画は、経済計画との接合が明らかにされた一方、国土計画との接合は明瞭ではなかった。その理由は、国家経済の文脈をより重視していたことに加え、1950年に国土総合開発法こそ成立したものの、制度趣旨を具現化する総合開発計画が策定されていなかったためであった。この点について、小松島港の港湾審議会にて、東寿は以下の見解を述べている[55]。

> 「国土総合開発計画というのが現在作業中でございます。そこでその国土総合開発計画の発表される以前にこの港湾整備五ヶ年計画をかけますというと、その国土総合開発計画の全貌を説明しなければこの計画の説明にならないわけであります。そういうような意味でその発表を待っております」

　東待望の国土総合開発計画は、全国総合開発計画として、1962年に策定された。港湾局は、この全国総合開発計画に対応して、当該計画において開発を重点化されるべく選別的に指定された新産業都市・工業整備特別地域の港湾整備に、重点的に予算を配分した。具体的には、1962年の第1次港湾整備五箇年計画において、全国比6.7%・1.6%の面積であった新産業都市・工業整備特別地域に、全国比17.5%・4.6%とそれぞれ倍以上の予算が配分された[56]。以後、港湾計画は、経済計画に加えて、5次にわたって策定される全国総合開発計画とも接合を図ることを動機づけられた。

　その頃、港湾計画の策定過程として、港湾審議会の場が整備された。1961年3月、第1次港湾整備五箇年計画の作成を控えて公布された港湾整備緊急措置法が、当該計画の策定にあたって港湾審議会からの意見聴取と経済企画庁長官との協議を規定した[57]。この規定のもと、港湾局は港湾管理者と協議した後、8月末に草案を作成、9月5日に港湾審議会の意見を聞いた上で、10月に運輸省原案を作成し、大蔵省や経済企画庁などの関係省庁との交渉に移った末、1962年2月に策定に至った[58]。以来、この枠組みで、港湾整備五箇年計画は策定されることとなった[59]。

(2)　研修

　港湾計画をめぐる研修も各所で展開された。たとえば、終戦直後に入省した長尾義三は、東寿から海港立地理論の研修を受けたと回顧している[60]。長尾よりも上の世代にあたる佐藤肇の場合は、東の港湾計画論講義を受けた後に、ブロック会議等で講義をさせられたという[61]。また、計画課長時代の東は、横浜にて港湾経済勉強会を催し、その場に二建京浜港所長であった加納治郎を招いた[62]。このように、霞が関と現場を架橋する

形で、東寿を理論的支柱とする研修が催される中で、経済・経営学的手法を取り入れた政策指針は港湾局内で定着するに至った。

結果、東寿や後藤憲一に次ぐ存在も登場した。栗栖義明は、東を継承する「計画屋」として、計画課分室で東（1956）を教科書として毎週研修を開いていたという[63]。栗栖の港湾計画論は、東の港湾計画論を継承しつつ、地方自治体視点の計画論と国視点の計画論とを分類して論じる点で、発展的であった[64]。その特徴は、国視点の計画論に重心を置き、国の港湾計画の在り方を「諸々の経済計画の場合と同様な思考過程」で論じ、国家経済の文脈を改めて強調した点にあると考えられる[65]。

栗栖の後を追うように現れた存在が竹内良夫であった。竹内は「出向元の省益に捕われることなく」経済企画庁へと出向して後藤の教えを守った[66]。また、竹内は「良いものを安く速く」と東の標語と近似した標語を掲げたほか[67]、「港湾は直接経済活動に参画しているので、その開発を検討するためには、経済新聞を熟読する必要がある」と経済に関連づけた港湾開発計画の検討手法を指導したという[68]。

東寿から栗栖義明を経て竹内良夫へと連なる系譜の中で、国家経済の文脈を取り入れた大港集中主義という政策指針は同時代的な完成形へと到達し、この指針のもと全国的な港湾整備に取り組むに至った。竹内の言葉を借りれば、その指針とは「何もない所へ港を作って産業基地にしよう」という「港屋の願望」であった（竹内1977：92）。具体的には、港湾局は、経済計画・国土計画に即応した工業・貿易振興の観点から、従来は開発が難しかった自然条件の更地に対して、技術を駆使して工業港を中心とした大規模な臨海工業地帯の建設に挑戦することを組織的目標と見出した[69]。

4　むすびにかえて

かくして、港湾行政を担った技術官僚は、戦前以来の大港集中主義を維持しつつも、その在り方を単なる土木工学的な修築にとどめず経済・経営学的手法を取り入れる形で更新した。そして、経済企画庁への出向や全国的な研修を積み重ねることで、温故知新の政策指針を組織的に定着させた。その指針をもとに、技術官僚は特定の大港整備に積極的に関与し集権的なはたらきを果たした一方で、それ以外の港では地方自治体の管理に期待することで分権的なはたらきを果たした。このように戦前－戦後の連続的側面と断絶的側面の双方を現しながら技術官僚が活動したことで、戦後復興期から高度成長期にかけて全国的な港湾網が整備されるに至った。

このような技術官僚の在り方は、高度成長期以降も見てとれる。運輸省港湾局は、継続的な出向と研修を通じて、時代の変化に合わせつつ、国家経済の文脈を取り入れた大港集中主義の展開を維持した。とりわけ、高度成長の終焉によって大規模な海港の開発が制約されると、大港集中主義の新たな展開先として、港湾局は①空港・②国際協力・③海洋環境などに活路を見出した[70]。

時代が下るにつれて、港湾関係者の人事異動は把握しやすくなる傾向にある。こと1980年代の場合、日本港湾協会の機関誌『港湾』をもとに一定程度全体像を捉えることが可

能である。『港湾』によれば、1980年代には例年百数十件の人事異動がなされ、省内では本来は事務官の政策領域と位置づけられてきた航空関係への異動が散見される（表2）。また、他省への出向は例年数件なされており、その出向先を一覧すると、領域別省庁（北海道開発庁・沖縄開発庁）の港湾行政部門のほか、代表的な出向先であった経済企画庁に加えて、外務省や環境庁などへの出向が確認しうる（表3）。

表2　航空関係の異動情報（筆者作成）

年	月	氏名	異動先	発令時の所属
1980	4	谷辺　純臣	大阪航空局飛行場部長	第三港湾建設局関西国際空港調査室長
	6	諸隈　真一	大阪航空局関西国際空港調整室長	第三港湾建設局関西国際空港調査室
	7	後出　豊	航空局航空企画調査室長	港湾局倉庫課長
1982	4	三橋　郁雄	航空局関西国際空港計画室専門官	第三港湾建設局企画課長
		山本　喜造	航空局建設課専門官	沖縄総合事務局港湾建設課長補佐
	7	高橋　誠	大阪航空局土木建設課長	第三港湾建設局工務第二課長
	8	船越　晴世	東京航空局土木建設課長	第一港湾建設局新潟調査次長
1983	4	坂井　利充	航空局計画課補佐官	第二港湾建設局横須賀港所長
	9	中浜　昭人	航空局関西国際空港計画室専門官	沖縄総合事務局那覇港次長
1984	4	藤野　知則	航空局総務課法務係長	港湾局防災課管理係長
	7	前田　隆平	航空局管理課補佐官	港湾局環境整備課補佐
		上用　敏弘	航空局建設課専門官	第四港湾建設局門司港建設専門官
	10	菊田　升三	航空局東京国際空港整備計画室長	第三港湾建設局広島港所長
1985	7	石山　苑	航空局新東京国際空港課補佐官	第四港湾建設局博多港所長
	11	森本　政幸	関西国際空港株式会社	第三港湾建設局小松島港次長
1986	4	和田　信	関西国際空港株式会社	第一港湾建設局金沢港所長
		福田　幸司	航空局東京国際空港整備計画室専門官	港湾局建設課
	7	口田　登	航空局建設課専門官	第四港湾建設局調設次長
		福手　勤	関西国際空港株式会社	第三港湾建設局海域整備課長
	12	奥山　隆雄	東京航空局飛行場部長	第二港湾建設局港湾工事検査官
1987	2	早田　修一	関西国際空港株式会社	第三港湾建設局港湾工事検査官
	4	高井　俊郎	関西国際空港株式会社	港湾局建設課港湾工事安全調査官
		米沢　朗	航空局建設課専門官	第三港湾建設局企画課補佐
	8	伊藤　隆夫	関西国際空港株式会社	第一港湾建設局工務課長
	9	岩谷　文方	関西国際空港株式会社	第一港湾建設局新潟調設所長
1988	3	伏見　迪	関西国際空港株式会社	港湾局管理課補佐
1989	1	門野　秀行	航空局保安企画課補佐官	港湾局管理課補佐官
	4	西本　光宏	航空局建設課専門官	沖縄総合事務局港湾建設課長
		津田　義久	関西国際空港株式会社	第三港湾建設局神戸調設次長
	10	辻　安治	航空局東京国際空港整備計画室専門官	第三港湾建設局企画課補佐官

表3　1980年代の出向者一覧（筆者作成）

年	月	氏名	異動先	発令時の所属
1980	4	川崎　芳一	国土庁	港湾局計画課港湾計画審査官
		小澤　克之	北海道開発庁	第三港湾建設局大阪空港所長
		増田　一樹	沖縄開発庁	第三港湾建設局経理課長
		木阪　恒彦	外務省在ブラジル大使館	港湾局建設課
		戸引　勲	外務省在トリニダード・トバゴ大使館	港湾局建設課
	6	山田　幸正	総理府	港湾局港政課長
	8	中井　章二	沖縄開発庁	第三港湾建設局港湾工事検査官
1981	1	長谷川　正	沖縄開発庁	第三港湾建設局尼崎港所長
	4	大内　久夫	外務省	港湾局建設課
		井上　興治	北海道開発庁	港湾局建設課
	6	後藤　七郎	北海道開発庁	第四港湾建設局海域整備課長
1982	4	高田　陸朗	沖縄開発庁	港湾局環境整備課長
		柴崎　康男	沖縄開発庁	管理課第二経理係長
		坊　嘉二	沖縄開発庁	港湾局港政課
		鷲頭　誠	海上保安庁	港湾局環境整備課補佐
		坂井　順行	経済企画庁	港湾局建設課技術開発官
	10	鈴内　克洋	北海道開発庁	第五港湾建設局次長
		江頭　和彦	沖縄総合事務局港湾計画課長	港湾局開発課
1983	4	藤森　研一	沖縄開発庁	港湾局防災課災害対策室長
		南兼　一郎	環境庁	第二港湾建設局八戸港次長
		早田　修一	北海道開発庁	第一港湾建設局秋田港次長
		寺西　達弥	総理府大臣官房審議室主査	第五港湾建設局管理課企画係長
		福田　幸司	沖縄総合事務局建設専門官	港湾局計画課安全企画係長
		佐藤　勝行	沖縄総合事務局港湾計画課長補佐	港湾局防災課災害対策係長
		田村　真人	北海道開発庁	第三港湾建設局大阪空港所長
	6	桜井　正憲	国土庁	港湾局開発課臨海開発調整官
		加藤　書久	海上保安庁	港湾局倉庫課長
	7	溝内　俊一	外務省	第四港湾建設局下関調設調査課長
	10	兼平　雅博	沖縄開発庁	港湾局管理課補佐
		小澤　大造	沖縄総合事務局建設専門官	第二港湾建設局
1984	4	新行内博幸	外務省在フィリピン大使館	港湾局建設課
		岡田　光彦	外務省在パナマ大使館	港湾局建設課
	7	御巫　清泰	国土庁	北海海運局長
		戸嶋　英樹	経済企画庁	港湾局計画課港湾計画審査官
		野中　治彦	経済企画庁	港湾局管理課企画係長
	9	岩上　淳一	北海道開発庁	第四港湾建設局志布志港所長

	10	栢原 英郎	国土庁	港湾局防災課災害対策室長
	11	永井 康平	沖縄開発庁	港湾局建設課
1985	3	阪本 浩	沖縄開発庁	第五港湾建設局次長
		西田 幸男	沖縄開発庁	港湾局
		金子大二郎	文部省	第二港湾建設局京浜港次長
	8	伊藤 国男	自治省	港湾局管理課補佐
	10	井福 周介	沖縄開発庁	港湾局建設課
1986	4	片桐 正彦	外務省	港湾局建設課
		井上 興治	国土庁	港湾局環境整備課廃棄物対策室長
		手塚 哲	水産庁	港湾技術研究所積算システム課長
		佐藤 恒夫	沖縄開発庁	第二港湾建設局海域整備課長
		深田 謙次	沖縄総合事務局	港湾局管理課予算係長
	5	広本 文泰	沖縄開発庁	港湾技術研究所企画室長
		橘間 元徳	北海道開発庁	第二港湾建設局工務課長
	9	足立 一美	国土庁	第四港湾建設局下関調設調査課長
	12	原 美都雄	沖縄開発庁	港湾局管理課補佐
1987	1	高松 亨	国土庁	第一港湾建設局企画課長
	2	鈴木 庄二	北海道開発庁	第三港湾建設局次長
		江口 肇	沖縄開発庁	港湾局建設課国際協力室長
	4	高橋 総一	沖縄総合事務局	港湾局建設課
		小谷 拓	国土庁	港湾局建設課
		久米 秀俊	沖縄総合事務局建設専門官	港湾局防災課調整係長
	8	石田 省三	国土庁	港湾環境整備課廃棄物対策室長
	10	副島 毅	沖縄開発庁	第一港湾建設局港湾工事検査官
		野島孝一郎	沖縄総合事務局那覇港用度係長	港湾局管理課
1988	4	的場 憲二	水産庁	港湾局防災課災害査定官
		馬場 孝博	北海道開発庁	第一港湾建設局秋田港所長
	10	坂田 和俊	国土庁	港湾局建設課国際協力室
	11	戸嶋 英樹	沖縄開発庁	第三港湾建設局神戸港所長
		田渕 郁男	環境庁	第四港湾建設局下関調設次長
1989	1	山口 正満	海上保安庁	港湾技術研究所会計課長
		松下 雄市	沖縄開発庁	第三港湾建設局港湾工事検査官
		中野 敏彦	沖縄総合事務局建設専門官	港湾局計画課安全企画係長
		池田 薫	沖縄総合事務局港湾建設課長補佐	港湾局廃棄物対策第二係長
	6	亀甲 邦敏	国土庁	港湾局管理課長
	7	入江 功	文部省	港湾技術研究所海洋水理部長
	8	長澤 順一	沖縄開発庁	港湾局防災課補佐
	10	森田 晋	沖縄開発庁	第五港湾建設局環境技術管理官

134

　第一に、港湾局は海港から空港へとウイングを広げた[71]。背景には、港湾局官僚が空港への関心を醸成していた中[72]、当時の航空局長であった内村信行から港湾局に対して空港建設移管の打診が為されたことがあった（港湾空港2002：216）。技術官僚は、海港整備で培った技術を用いて大規模な空港を整備することに意欲的で[73]、航空局への省内の異動や研修を通じて空港建設に対する専門性を涵養した。このような大規模な空港への積極的な姿勢は、関西国際空港建設として結実した[74]。

　第二に、政府開発援助への実践的関与を通じて、海外に大規模な海港整備の場を求め、事業展開の幅を確保してきた[75]。港湾局では、1961年に太田尾広治が初めて外務省へ出向した上で在外公館にて勤務した[76]。とはいえ、高度成長期の時点では外務省に出向した上で在外公館にて勤務する人事は消極的な位置づけにとどまっており[77]、この種の人事を通じた国際協力が広がる時期は1980年代であった[78]。以後、外務省の在外公館は港湾局の有力な出向先の一つとなり、同局の事業でも経済協力・技術協力を目的とした発展途上国での大規模港湾開発が挑戦されるに至った[79]。

　第三に、海洋環境に関しては、既述の通り高度成長期終盤にも意識こそされていたものの、本格的な展開は高度成長終焉を待たねばならなかった。その源流となった事業が水俣湾再生事業であった。周知の通り、熊本県水俣市では、チッソ株式会社が排出した有機水銀によって公害が発生し、多くの地域住民に被害が及んだほか、長期的な海洋汚染が発生した。この状況に対して、国は海中の有機水銀を封じ込める形での問題解決を試みた。その工事を所管した組織こそ運輸省第四港湾建設局であり、同局は当該事業を「最重要事業」と位置づけた[80]。被害の重大さから当該事業は形式的な環境整備とはなりえず、同局とその職員は公私ともに苦心を重ねながら大規模な工事にあたった[81]。当該事業は、港湾局が海洋環境へより真剣に向き合うための契機となった。

　加えて、国土庁への出向や研修を通じて俯瞰的に港湾計画を練り上げる能力も磨き上げたほか、このような出向が港湾局の機構改革につながることもあった[82]。また、港湾局の日常的な業務においても法制執務経験を積む機会が意図的に設定されており、土木工学に限られない形で港湾行政に従事するように技術官僚を鍛え上げる体制が現出していたと考えられる[83]。

　一連の経緯を経て、技術官僚は戦前の不遇を乗り越えて港湾行政を掌握した。とはいえ、技術系官庁の中でも相対的に弱い立場にあった港湾局が「技官の王国」を形作ることは、自明ではない。それは、変容する政治・社会状況と変容しない人員配置との間で瓦解の危機に直面しながらも、政策指針の更新やその浸透に向けて出向や研修を繰り返した結果として生じた組織的発展にほかならなかった。

　従来の研究では技術官僚は特定の政策領域に限定されたキャリアパスの中で活動すると考えられてきたが、既述の通り、港湾行政において技術官僚は他省への出向を有機的に展開することで政策指針を更新しながら活動していた。この点は本稿の一つの成果と考えられる。

　また、これまでの研究では、戦前戦後連続論・断絶論をこえて双方の側面の併存があ

るという観点からの分析が進展したものの、その分析対象は大蔵省・気象庁・労働基準監督署といった地方自治体との接点が少ない組織を中心にしていた。戦前戦後連続論・断絶論が中央－地方関係をめぐる議論に波及したことからすれば、地方自治体との接点のある組織を対象とした研究蓄積が増すことが求められる状況にあったと考えられる。本稿で取り上げた港湾行政においては、技術官僚が特定の大港整備に積極的に関与し集権的なはたらきを果たした一方で、それ以外の港では地方自治体の管理に期待することで分権的なはたらきを果たす形で中央－地方関係に影響を及ぼしていた。その意味で、本稿は戦前戦後連続論・断絶論という行政学の伝統的な理論を再考するための手がかりを提示したと言えよう。

　もっとも、本稿は紙幅や資料状況など諸般の制約下の論述である。分析の不十分な点については、いずれも別稿を期したい。

【追記】

　本稿は日本港湾協会港湾関係研究奨励助成・科学研究費助成19H00576・同22K01344・同23K12409の成果の一部である。

【注】

1　その好例として、機能的集権化の観点から戦前戦後の変容を位置づけた市川喜崇の研究が挙げられる（市川2014）。

2　河川行政の大家であった安芸皓一が御勅使川の流路工の説明をうけて「まるでお庭のようだね」と反応したように、「河川構造物を設計する技術者には、造園家を真似て、仕上げの見栄えを必要以上に強調する傾向がある」という（高橋2012：73）。このように、独創性・創造性を意識しながら大規模に事業を展開する技術官僚の特徴は、様々な場面で見出される。なお、その特徴は、功を奏し難事業の達成を通じて政策課題の解決につながることがある一方、独創性や創造性あるいは規模の大きさありきでの事業展開につながり弊害を生じさせることもある。

3　したがって、港湾行政に従事する官僚として本稿に登場する官僚は、いずれも技術官僚である。

4　中道峰夫「鈴木雅次先生」（『鈴木雅次さんを偲んで』150頁）、長尾義三「巨木倒る」（『鈴木雅次さんを偲んで』153頁）、布施敏一郎「日本土木の最高峰」（『鈴木雅次さんを偲んで』178頁）。

5　すなわち、藤田由紀子が提示する類型のうち、第三の「事務官と技官の人事が分離されており、省内のポストには事務官と技官の『棲み分け』はあるが、技官人事は試験区分に関わらず一括して行われた省庁」（藤田2008：29）に位置づけられる。

6　ちなみに、いわゆる「指定職」は、当時は港湾局長に限られていたようである（「栗栖義明年譜」『栗栖義明を偲んで』305頁）。

7　出先機関の運輸省港湾建設局は位置づけに差異があり、京浜港を所管する第二港湾建設局（二建）と阪神港を所管する第三港湾建設局（三建）がより高次とされており、ある時期ま

ではいずれかの局長が本省港湾局長へと昇進していた（山田2020a）。

8　たとえば、小樽築港事業では、内務省の技術官僚である廣井勇が中心的な役割を果たした（山田2023）。

9　比田正「嶋野貞三さんの思い出」（『旧交会報』⒄、41頁）。

10　遠藤貞一「まえがき」（『旧交会報』⒃、ⅰ頁）。

11　長尾義三「心の達磨像」（『思い出の後藤憲一』258頁）、新妻幸雄「後藤憲一先輩の思い出」（『思い出の後藤憲一』260頁）、橋川保「後藤憲一さまを偲ぶ」（『思い出の後藤憲一』265頁）、坂本信雄「東君を偲んで」（『東寿』29頁）。

12　たとえば、「北陸地建と第一港湾建設局とは元を辿れば同じ根になる深い親戚関係」という認識のもと、運輸省系・建設省系がともに新潟旧交会を催していた（西田俊策「遠藤さんと新潟旧交会」『エンテイさんを偲んで』408頁）。

13　小松雅彦「岳父をしのぶ」（『追憶（和田重辰追想録）』139頁）。

14　太田尾広治「港湾研究機関に就いて」（『港湾』32(5)）。

15　この大港集中主義は、独創性・創造性を意識しながら技術的専門性をもとに影響力を行使するという技術官僚の特性（大淀1997：結語、前掲注２）に関係する点で重要である。

16　大野重治「鏡泊湖会」（『思い出の後藤憲一』116頁）。

17　近年では、官僚の職務満足度について、林嶺那らがバーナードやサイモンなどの古典的な研究蓄積に目配せをした上で、動機づけとの関連性を実証的に分析している（林ほか2021）。

18　高林康一「港湾法談義」（『港湾』28⑿、1951年）。

19　四方田耕三「港湾行政混迷論」（『港湾』29(7)、1952年）。

20　運輸省港湾局管理課「港湾に関する法令解説」（『港湾』30(3)、1953年）。

21　天埜良吉「港湾行政の一般について　全国土木部長会議における口演の要旨」（『港湾』34(7)、1957年）。

22　「新旧港湾局長対談」（『港湾』41⑾、1964年）。

23　佐藤肇「中小港湾整備の問題」（『港湾』35⑽、1958年）。

24　「新旧港湾局長対談」（『港湾』44⑿、1967年）、79頁。

25　「中小港湾の振興について座談会」（『港湾』40(1)、1963年）。

26　港湾局計画課補佐官・廣田孝夫の発言（「座談会＜地方港湾を考える＞」『港湾』44(3)、1967年、14頁）。

27　「新旧港湾局長対談」（『港湾』44⑿、1967年）、73頁。

28　佐藤肇「昭和32年度港湾予算について」（『港湾』34(3)、1957年）。

29　たとえば、中小港湾の場合、漁港を所管する農林省と競合したため、運輸省の予算配分能力が低下すれば、中小港を有する地方自治体は農林省との連携強化を志向し、運輸省から遠のく可能性があった（「中小港湾を語る座談会２」『港湾』32(2)、1955年、11頁）。

30　『物語　全港建35年のあゆみ（上）』37頁。

31　「臨海工業地帯を語る　鈴木雅次博士文化勲章受章を記念して」（『港湾』46(1)、1969年、27頁）。

32 松本学「1960年を迎えて」(『港湾』37(1)、1960年)。

33 黒田静夫「危態に直面する港湾とこれが打開の道」(『港湾』28(3)、1951年)。

34 天埜良吉「港湾えの希望」(『港湾』32(8)、1955年)。

35 天埜・前掲注21。

36 「港湾鼎談」(『港湾』38(6)、1961年)、5頁。

37 全国総合開発計画において、国が拠点開発方式を展開した中で、太平洋ベルトの工業整備特別地域・地方部の新産業都市という二つの枠組みを併置したことは、その好例であろう（藤井2004：第3章）。

38 『新版　日本港湾史』、35－38頁。

39 水島一成「栗栖さんを想う」(『栗栖義明を偲んで』222頁)。

40 黒田静夫「戦中及び終戦直後時代の東寿博士を偲ぶ」(『東寿』12－13頁)、岡部保「東先輩を偲ぶ」(『東寿』100頁)。

41 「今後の港湾事業の趨勢」。

42 岡部保「東先輩を偲ぶ」(『東寿』100頁)。

43 布施敞一郎「東さんの功績を称える」(『東寿』59頁)。

44 比田正「四十四年間のおつきあい」(『東寿』38頁)。

45 東寿の追想録も「赤本」に敬意を払う形で、朱色の表紙で装丁されている（『東寿』281頁)。

46 長尾義三「東先生を悼む」(『東寿』130頁)。

47 市川完治「東さんと雑誌「港湾」」(『東寿』231頁)。

48 小松雅彦「東さんの想い出」(『東寿』73頁)。

49 東寿自身は、企画院・軍需省・建設院・建設省といった他省との兼務を経験していた（稲吉2022)。このように併任人事を通じて他省の業務を経験したことが、出向人事の活用につながったと考えられる。

50 比田正「四十四年間のおつきあい」(『東寿』36－37頁)。

51 栗栖義明「後藤さんのことあれこれ」(『思い出の後藤憲一』223頁)。

52 たとえば、宮崎茂一「国民所得倍増の基本構想」(『港湾』36(12)、1959年)、加納治郎「国民所得倍増計画の中間検討報告について」(『港湾』41(3)、1964年)、竹内良夫「中期経済計画と社会資本」(『港湾』42(1)、1965年)。

53 大来佐武郎「新長期経済計画と港湾」(『港湾』35(1)、1958年)。

54 東寿「新長期経済計画に伴う港湾整備5ヵ年計画について」(『港湾』36(1)、1959年)。

55 「港湾審議会第5回計画部会議事録（音戸、小松島)」(「鮫島茂文書」資料№2207－7)。

56 竹内良夫「臨海工業地帯の開発と港湾」(『港湾』41(5)、1964年)、27頁。

57 「資料　港湾整備緊急措置法」(『港湾』38(5)、1961年)。

58 宮崎茂一「港湾予算の要求から内定まで」(『港湾』39(3)、1962年)、宮崎茂一「港湾整備五箇年計画の論点」(『港湾』39(4)、1962年)。

59 富田勇ほか「港湾修築のあゆみ」(『港湾』45(4)、1968年)、34頁。また、この点に関して、

黒田静夫は、港湾整備5か年計画を「港湾計画の憲法」と位置づけている（「港湾審議会第5回計画部会議事録」（「鮫島茂文書」資料№2207－7））。

60　長尾・前掲注46、127頁。

61　佐藤肇「先駆者　東さんをしのんで」（『東寿』44頁）。

62　加納治郎「東寿氏と港湾経済研究会」（『東寿』93－94頁）。

63　水島・前掲注39、220－222頁。

64　竹内良夫「栗栖さんの想い出」（『栗栖義明を偲んで』158－159頁）。

65　「博士論文（抄）」（『栗栖義明を偲んで』巻末12頁）。

66　井上春夫「竹内良夫さんの思い出」（『竹内良夫さんを偲んで』33頁）。

67　「遺稿抄」（『竹内良夫さんを偲んで』189頁）。

68　小城一廣「何事にも前向きな竹内さん」（『竹内良夫さんを偲んで』82頁）。

69　大規模開発事業の代表的事例として、鹿島開発が知られている（山田2020b）。

70　ある技術官僚は、「夢の種が乏しくなった」ことによる港湾技術の停滞を指摘している（廣田孝夫「港湾技術　夢と現（その12）」『港湾』60(12)、1983年）。この観点からすれば、技術官僚の職務満足度の低減をおさえるべく、港湾局は新たな「夢」を模索することを動機づけられていたとも考えられる。

71　平井磨磋夫「空港の整備について」（『港湾』44(3)、1967年）。

72　黒田静夫のコメント（『日本海事新聞』1960年10月8日）。

73　倉田進・須田熙「北米の空港土木視察記」（『港湾』44(1)、1967年）。

74　「座談会　第三港湾建設局の過去、現在、未来」（『七十五年のあゆみ』）、上原逸「関空会社社長竹内良夫氏の記憶」『竹内良夫さんを偲んで』。

75　経済協力・技術協力について、関係者は戦前由来ではなく戦後に入ってからの行政現象と認識している（「座談会　海外協力に携わって」『港湾』51(11)、1974年）。

76　太田尾広治「赴任に臨みて」（『港湾』38(2)、1961年）。

77　泉信也「開発途上国のみなとづくり　海外技術協力の現状」（『港湾』51(4)、1974年）。

78　鮫島泰佑「港湾関係の海外活動について」（『港湾』57(2)、1980年）。

79　外務省出向者の記録として、たとえば「大使館アタッシュレポート」（『港湾』65(7)、1988年）がある。

80　大隈正登「内田哲郎さんの思い出」（『旧交会報』(30)、253頁）。

81　『水俣分室のあゆみ』。

82　栢原英郎「港湾局計画課長時代の改革」（『坂井順行さんを偲んで』82頁）。

83　林田博「御巫さんを偲ぶ」（『御巫清泰さんを偲んで』162頁）。

参照文献

【公刊文献】

・東寿（1956）『港湾計画論』日本港湾協会。

・市川喜崇（2014）『日本の中央－地方関係　現代型集権体制の起源と福祉国家』法律文化社。

- 稲吉晃（2014）『海港の政治史　明治から戦後へ』名古屋大学出版会。
- 稲吉晃（2022）「東寿とその港湾運営構想　戦後港湾行政を理解する手がかりとして」（『土木史研究講演集』⑫、土木学会）。
- 大淀昇一（1997）『技術官僚の政治参画　日本の科学技術行政の幕開き』中央公論社。
- 岡部保（1974）『新しい港と環境開発』日刊工業新聞社。
- 香川正俊（2014）「戦時行政機構改革と各省セクショナリズム　港湾行政機構改革を中心に」（『熊本学園大学経済論集』20（1－4）、熊本学園大学経済学会）。
- 港湾空港タイムス（2002）『土木学を求めて　竹内良夫インタヴュー記録』都市計画通信社。
- 小堀聡（2014）「1950年代日本における国内資源開発主義の軌跡　安藝皎一と大来佐武郎に注目して」（『大阪大学経済学』64(2)、大阪大学経済学会）。
- 高橋裕（2012）『川と国土の危機　水害と社会』岩波書店。
- 多賀谷一照（2012）『詳解　逐条解説港湾法』第一法規。
- 竹内良夫（1977）「港湾史断片」（『日本港湾発展回顧録』日本港湾協会）。
- 田中俊徳（2018）「自然保護官僚の研究　技術官僚論に対する新たな視座」（『年報行政研究』⑸、ぎょうせい）。
- 辻清明（1951）「日本官僚制とデモクラシー」（『年報政治学』(2)、日本政治学会）。
- 新藤宗幸（2002）『技術官僚　その権力と病理』岩波書店。
- 林昌宏（2020）『地方分権化と不確実性　多重行政化した港湾整備事業』吉田書店。
- 林嶺那・深谷健・箕輪允智・中嶋茂雄・梶原静香（2021）「公共サービス動機づけ（Public Service Motivation）と職務満足度等との関連性に関する実証研究　最小二乗回帰と分位点回帰による特別区職員データの分析」（『年報行政研究』(56)、ぎょうせい）。
- 原田久（2020）「各省設置法制の形成」（『立教法学』(103)、立教法学会）。
- 原田久（2022）「省設置法の組織論的基礎」（『立教法学』(107)、立教法学会）。
- 藤井信幸（2004）『地域開発の来歴　太平洋岸ベルト地帯構想の成立』日本経済評論社。
- 藤田由紀子（2008）『公務員制度と専門性　技術系行政官の日英比較』専修大学出版局。
- 舩橋晴俊・長谷川公一・飯島伸子（1998）『巨大地域開発の構想と帰結　むつ小川原開発と核燃料サイクル施設』東京大学出版会。
- 前田貴洋（2017－2019）「労働監督制度をめぐる戦前と戦後　二つの制度を貫く『専門性』(1)－(3)」（『法学会雑誌』58(1)－59(2)、首都大学東京）。
- 牧原出（1995）「内閣・官房・原局㈠占領終結後の官僚と政党」（『法学』59(3)、東北大学法学会）。
- 牧原出（2003）『内閣政治と「大蔵省支配」　政治主導の条件』中央公論新社。
- 村松岐夫（1981）『戦後日本の官僚制』東洋経済新報社。
- 村松岐夫（2014）「戦前戦後断絶論と中央地方の『相互依存関係』仮説・再訪」（『季刊行政管理研究』(145)、行政管理研究センター）。
- 山田健（2020a）「中央－地方関係における出先機関の行動様式　運輸省港湾建設局に着目して」（『年報政治学』2020－1、日本政治学会）。

- 山田健（2020b）「鹿島開発史・再考　『国家的事業』と茨城県政」（『公共政策研究』⑳、日本公共政策学会）。
- 山田健（2021）「縮退する出先機関と日本の行政　行政管理庁を導き手として」（『季刊行政管理研究』（176）、行政管理研究センター）。
- 山田健（2023）「港湾都市小樽の高度成長期」（醍醐龍馬『小樽学』日本経済評論社）。
- 若林悠（2019）『日本気象行政史の研究　天気予報における官僚制と社会』東京大学出版会。
- Boin, Arjen.（2001）Crafting Public Institutions:Leadership in Two Prison Systems. Lynne Rienner Publishers.

【機関編纂史】
- 『新版　日本港湾史』日本港湾協会、2007年。
- 『七十五年のあゆみ』運輸省第三港湾建設局、1994年。
- 『水俣分室のあゆみ』運輸省第四港湾建設局、1990年。
- 『物語　全港建35年のあゆみ』運輸省全港湾建設労働組合、1985年。

【新聞・機関誌・専門誌】
- 『日本海事新聞』日本海事新聞社（国立国会図書館・海事図書館所蔵）。
- 『旧交会報』旧交会（名古屋大学附属図書館所蔵・土木学会附属土木図書館所蔵）。
- 『港湾』日本港湾協会（国立国会図書館・寒地土木研究所所蔵）。

【未公刊の回顧録・追想録】
- 比田正（1983）『還暦祝の松　実話覚え帳より』岡山県立図書館所蔵。
- 『東寿』1980年、北海道大学附属図書館所蔵。
- 『エンテイさんを偲んで』1987年、国立国会図書館所蔵。
- 『思い出の後藤憲一』1975年、岡山県立図書館所蔵。
- 『栗栖義明を偲んで』1983年、岡山県立図書館所蔵。
- 『坂井順行さんを偲んで』2008年、北海道大学附属図書館所蔵。
- 『鈴木雅次さんを偲んで』1983年、北海道立図書館所蔵。
- 『竹内良夫さんを偲んで』2013年、土木学会附属土木図書館所蔵。
- 『追憶（和田重辰追想録）』1962年、横浜市中央図書館所蔵。
- 『御巫清泰さんを偲んで』2014年、土木学会附属土木図書館所蔵。

【未公刊の公文書・私文書】
- 「今後の港湾事業の趨勢」東京大学附属図書館所蔵。
- 「鮫島茂文書」横浜市史資料室所蔵。

<書評>

礒崎初仁『地方分権と条例　開発規制からコロナ対策まで』（第一法規、2023年）

金　井　利　之

　本書『地方分権と条例―開発規制からコロナ対策まで―』は、自治体政策法務を主導する著者にとって「初めての論文集」（443頁）とのことである。もっとも、著者は、『分権時代の政策法務』（北海道町村会、1999年）、『自治体議員の政策づくり入門（イマジン出版、2017年）、『知事と権力』（東信堂、2017年）、『自治体政策法務講義（改訂版）』（第一法規、2018年）、『立法分権のすすめ』（ぎょうせい、2021年）など、旺盛な執筆活動を行っており、著者のまとまった論考を単行本で接することが困難である、というタイプの研究者ではない。また、評者とも『ホーンブック地方自治（新版）』（伊藤正次氏とも共著、北樹出版、2020年、旧版は2007年）を共同で執筆しており、著者の業績には長く接して来た。

　本書は、「論文集」ではあるものの、過去の論文を単に並べたわけではない。論文は、それぞれの執筆時期に、それぞれの時代状況を踏まえて書かれているものなので、論文集に編纂するにあたって、テーマごとに並び替えて収録すると、かえってわかりにくくなる面はある。法環境や情勢への応答が実践的な論策活動であるならば、現時点の法環境を前提にすれば、超時代的あるいは現時点的に論文集とするのは、むしろ適切ではないだろう。あえて原論文に手を入れず、単に年代順に並べ、むしろ、その時代時代の法環境との対応関係を、資料的・自説史的に提示することも、一つの方法かも知れない。しかし、現代および近い未来の実践との結びつきを重視するならば、現時点で再構成することが重要になる。本書も、かなりの章が、完全な書き下ろし、あるいは、既発表論文を元にした書き下ろし、というスタイルになった（443頁）。その意味で、著者の知的実践を2023年時点で体系的に世に問うものといえよう。

　著者の関心は書名に明瞭であり、「地方分権と条例」である。評者はすぐにつまらない言葉遊びをするので、「地方分権途（登）上励（嶺）」との掛詞であると詠んでいるのであるが、もちろん、著者の関心は至って真摯であろう。2000年のいわゆる第1次分権改革は「ベースキャンプ」に過ぎないと自称した「未完の分権改革」であり、その意味で、分権という嶺に登攀する作業を、途上から著者が引き継いだ四半世紀の後進の励行の知的活動の記録でもある。そして、著者の社会人的大学院（東京大学大学院法学政治学研究科専修コース）時代の指導教員でもあり、地方分権推進委員会委員として第1次分権改革を主導した「恩師・西尾勝先生」（iii頁）との対話あるいは討議が、本書の通奏低音となっている。著者は「いつも西尾先生が拙稿を読まれたらどう思われるだろうかと思いながら、研究活動を続けてきた」（445頁）という。同師は2022年3月に逝去しており、本書を踏まえて著者と対論をすることは不可能となり、「惜しんでも惜しみき

れない」（445頁）こととなった。

　著者は、愛媛県から上京した東京大学法学部出身者であるが、当初からの研究者志望でもなければ、（今となっては昔のことだが）当時の東京大学法学部中央多数派学生が目指した霞が関官僚でもない。「地方の時代」を提唱した長洲一二知事（後に地方分権推進委員会委員）のもとの神奈川県庁職員を選んだ（443頁）。どんな政権でも「中立」的に仕える―集権でも分権でも政権のいうままに法案作成を行う―ような行政職員や審議会委員ではなく、「地方の時代」精神を持って実践に当たる。それゆえ、研究活動も、趣味的にパズルを解いたり評論するという知的遊戯ではなく、問題解決指向の強いものとなっている。

　問題解決指向で研究に当たる場合には、必然的に学問専門領域の仕分けには収まらない。本書は行政学にはおよそ収まらず、「政策法務」というように、少なくとも、法律学的な論究も避けて通ることはできない。例えば、自主条例の法律適合性判断（第9章）、法定事務条例の法律適合性判断（第10章）、条例制定権拡充のための立法論（第11章）などである。自治体行政学者である評者としては、こうした点での書評は難しい。

　もっとも、まさにこの点が、既存の大学アカデミックな研究者養成の限界であり、自治体学（会）の創始者たちが批判してきたことである。著者は、県庁職員という実務家として、実務経験を踏まえて自治体学会で報告し、『年報自治体学』に投稿論文を掲載し（442頁）、大学院で勉学し（445頁）、実務に戻って神奈川県土地利用調整条例の制定に携わり（370頁、399頁）、最終的には研究者となったわけであるが（445頁）、その後も、学問領域を横断的に活躍している。むしろ、そうした著作を評者が充分に書評できないことに、問題があろう。その限界のうえで、行政学会の年報での書評として、西尾行政学の体系を踏まえて、何点かを指摘したい。

　第1に、制度学の視点である。中央地方関係の制度は、しばしば、憲法・地方自治法などの法制度によって規定または改革される。制度学としての行政学は、法律学的素養を無視することはできない。とはいえ、法制度論に収まるものではなく、著者は総体的かつ時期区分的に把握する（第1章）。そのうえで、第1次分権改革ののちも従前の「通達行政」は「現実的・実態的にいまも健在」とする（第2章、46頁）。つまり、法制度改革が直ちに分権改革にはつながらないと指摘する。

　もちろん、反対に、集権的制度でも裁量的活動は可能であることは、著者の研究の初発である（補章）。ただし、そのような個別実践の「質」（441頁）の「"貧困"」（438頁）を批判するのが、既存制度内での地方利益実現を重視する村松理論と著者との岐れ目である（48-50頁）。その意味で、著者は第1次分権改革を高く評価するのであるが、同時に第1次分権改革だけでは足りないと考える。そこから先に、法制度以外の制度改革を指向するのか、改革された法制度を前提に制度を使いこなす自治体の主体性を問うのか（47頁、441頁）、さらなる法制度改革を目指すのか、路線はいろいろであろう。著者は周到に「複数の原因が複合的に作用している」（48頁）とするが、基本的には、「分権改革休止論」（94頁）を否定して、さらなる法制度改革（「立法分権」）を指向

している（第3章・第4章）。

第2に、内容的政策学としての視点である。政策法務と称するように、自治体での主体的問題解決のためには、法的な「自治型の行政技術」（『年報自治体学』創刊号、良書普及会、1988年）（自治体法務）も必要であるが、政策的素養も必要である。そのため、政策領域ごとの専門内容的知識が必須である。著者も「政策法務論・立法法務論は、分権改革に関わる法的な論点や政策的な課題が多かったこともあって」（271頁）内容論が多いと指摘している。実際、具体的な条例制定の可能性を検討すれば、実現したい政策がなければならない。さらに、当該領域の政策的内容を立法化した国の法令との解釈議論が避けられず、法政策内容に踏み込んでいかざるを得ない。

著者は、土地利用関係が「実務家としての原体験」（308頁）のこともあり、土地利用関係政策の内容に踏み込む土地勘と経験がある。それでも、土地利用に関わる個別政策領域をまたぐことに関心を持っており、個別縦割分野に留まらない中範囲の政策内容に射程を合わせていよう。もちろん、自治体政策法務は全分野に及ぶものであり、本書も、地域振興（第5章：地方創生）や感染症・公衆衛生（第6章：新型コロナ対策）にも踏み込んでいる。しかし、著者の中心的なテーマは、土地利用と条例（第3部）である。自治体職員は一般にジェネラリスト的に異動させられるから、職員のままでは、政策法務として特定の政策分野を究めることは難しい。著者が研究者に転進せざるを得なかったのは、政権交代とは別に、この点に関連しているのかもしれない。

第3に、過程的政策学の視点である。政策学には、「内容論」（いわゆる「inの知識」）と「過程論」（いわゆる「ofの知識」）とがある（271頁）。立法分権は条例論でもあるから、条例制定過程（第12章）や制定条例の運用過程（第16章）も重要である。特に、土地利用調整条例の運用について、もともと土地利用調整システムという縦割の許認可制度を県庁内で横断する行政指導だったものを、条例化＝制度化したことにより、「並立する許認可制度の一つ」（394頁）として、「総合性・アナログ性などの重要な特徴を相当程度失う」（396頁）と指摘しているのは秀逸である。政策法務を追究しつつも、法務の持つ逆機能にまで目配せしているのである。

また、立法分権としての分権改革を目指せば、結局は、国レベルの多数の法改正をいかに進めるかの方法論に踏み込まざるを得ない。このために、「多数の法制度を改革する方式」（86頁）や「上書き権の制定方式」（91頁）を「マニアック」（269頁）に検討していくことになる。自治体政策法務が、条例制定権の拡充という立法分権を目指していくと、結局は、国レベルの立法過程の沼にはまっていくことになってしまう。

分権・自治に関心ある人間は、制度基盤や構造的制約に関心を持ち、制度改革に尽力していくと、いつしか永田町・霞が関の重力圏に囚われ中央志向・求心的になる。あるいは、自治体・国の政治の力に期待していく（269−270頁）。「分権改革休止論」は、いわばミイラ取りがミイラにならないための、途上で斃れた先達からの後進への遺言である。著者も、「政策条例の制定過程について気になるのは、首長のリーダーシップが強まる反面、担当の管理職や職員が「首長がやりたいなら仕方ない」というように受け身

になっていないか……職員はときに首長に「こんな条例は止めるべきである」と直言する姿勢を持って欲しい」と叱咤する（290頁）。「バランスが重要」（290頁）というのが、随所に見られる著者の立場である。

第4に、管理（官吏）学の視点である。政策法務にも法務管理論があり、例えば、評者が自治体政策法務に関わったのも、『シリーズ自治体政策法務講座第4巻組織・人材育成』（編著、ぎょうせい、2013年）である。しかし、本書では管理学の面は強くはない。そのなかでは、土地利用調整システムに関する担当組織や職員人数・管理職経歴、さらに、担当課ヒアリングに基づく職員意識などが考察されている（388－394頁）。また、例えば、人事異動で新たに担当となった企画部長が「俺は認めない、俺を納得させてから議会に出せ」と「宣戦布告」をして、事務方に暗雲が立ちこめたが、それを乗り越えた過程なども、興味深いエピソードである（377頁）。条例に焦点を当てる本書としては、この管理学の方面でさらに深掘りする論文があっても良かったかもしれない。

もちろん、自治体職員の参与所感として、「多少の挫折と相当の達成感を味わった」として「充実した職員生活を送れたことに感謝の念を抱くとともに、現在の自治体職員がやりがいのある仕事と職員の成長を応援するような職場になっているのだろうか」（399頁）などと記述している。

本書を読めばわかると思うが、この書評では、いささか「著者ひとこと」への言及が多すぎたかもしれない。しかし、条例について、条例規定内容と条例制定・運用過程との双方が重要であるように、著作も、著作内容自体と著作思索過程の双方に興味が浮かぶ。この書評は後者に偏した限界があるかもしれない。内容自体は、是非、読者が本書を手に取ることを期待したい。

宇佐美淳『コミュニティ・ガバナンスにおける自治体職員の役割　"地域密着型公務員"としての「地域担当職員制度」』（公人の友社、2023年）

久　保　慶　明

行政研究においてガバナンスが注目され、その舵取りを担う行政の役割が論じられて久しい。しかし日本の行政において、ガバナンスの舵取りに関する経験的な研究は必ずしも多くない。これに対し本書は、日本の地方自治体における「地域担当職員制度」に着目し、コミュニティ・ガバナンスの総合的調整に関わる自治体職員の役割を論じている。具体的には、著者自身の実務経験を踏まえつつ、第一線職員論と政策ネットワーク論を参照した理論的考察と共に、多様な事例分析を展開している。

本書が着目する「地域担当職員制度」とは、自治体行政と地域コミュニティの間の信頼関係を構築する業務に加えて、各地域（区）による計画策定を支援する役割を果たし得る職員を配置する制度であるという。本書の定義によれば、「自治体内の小中学校の学区や地区の町内会自治会連合会の範囲、更に狭く単位町内会自治会の範囲、あるいは

それらの境界をまたいだ範囲に対して、役所（役場）ないし出先機関等を活動拠点に、住民を始めとした地域コミュニティとの連絡役はもとより、最前線の現場である地域コミュニティに出向き、各種行事への参加や各種地域活動への支援等を通して、信頼関係の構築を図る基礎的役割を果たすとともに、そこから一歩進んで、地域コミュニティにおける課題の把握等を通して、その将来的な運営のため、まちづくりといった防災や福祉等の政策分野を横断した形での各種地域（区）計画の策定を支援する発展的役割を果たしている、1人ないし複数人による自治体行政職員を配置する制度」とされる（38頁）。本書が「条例Webアーカイブデータベース」で「地域担当」または「地区担当」という用語で検索した結果によれば、全国1,747市区町村のうち28.6％にあたる499が制度を設けているという（31頁）。

　この「地域担当職員制度」に関して、本書は「自治体内（ローカルの範囲）でネットワーク・ガバナンスを構成する地域コミュニティにおける各種アクターの中にあって、行政職員による最適な関わり方はどのようなものか」という問いを掲げ（43頁）、次のように結論している。「単に支所・出張所等の設置により、そこに配置された職員が、従来の縦割りの事務分掌に基づいた業務遂行をするだけでなく、自治体の最前線である地域コミュニティを現場として、住民を始めとしたネットワークを構成する各種アクターに対し、その活動内容に応じた個々の政策分野に対応する形ではなく、それらの各種アクターの有機的な連携を図ることが求められる。そして、都市内分権制度として組織されている地域住民等による町内会自治会や地域運営組織等に対し、様々な政策分野を横断的に対応することができる自治体行政職員が地域コミュニティに直接出向き、各種アクターの能力を最大限に活かすことにより、将来に向け、地域コミュニティの自主的な運営を支援することができるのではないだろうか」（260頁）。

　この結論は、本書における2つの「サブ・クエスチョン」の探求から導かれている。1つ目は「そもそも何故「地域担当職員制度」が必要とされるのか」という問いである（43頁）。この問いに対し本書は、事例分析の結果をもとに3つの理由を挙げている。すなわち、「各地域コミュニティにおける各種行事に対し、より積極的に参加することで、自治体行政と地域コミュニティとの距離が縮まるとともに、信頼関係が構築され、行政と地域とが協力して様々な活動に取り組んでいる点」、「各地域コミュニティでその運営のための基本的ないし根本的な指針となるビジョンや計画の策定」、そして「地域コミュニティ側の負担を減らすための行政側からの依頼事項の見直しや、地域担当職員が活動拠点とする公共施設の機能集約化等」である（256-257頁）。

　2つ目は「有効性を要因とする必要性があるにもかかわらず、何故「地域担当職員制度」は全国で導入が進まないのか」という問いである（43頁）。この問いに関しては2つの観点から考察している（258-260頁）。第一の観点は「自治体職員の負担感の大きさ」であり、職員の減少ないし不足に伴う業務量の増加、勤務時間外の活動、担当地域間での業務量の違い、制度に関する理解が得られない、といった点を挙げている（258頁）。第二の観点は「わざわざ制度化する必要性があるかどうか」というものであり、

「行政や職員が描く役割像と現実との間に大きな乖離が生じている場合に、それを負担として感じることが多い。それは時として「地域担当職員制度」を担う職員個々の資質や能力における差によっても生じる恐れを孕んでいる。そうした乖離や資質等の差を埋めるためにも、その勤務形態や活動内容等について事前に定めておくことによる制度化が必要になる」という（258-260頁）。

　以上のような内容を持つ本書には2つの特徴がある。1つ目の特徴は、地域担当職員を"地域密着型公務員"と捉え、そのあり方を考察している点である。理論的検討を行った第二章では、第一線職員論と政策ネットワーク論を参照し、「地域担当職員制度」が備えるべき特徴を5つに整理している。すなわち「①裁量性（＝現場の判断で臨機応変な対応が求められること）、②専門性（＝地域コミュニティが抱える様々な課題に対し、各種法令に基づくサービスの提供が求められること）、③境界性（＝最前線の現場である地域コミュニティに出向いて住民等の支援に直接あたっていること）、④結節性（＝地域コミュニティにおける各種アクターとの連携を図る中で各種行事への参加等を通して信頼関係を構築すること）、⑤調整性（＝地域コミュニティにおける課題の把握等を通して、その将来的な運営のため、政策分野を横断した形での各種地域（区）計画の策定を支援すること」である（93-94頁）。

　2つ目の特徴は、多様な事例を分析し、その類型化を試みている点である。先駆的取り組みとして習志野市をとりあげた後、大都市の事例と農山漁村部の事例の双方をとりあげている。大都市としては福岡市、世田谷区、札幌市、浜松市、名古屋市、横浜市、大阪市のまちづくりに関する事例、農山漁村部としては下諏訪町と黒潮町の地区防災に関する事例を分析している。また、職員の負担軽減に取り組む事例（高浜市、福井市）、大規模災害の被災地における事例（盛岡市、葛尾村、いわき市、熊本市）、広域自治体として取り組む事例（愛媛県、高知県、京都府）、活動の重点を地域コミュニティに移した事例（甲府市）も分析している。さらに、コロナ禍による影響、「地域に飛び出す公務員」との比較、行政協力制度との関係性についても分析を加えている。これらの事例分析を踏まえ、「基礎的役割型」「計画等調整型」「持続的発展型」という軸と、「単独政策分野集中型」「複数政策分野横断型」という2つの軸により、地域担当職員制度を類型化している。

　評者の理解では、本書には次のような課題が残されている。まず、地域担当職員そのものに関する調査分析がなされていない。本書では「地域コミュニティにおける各種アクターの中にあって、行政職員による最適な関わり方はどのようなものか」（43頁）という問いを探究している。しかし本書が主題とするのは、地域担当職員そのものではなく「地域担当職員制度」という制度である。事例分析の中では、各自治体で収集された地域担当職員に関する資料やデータが紹介されているものの、地域担当職員と各種アクターとの関係性について体系的な分析は展開されていない。コミュニティ・ガバナンスにおける地域担当職員の役割を明らかにするのであれば、地域担当職員そのものを対象とした丁寧な調査分析が不可欠であろう。

次に、「地域担当職員制度」という地方公務員に関する制度の研究であるにもかかわらず、地方公務員制度に関する考察が展開されていない。本書の第二章では第一線職員論と政策ネットワーク論の観点から、第三章では「マトリックス型組織」、「地域人」財、「現場実践の行動原理」といった観点から理論的な考察が加えられている。しかし、そもそも日本の地方公務員制度の中で、「地域担当職員制度」にはどのような特徴があり、いかなる制度設計が可能なのか。こうした点に評者は関心を持った。

さらに、本書には形式的な不備がいくつか存在する。例えば「はじめに」では、「「地域担当職員制度」と類似しているものの、似て非なるアクターとして、地域おこし協力隊について考察する」（14頁）とあるものの、そのような分析を評者は見つけることができなかった。また、本書の後半部で示される図6（251頁）は、図のタイトルが異なるにもかかわらず、前半部で示される図2（86頁）と全く同じ図となっている。そのため読者は、図6に関する本文の記述を十分に理解することができない。

とはいえ、本書を通じて評者は、コミュニティ・ガバナンスにおける自治体職員の役割に関心を喚起された。同世代の研究者として、著者のさらなる研究展開を楽しみにしたい。

宇野二朗『公営企業の論理　大都市水道事業と地方自治』（勁草書房、2023年）

金　﨑　健太郎

行政経営にも企業的な感覚が必要であることはよく指摘されるが、地方公共団体が提供する多岐にわたる公共サービスのうち、とりわけ民間企業と同様の経済性が求められる分野が地方公営企業によって提供されるサービス分野である。本書は、公営企業において経済性に対して公共性がどのように調和されようとしているのか、通常の民間企業とは異なる公営企業が有する特有の論理を描き出すことを目指している。その特有の論理を著者は地方公営企業制度の本質と言えるものだとしている。公営企業が担う事業は水道や下水道、軌道や電気、ガスなど、生活に欠かすことの出来ないサービスであり、その供給に大規模なインフラを必要とするものがほとんどである。人口減少時代を迎え、国と地方公共団体は都市インフラの維持と更新という大きな課題に直面しているが、それはまさに公営企業が直面する課題である。

本書における考察のアプローチは、東京都と大阪市という我が国の2大都市の水道事業の事例考察を通じて公営企業制度特有の論理を導き出そうというものである。そして考察の軸となっているのが自律性という制度特性である。すなわち地方公営企業は地方公共団体が経営する企業ではあるものの、地方公営企業法ではその組織は首長部局から一定程度の自律性が与えられるものとして設計されており、この自律性という制度特性が大規模自治体の水道事業においてどのように理解され活用されてきたのかを比較検討

することを通じて、公営企業制度の本質に迫ろうとしているのである。

　まず序章「地方公営企業の行政学」では、本書の目的とともに水道事業の歴史的経緯と研究史を概観した上で、複数の公営企業を比較するための個別指標を掲げるとともに、その比較の視座として「運営論理」という概念を提示する。個々の組織の決定や行動の背景に何らかの志向性や思考習慣が見られるという点については評者も同意するものである。東京都では「頑健だが高い」水道が築かれたのに対して大阪市ではそれとは対極的な「老朽化しているが安い」水道が築かれたという異なる志向性が見られたことを背景に、両事業の運営論理を明らかにし、その違いがなぜ生まれたのかを本書における問いとして挙げている。

　第1章「運営論理と自律性」では、本書で用いる概念を整理し研究の枠組みを提示している。研究を通じる重要な概念である運営論理、自律性について述べた上で、自律性の違いによって運営論理が定まるという基本仮説をもとに、地方公営企業の自律性が高い場合には組織外部の領域横断的な改革規範や地方議会からの影響は遮断され事業運営には組織内部の伝統のみが影響を与える一方で、自律性が低い場合には領域横断的な改革規範や地方議会が影響を与える、という仮説を設定している。

　第2章「東京都と大阪市における自律性」では、地方公営企業のトップである管理者の人事に着目し、1990年代半ばから2000年代の東京都と大阪市の水道事業ではそれがどのように運用されてきたのかを観察している。東京都については1995年から1999年までの青島幸男、1999年から2012年までの石原慎太郎の二代の都政期間において、水道事業管理者である水道局長の人事が技術者など水道局でキャリアを積んだ内部昇進者から選任される人事慣行が維持された「高自律型」であったと評価する一方、大阪市については1995年から2003年までの磯村隆文、2003年から2007年までの關淳一の二代の市政期間における水道局長の人事について、主に事務系で首長部局においてキャリアを積んだ者が市役所幹部人事の一環として選任される「低自律型」であったと評価する。

　第3章「改革規範の発展」では、本書が取り扱う時代に顕著であった政策課題への対応を辿りながら、地方公営企業が組織外部から受ける改革規範と水道事業がそれをどのように受容したのかを検討している。1990年代半ばから2000年代に顕著であったのは国際的な潮流を受けて政策横断的に強まった改革規範としての新自由主義、企業経営主義の高まりであり、水道事業においては公共料金問題や規制緩和、民営化論である。それは首長の政治姿勢や首長選挙にも影響を与え、改革派首長等によって成果志向や顧客志向を掲げた改革に取り組む自治体が現れることとなり、2000年代に入っても小泉内閣の構造改革路線による制度改革と並行して自治体における改革の流行拡大は変化しなかった。これに対して水道事業界ではそうした改革潮流に適応しながらも、老朽化や人口減少という独自の課題を設定することで異なる改革路線を歩んだと筆者は指摘する。大きな改革の流れに対して独自の解釈を入れながら自らの路線を歩んだという指摘はとても興味深い。

　第4章「東京都水道事業の発展」と第5章「大阪市水道事業の発展」は、東京都と大

阪市における水道事業についての4つの事例の記述である。東京都においては、1995年から1999年までの青島都政期、1999年から2009年までの石原都政期の2つの事例を通じて、一貫して高品質で頑健な水道事業を志向する建設投資が行われ、企業努力と料金政策によって高い収益性を維持してきたことが見て取れる。大阪市においては、1995年から2003年までの磯村市政期、2003年から2007年までの關市政期という2つの事例で異なる運営が志向されたことがわかる。すなわち磯村市政期には高品質で頑健な水道事業を志向する建設投資が行われた一方で低料金志向によって収益性は低く、広範囲な福祉的配慮が行われた。その後、關市政期には、経営資源の有効活用が強調され建設投資も削減される一方で市役所全体の改革枠組みの中で新たな経営手法の導入が打ち出され、人件費を中心とした経費削減等が実施されて収益性は高くなったものの、市長によるトップダウンの経営手法が強められたことから幅広い層からの意見聴取の機会は減少し、福祉的配慮は縮小されている。

　第6章「運営論理と自律性との関係」では、東京都と大阪市における4つの事例を比較することで、東京都と大阪市の水道事業で各時期の運営論理にどの様な違いが見られたのかを評価し、それがなぜ異なっているのかを仮説に沿って検討している。著者は運営論理の定性的な評価指標として①経営の論理、②地域民主制の論理、③技術の論理の3つを設定し、それぞれについて実証的に観察可能な指標を設定した上で、強い、中間、弱い、の三段階の定性的な基準に基づき評価をしている。その上で東京都と大阪市の水道事業の運営論理の違いを地方公営企業の自律性の違いによって説明し、4つの事例をもとに第1章で設定した仮説について検討している。

　終章「自律性から見る地方公営企業の本質」では、本書の結論と含意をまとめ今後の研究課題を挙げている。第6章における仮説検討の結果、すべての事例で仮説は支持されたものの一部の事例で部分的に支持されなかったものがあり、「1990年代半ばから2000年代にかけての東京都と大阪市の水道事業に見られる運営論理の違いは、おおむね自律性と制度設計の違いによってもたらされたものである」（269頁）、と結論づけている。

　地方公営企業はその経営の基本原則を「常に企業の経済性を発揮するとともに、その本来の目的である公共の福祉を増進するように運営されなければならない」（地方公営企業法第3条）とされ、公共の福祉を本来目的としながらも、企業と同様の経済性を明示的に求められている。一方で公共の福祉の追求と経済性は必ずしも相反するものではないものの、政策判断においては時にどちらかを優先しなければならないことも多い。その点、地方公営企業制度は我が国の地方自治制度のなかでも公共性と経済性のいわば二兎を追う特有の制度となっている。一般企業においては経済性の志向を最優先とした経営判断と運営がなされることが制度的にも担保されているのに対し、公営企業においては管理者や特別会計の設置など地方公営企業法によって企業的制度が導入されているものの、あくまで地方公共団体の一部としての制約は受けることから、首長の政治的スタンスや一般会計を有する首長部局の政策判断、議会からの影響などから逃れることは出来ない。また厳然たる事実として、住民から見れば公営企業もまた公共サービスを担

う地方公共団体そのものであることは明らかである。

　本書における考察は公営企業の自律性に着目したものであるが、特に通常関心を持たれることの少ない公営企業管理者の人事に焦点を当てていることはとても興味深い。また政策横断的な改革規範にも焦点をあて、異なる時代と異なる自治体の状況を明らかにしたことは、現代における地方公営企業の運営や関連する政策のあり方に示唆を与えるものと思われる。公営企業を取り巻く特有の制度環境には、首長の持つ管理者の人事権以外にも、一般会計からの繰出金やその背景にある地方財政制度、予算・決算・料金設定の議会議決など他の制度や国と地方の政治的環境にも影響されるものが存在する。今後の研究課題を述べた本書の最後において筆者は、研究事例の対象拡大の必要性や地域社会との関係なども取り込んだ自律性考察の必要性などに加え、「政策領域の特性の違いに着目し、行財政制度と政策内容との関連について研究を深めていくことが求められるだろう」（273頁）とされている。今後の研究の展開への関心が高まるとともに心から期待している。

砂原庸介『領域を超えない民主主義　地方政治における競争と民意』（東京大学出版会、2022年）

田　口　一　博

　2010年代から20年にかけての著者の地方政治に関する既発表論文7本に加筆し、解決策の終章を付した研究書である。地方議会の実務から入った評者には、内外多数の先行研究の肩に乗ってより遠くを見ようとする著者の姿勢を深く尊敬するものであるが、研究と現場・実務との断絶も感じる。

　全体を通じた問題意識が第1章に明記され、各章は執筆順ではなく問題意識に沿って配置されている。題名の「領域」とは政策領域ではなく、地理的な概念＝地方自治法5条の区域のようだ。これまでの日本の地方政府研究では主として国と地方の政府間関係に注目してきたことに対し、地方政府が領域を超える課題対応に困難を抱えている。地方政府内の対立や地方政府間の競争を統合するような「政党」が機能する余地が少ないために地方政府は領域に拘束され、地方政府間での連携が阻まれ、地方政府内外での対立を先鋭化させる可能性があることを歴史的経緯と数量的データにより跡付けることが目指される（3－4頁）。

　第1章「政治制度が生み出す分裂した意思決定」は、2020年初出。社会経済的な都市圏と政治的な地方政府の領域が一致しないことは世界的課題であり、合併や権限再配分、地方政府間連携が行われている。日本で反復される道州制導入論や第7章の大阪都構想もそれである。それらへの対応として集合行為アプローチがあり、連携は包括性と合意の拘束性の2つの軸で整理できるが、現代日本の地方政治制度では連携が低調であるとし、その要因として地方政府内の対立と競争、国と地方関係があるという。

第2章「都市の中心をめぐる垂直的な競争　県庁所在市の庁舎」は2015年初出。明治初期の城郭跡への庁舎立地から戦後改革で県庁の位置が市役所へと置き変わる過程、そして平成の合併による再配置を描いている。

　第3章「都市を縮小させる分裂した意思決定　2つの港湾都市」は2016年初出。絶えず外へ膨張する港湾と、都市の領域とは関係なく設定される港湾区域や港湾管理者などの領域の多層性、インナーシティー化する旧港湾の対処をめぐる港湾計画と都市計画との相克で分裂した意思決定を例示する。

　第4章「大都市の一体性と分節　国際比較と日本」は2018年初出。計量分析により得られた結論は、大都市圏内での分節が大きいほど成長が抑制される可能性があるという一方、日本の大都市圏で分節が小さいのに成長が見られないことは他国よりも中心地域への集約が弱いからと推測している。

　第5章「民意をどこに求めるか　住民投票と地方議会」は2017年初出、第6章「領域を再編する民意　平成の大合併」は2018年初出である。民意とはあらかじめ存在していて量るものなのか、討議により合意して形成されるべきものなのか。領域内における参加に基づく合意形成を前提とするアメリカ民主主義（阿部齊1964）とは異なり、住民投票による合意形成なき決定が目立った平成の大合併期を著者は「人々は次第に直接民主主義の制度に慣れ親しむようになった」（112頁）と評価する。計量研究という性格上、結果だけが分析対象になることが多かったところで、オンライン上で仮想の状況への対応を聞くヴィネット実験が示されているが、これはむしろ実務側が行わなければならないことではないか。

　第7章「大都市における分裂した意思決定と民意　2010年代の大阪」は著者の2012年の単著『大阪　大都市は国家を超えるか』（中公文庫）の続編として、終章「分裂した意思決定の克服に向けて」はそれぞれ本書のための書き下ろしである。

　本書各章はかように加筆・再構成されており、全体が第1章の問題意識から終章の「本書は何を明らかにしたか」に向かっているのみではない。あとがきに示されているように、政治制度としての政党の重視と地方政府の領域に縛られない公益企業の自律性を高めることで「地方政府の相対化」を試み、地方政府間の連携を調整すべきことなど、行政（学）が考えていくべき重要なアイデアも示されている。

　評者は2022年末、書店で本書を手にしたときのことを覚えている。カバーには英題としてFragmented Democraciesと複数形を取っているのが気になってまず新幹線の中で読ませていただいた。迷惑施設でもある新幹線は領域の周辺部を主に通過する。領域を超えないとは、迷惑施設は〈自治の届きにくい〉自治体の周辺部＝境界付近にあり、調整がやっかいだからインターチェンジは〈両方に勝ち負けを作らない〉境界線上にあるのだ！と読み始めたが、著者はもちろん220点もの参考文献と調査データによってそんなことを言っているのではない。政治は行政と違って制度・法律で動いている訳ではなく政治の活動について外部の者が把握できることは限られ、たまたま観察し得た事例の一般化にはよほどの注意が必要であることを自戒しつつ、以下、終章の結論への感想を

述べる。

　議会の機能に関する多くの先行研究が統計資料のある議案の賛否等を用いている。しかし、首長や住民の提案をブロックするのが議会の主要機能とは思えない。議会の諸統計資料は研究上のリサーチ・クエスチョンから作成されておらず、議員活動は資料もない。全都道府県議会は政党に基づく会派で運営されており、会派の会議は普通に「党議」と呼ばれ、所属国会議員が参加し、党中央の方針が例えば「党議拘束」として示されることもある。現実の観察や関係者の証言によって得やすい統計が欠けているところを補い、選挙結果の考察と議会運営の観察とを結合させることができないだろうか。

　地方政党は旧区会・町村会時代から萌芽がある（池田真歩2023）。自由民権運動期を経て帝国議会が置かれるまでの間、中央・地方政党と議員・国民との結びつき方は多様であり、政党も意図的に法制化されない（山縣有朋1888）ことが太平洋戦争後の民主化改革でも続けられるが、高度経済成長期までの地方議会・議員と国政政党との関係も明らかにされている（三宅一郎ほか1977）。現代の政党の党員は数の上では一般有権者だが、実際の活動主体は議会議員である。その最大勢力は市町村議会議員であるのに、政党の影響力は弱いと思われているのは、選管や議会の全国団体が集計する実態調査で候補者・議員の多くが無所属とされていることが原因のようだ。選挙では無所属の方が浮動票が獲得できると考えられている。立候補届により無所属と集計されていても、地方議員の過半数以上は実際には自民党員と思われる。議会の全国団体の実態調査は各議会からの報告を集計しているが、各議会の事務局では議員に所属政党を確認しない。都道府県議会では全部が政党を基本とした会派によって運営されている。議案の賛否が会派単位で決まる以上、政党の影響力が弱いとは言えないだろう。しばらく前の事例ではあるが、2011年に自民党が作成した冊子『チョット待て!!“自治基本条例”』による各議会の反応、国政に関する請願・陳情の受理や意見書の提出についての各議会の動きの検証などは可能であろう。議員の政務を補佐する職員は、都府県域政党には少数存在するが、市町村域では所属国会議員の地元事務所が「政党支部」となっており、国会議員の地元秘書（多くは私設）が事務を取扱い、市町村議会議員の支部長というものも多く、独立した事務所はない。資料を集めることや類型化ができないので、定量的には扱いにくいとしても、実務上では当然である現況の実態に即した提案がなされれば、実務にとってもこれからの方向を考えるためのものになる。「地方レベルの政党が存在感を持たなかった」（210頁）は機能と存在感とを分けて考えるべきではないか。

　地方議員からなる目的別の「議員連盟」や、首長・関係団体等と参加している「既成同盟」などが多数存在する。これらの中には一つの市町村・都道府県で完結するものよりは整備道路沿線の市町村が集う等々のものが枚挙に暇がないくらいあるだろう。大会決議のような文書が作成され、関係する国会議員や所管庁に対する陳情等が行われる。文書は全員の一致が得られるよう念入りな調整がある。独任制で交代により大きく政策が変更されることがある首長に対し、多人数でさまざまなチャンネルを同時並行に動かすことができる議員とが役割分担を行い、団体としてのリスク回避行動すら見られる。

首長と議会内多数派が融合的な「議会内閣制」的行動を取るとしても（189頁）、議会内少数派の多数派の政策に対する分裂的意思には対内・対外的なバランスの受け手という重要な役割もある。

　そのような過程では市町村議会議員⇔都道府県議会議員⇔国会議員と、各議員から関係行政庁間との連携が見られる。このとき、近年増加している都道府県議会議員が一人区であったり、衆議院小選挙区議員と市町村議会議員の所属政党や関係団体が異なるときには選挙区選出ではない議員への連携が見られることもある。選挙区割りの変更は当選者に大きな影響を与えるが（194頁）、自らの選挙区から同じ政党の当選者がいないとなっても待ってはいられないのが地方政治なのである。

　基本的には歴史研究に属する地方議会研究がかようなことを現代の標準的な社会科学の形式で述べないのがそもそもの問題なのであるが、著者が示した糸口に同じ方法論を使って答えることが必要な時代なのであろう。

【参考文献】

阿部齊（1964）「アメリカ民主主義の伝統と現実」、『競争的共存と民主主義』岩波書店、所収
池田真歩（2023）『首都の議会』東京大学出版会
三宅一郎・福島徳寿郎・村松岐夫（1977）『都市政治家の行動と意見』京都大学人文科学研究所
山縣有朋（1888）「市制町村制郡制府県制に関する元老院会議演説（明治21年11月20日）」

田辺智子『図書館評価の有効性　評価影響の理論を用いた実証研究』（明石書店、2021年）

南　島　和　久

　本書は、長年にわたる国立国会図書館での勤務経験をもつ田辺智子会員による図書館評価に関する研究書である。筆者は、ジョージタウン大学公共政策大学院（修士課程）や筑波大学大学院（博士課程）において学んだ経験を有する学術肌の実務家であったが、2023年の早稲田大学への転職とともに大学勤務の研究者となっている。

　本書は370頁に及ぶ大著であり、筆者にとってのこれまでの研究の集大成といえるものである。本書は合計8つの章で構成されている。それぞれの章の概要は以下の通りである。

　第1章は「序論」である。ここに掲げられている研究目的は、「図書館評価の有効性を総体的に明らかにし、有効性を向上させる方策を提示することである」というものである。なお、研究目的とともに、「有効性の本質」（図書館評価の有効性とは何か）、（政

策効果の）「発現プロセス」、（政策効果の）「発現状況」の３点については先行研究において必ずしも明らかでないとされている。この図書館研究をめぐる欠落した章に向き合うのが本書の意義ということである。

　第２章は「行政評価と図書館評価の比較」である。ここでは本書がいうところの「行政評価の理論」と「図書館評価の理論」の比較が展開されている。本書のいう「行政評価の理論」とは、主にアメリカの評価理論のことである。評価学の立場からいえば、よく知られた教科書的内容がまとめられている。他方、「図書館評価」とは、例えば応用経済学の一端として探索がなされているものや図書館情報学の一端として取り組まれているものを広く指しているようである。そのなかでもっとも蓄積が厚いのは業績測定タイプの評価であると筆者は述べている。なお、図書館評価には一般的な業績測定との相違点もあるとされている。筆者が掲げているのは、①標準化が進んでいること、②アウトカム指標を必ずしも重視しない傾向があることの２点である。

　第３章は「図書館評価モデルの作成」である。ここでいう「図書館評価モデル」とは、「図書館評価が機能する過程を表す概念モデル」である。もう少しかみ砕けばこれは、「評価が何らかの形で利用され、組織や職員に変化をもたらし、それが好ましい帰結を生む」と表現されるものである。

　ここで参照されているのが本書の副題にもある評価影響に関する研究蓄積である。筆者の説明によればこの「図書館評価モデル」は、「公共図書館が評価を実施し、それが組織内に変化をもたらし、組織外のインパクトにつながるまでの過程をロジックモデルで表現」したもの、ということになる。一般的なロジックモデルは、公共サービスのアウトカム発現までの過程に注目して作成されるが、筆者のいう「図書館評価モデル」は、評価プロセスがもたらす影響に注目したものとして組み立てられている。

　第４章は「図書館評価の有効性に関する質的分析」である。ここでは第３章で提案された「図書館評価モデル」について、現実のデータを適用した検証と当該モデルに対する精緻化が行われている。第４章の冒頭では、「本章の関心の中心は図書館評価の有効性、すなわち評価のアウトカムとインパクトとにあるが、本章の分析では一般的影響を含めた評価影響の全体を分析対象とする」とされている。

　ここで述べられている観点は以下の３点である。第１に、「評価影響の発現状況」である。第２に、「評価影響の発現経路」である。第３に「評価影響の発現に影響する要因」である。

　第１の「評価影響の発現状況」について筆者は３つのアウトカムを想定している。１つは「認知的・感情的アウトカム」であり、１つは「モチベーション的アウトカム」であり、１つは「行動的アウトカム」である。その向こう側に「サービス向上やアカウンタビリティ向上というインパクトにつながる」と筆者は述べている。本章ではこれをインタビュー調査によって明らかにしようとしている。

　第２の「評価影響の発現経路」については、筆者は「異なる種類のアウトカムが相互に影響を与えながら発現する」と述べている。この経路を解明することが本章での議論

の1つとされており、本章では「改善ルート」「目標達成ルート」「対外説明ルート」の3つの種類の経路が、調査の結果として、「関連し合って一連の経路を形成している様子が観察された」とされている。

　第3の「評価影響の発現に影響する要因」について筆者は、「評価方法や評価プロセス等、図書館内部の取組で変化させる余地がある影響要因を特に重視する」としている。本章では「概念モデルの『インプット』『活動』『アウトプット』に当たる各種要因が、アウトカムやインパクトの発現を促進あるいは阻害していると見られる例が数多く観察された」とされている。

　以上の作業を踏まえ、本章の末尾では概念モデルの検証と精緻化に言及されている。筆者いわく、「特段の修正は行わず、分析から明らかになった知見を織り込んで概念モデルの精緻化を行った」とのことである。その結果が概念モデルの第2版として再整理されている。

　第5章は「図書館評価の有効性に関する量的分析」である。ここでは、筆者がいうところの「公共図書館における自己評価の有効性を提供的に明らかにする」作業が行われている。こちらの調査方法については量的分析のための全国の公共図書館を対象としたアンケート調査が紹介されている。その下敷きになっているのは上述の概念モデル第2版である。端的に結果だけを述べれば、図書館評価を実施している図書館とそうではない図書館の間には有意な差が見られたということである。

　第6章は「図書館評価の有効性に影響する要因」である。ここでは「図書館評価の有効性発現に影響する要因」を明らかにしようという試みが披露されている。使用されているのは自己評価を実施する公共図書館のデータであり、これを活用して回帰分析による検証が行われている。本章の結論だけを述べれば、「影響要因のうち特に重要なのは、図書館にとって所与のものよりは、図書館の取組しだいで変える余地があるもの」、すなわち、「評価の実施方法や図書館の運営方法に関わる影響要因」（指標の設定、外部評価、利用者アンケート、改善策検討プロセス、責任明確化、適切な目標設定、ベンチマーク、評価結果の公表（ウェブサイト）など）であるということである。

　第7章は「図書館評価の有効性向上のためのツール」である。ここでは図書館評価の有効性向上に活用できるツールを作成することが目標として掲げられている。本章では先行研究も踏まえ、メタ評価タイプのチェックリストが提示されている。またその検証結果については、チェックリストに一定の有用性があるとしつつ、いくつかの限界がみえてきたとされている。ここでの限界は、「評価見直しの実現可能性」「利用実績を指標とする場合の有用性」「各館の評価の類似性」「潜在的に有効な影響要因の扱い」の4項目に整理されている。

　第8章は「結論」である。本章ではあらためて、「図書館評価は果たして有効に機能しているのか」という問いに立ち戻り、本書全体の総括が行われている。あらためて筆者は「そもそも図書館評価の有効性とは、いったい何を意味するのか」と問いかける。本章では、「サービス水準が向上する、利用者が増加する、自館の実績を外部に示して

理解を得る等、図書館の外部からも観察しうるような効果が得られることを期待していると考えられる」とした上で、「本研究からは、実際にそうした効果が生じうることが明らかとなった」としている。他方、この総括につづき本章では、「評価がそうした端的でわかりやすい効果に留まらず、図書館という組織の内部に、様々な良い変化をもたらすことも明らかにした」とも述べられている。本書で「アウトカム」の名を与えられていたのはこの後段の方（組織内部のよい結果）である。そうであるがゆえに前段の期待される効果については、「アウトカム」ではなく、「インパクト」という呼称が与えられていたのだと推察される。

　以上を踏まえ、評者の所感を書き記しておきたい。

　本書評を手がけるにあたり評者にとって悩ましい問題があった。それは、行政学会において本書の内容に関し共有すべき知見は何か、である。

　行政の一領域としてみたとき、「図書館」にはもちろん大きな意味がある。いうまでもなく、「図書館」は歴史的にも機能的にも民主主義を体現する存在である。また、指定管理者制度の導入にみられるがごとく公共図書館は行政改革の対象ともなってきた。だが、これを学術的に掘り下げている学問分野は行政学ではない。その蓄積はもっぱら図書館学において顕著だろう。また、本書のもう１つの顔は、行政活動の一領域としての図書館の、「評価」についての研究である、という点にある。これについては、行政学とは別の学問領域として評価学という学問分野がある。本書の研究面の貢献はこの評価学に向かっている。さらに本書は実務志向が非常に強い。本書がもっとも貢献を期待しているのはアカデミアではなく図書館サービスの現場である。

　以上を踏まえれば、本書は強い実務志向の下、図書館学や評価学の複合領域において進められた研究であるといえる。その結果、本書に掲げられた先行研究、すなわち本研究の前提となるこれまでの研究蓄積は、少なくとも行政学のそれではないということになっている。

　果たして、行政学会において本書から何を汲み取るべきなのか。それはこの後の議論において明らかとしていかなければならない、本書からの「宿題」といってよいものである。あらためて、「行政学のアイデンティティ」が問われていると受け止めておきたい。

田村秀『自治体庁舎の行政学』（渓水社、2022年）

新　垣　二　郎

　中央省庁や地方自治体の庁舎に足を運んだことがないという読者は、恐らくいないであろう。庁舎内で働く公務員はもちろん、行政手続きを申し込む一般住民として、卒業論文のヒアリングを行う学生として、施設内サービスや展望台の眺望を求める観光客として、委員会・審議会のメンバーとして等々、我々は実に様々な機会を通じて庁舎を訪

れている。しかし、庁舎そのものについては、往々にして外観（の見窄らしさ）や執務空間（の劣悪さ）などに目がいくことくらいはあるものの、それ以上の問題関心を持つこと、ましてや研究対象として真正面から向き合うような著作は、管見の限りでこれまで皆無であった。

　本書は、地方自治の主たる日常風景を構成する現場でありながら研究対象とされてこなかった自治体庁舎にスポットを当て、行政学・公共政策の観点から分析を試みた意欲作である。章立てとしては、著者の指導教員であった西尾勝の『行政学（新版）』に倣う形で庁舎に関する制度学・政策学・管理学という３つのテーマが設定され、加えて財政制度と国際比較の２つが補足的に追加されている。

　「第１章　庁舎の制度学」では、自治体庁舎を取り巻く法制度やその歴史的変遷が扱われている。まず、地方自治法で公有財産と位置づけられる庁舎は全自治体で位置条例が制定されており、その変更は当該自治体議会の特別多数決が必要になるという特徴が説明される。そして、庁舎については廃藩置県が実施された1871年７月の４ヶ月後には既に県庁建坪規則が制定され、職員１名あたり１坪程度と手狭かつ大部屋主義な地方行政執務体制が整えられ、庁舎内装も畳から椅子座への転換など洋風へ転換されたこと、戦後の庁舎再建は自己負担額の大きさから後回しにされがちであったこと、「平成の大合併」を大きな契機として財政措置が充実化したこと等が順を追って解説される。その上で、2022年７月現在の47都道府県庁舎の建設年次やデザインの特徴などが地方ブロックごとに簡潔にまとめられている。

　「第２章　庁舎の政策学」では、庁舎をめぐる関係アクター間での各種争論が扱われている。庁舎に関する直接請求としては位置条例改正請求や庁舎建設に係る住民投票条例制定請求などがあるが、ここでは2007年４月から2018年３月までに提起された庁舎に関する直接請求26件のうち可決されたのが僅か１件であることや、個別事例において直接請求が否決に至るまでの経緯の簡潔な説明が付されている。そして、これとは別に、2012年以降に庁舎問題をめぐって住民投票が行われた10事例を個別に解説しつつ、庁舎の必要性や予算規模に関する広報やメディア報道の難しさが指摘される。次に、「平成の大合併」で誕生した590市町村の庁舎の形態を本庁方式・総合支所方式・分庁方式に分類した上で、合併直後は総合支所方式や分庁方式が積極的に採用されるものの、時間の経過とともに徐々に本庁方式へ切り替えられていく傾向にあることや、人口規模の最も大きい旧市町村に本庁舎を置く事例が全体の９割にのぼることなどが解説されている。

　「第３章　庁舎の管理学」では、建築物としての庁舎という側面に注目しながら、その建設管理に関する技術的な問題が扱われている。前段では主に、庁舎の設計に関わった建築家らのデザインに込めた狙いや業界的流行が経済状況とともに変化してきたことが解説される。後段では、「合築」という建築方法に注目しながら、国庁舎と自治体庁舎の合築、都道府県出先機関庁舎と市区町村庁舎の合築、自治体庁舎と民間施設との合築やコンバージョンなどが実際の事例とともに紹介され、庁舎がまちづくりに与える影

響や民間資本を用いた庁舎建設管理のバリエーションなどが検討されている。

「第4章　庁舎の財政学」では、庁舎建築の主要財源となる地方債制度の運用実態が扱われている。ここでは、地方債の起債が許可制の時代に財政担当者必携の書とされた『地方債の手引き』の査定基準表を手がかりとしながら、庁舎建設にあたっての面積基準が用途区分（事務室・会議室・倉庫・洗面所など）や職員職階（特別職・課長級以上・一般職員・議員など）、自治体規模（都道府県及び政令指定市・市・町村）の3つの指標から詳細かつ厳格に規定されてきたこと、そして、査定基準表が廃止され地方分権改革により地方債の起債が協議制へ移行した後も、基本的に同じ国公準拠の枠組みが維持されてきたことが示される。また、「平成の大合併」推進にあたって新設された合併推進債や合併特例債、その後に新設された公共施設等適正管理推進事業債、緊急防災減災事業債、災害復旧事業債などの概要も併せて紹介し、近年の自治体庁舎の建築にどの地方債が用いられる傾向にあるかを5つの事例から捉える。

「第5章　庁舎の国際比較」はやや短めだが、著者がこれまでに訪れたイギリスやベルギー、スウェーデン、アメリカなど欧米諸国の自治体庁舎を紹介し、これらの国々における庁舎の位置づけと日本の庁舎の位置づけから比較検討し、庁舎の文化財という側面からの保全活動の重要性が説かれる。

本書の最大の功績は、自治体庁舎が行政学者にとって分析対象になり得る素材であることを説得的に示した点であろう。とりわけ、明治維新直後から地方統治を実質的に担保する場としての庁舎運用の制度設計が進められていたことや、庁舎建設にあたって綿密な面積基準が設定されてきたことなどの歴史的経緯は、評者にとって本書を読み進めるまで未知の事柄であった。また、庁舎設計者サイドの意匠に込める熱意と受注者である自治体サイドの倹約志向のせめぎ合いという構図や、行革志向の強まりとともにシンボル性を持った庁舎が減ってきたという著者の見立ては十分に納得できる。確かに、公務員の環境整備としては給与や人事、勤務時間などをどう規定するかというソフト面が注目されがちだが、それらを大元で担保する建物や空間そのものをどう規定・保守するかというハード面も同じく重要である。その意味で、本書で展開されているような庁舎研究の知見というのは、研究者間だけでなく地方自治の実務を担う公務員の方々にも広く知られるべき価値があると評者は考える。

ただ、果たして本書の内容が『自治体庁舎の行政学』というタイトルに見合ったものであったかという点については、疑問なしとしない。まず、章立て自体が西尾勝の教科書に引っ張られすぎている。このことは著者自身も「おわりに」で若干触れているが、例えば本書の第4章が「庁舎の財政学」であるのに第1章に「庁舎と財政制度」という節があったり、第3章と第4章にそれぞれ「市町村合併と庁舎」「合併推進債等有利な地方債」と類似したテーマを扱う節があったりするなど、歯切れの悪さを随所に感じる。執筆構想の際に指導教員の名著をオマージュすることを思いついたとしても、書き上がった時点で再考すべきであったように思われる。

そして、本書において力点を置いて描こうとしていたのは、自治体の庁舎をめぐる中

央地方関係や地方政治・地域政治ではなかったか。制度・政策・管理といった側面はかなり静態的な筆致かつ事例紹介的な記述にとどまっていることとの対比で考えても、本書のタイトルを『自治体庁舎の政治学』とした方がまだ齟齬は小さかったように思う（それでも適切ではない気がするが）。むしろ、この認識のもとで通時的な制度分析と共時的な事例比較を適切に書き分け、それを反映させた章立てにすれば、読みやすさや理解のしやすさという点で劇的な改善効果を生んだのではないだろうか。

　また、些細な点かもしれないが、特定の先行研究の引用が度を超えているように思う。これも著者自身が「はじめに」で断り書きを入れてはいるものの、建築史学者である石田潤一郎の著作『都道府県庁舎─その建築史的考察』を引用した注釈が、第１章で39カ所、第２章で４カ所、第３章で27カ所、第４章で２カ所と本書全般にわたっている。ここまで先行研究に詳細な言及をするのであれば、その引用意図や、本書と先行研究の着眼点の差異などを端的に示して欲しかった。また、自治体公式ホームページや新聞報道を引いた注釈は充実しているものの、市町村合併や住民投票などといった行政学に近いテーマの先行研究がほとんど引用されていないことも気になった。

　もちろん、これらの疑問点は本書の学術的貢献を認めた上での難癖のようなものでもある。今後の人口減少・縮退社会にあって自治体のファシリティマネジメントは重要性が一層高まっていく。庁舎を含む公共施設はどのような観点からの捉え直しと見直しが必要なのか、本書から学べることは多いであろう。

戸川和成『首都・東京の都市政策とソーシャル・キャピタル　地域振興と市民活動政策のQOLを高め、23区格差を改善するガバナンスの実現』（晃洋書房、2022年）

小田切　康　彦

　本書は、東京23区を事例に、都市間のソーシャル・キャピタル及びガバナンスの構造の違いが政策パフォーマンスに及ぼす影響を実証した意欲作である。著者の博士論文をベースとして刊行されたものであり、市民社会組織や東京都民等へのアンケート調査、関係者へのインタビュー調査等による精緻な分析データを用いつつ、ソーシャル・キャピタル、ガバナンス、そして、政策パフォーマンスの相互関係が丁寧に描写されている。

　本書は、先行研究の検討や分析枠組みの設定が行われる第１章から第４章、実証分析が展開される第５章から第７章、そして全体のまとめが行われる終章、という全８章による構成である。まず第１章では、東京23区におけるQOL及び政策パフォーマンスの都市間格差という本書の問題意識と、そこに関連する諸研究が紹介される。そして、各種統計・調査データを基に、東京23区内における政策パフォーマンス、具体的には政策満足度に格差が生じている実態があることが示唆される。

　第2章では、本書の問いの背景となる先行研究や各種理論のサーベイが行われると同時に、分析枠組みの俯瞰図が提示される。ここで参照されるのは、ガバナンス論、都市社会学的視点からの東京研究、ソーシャル・キャピタル論である。過大で過密な人口問題である「東京問題」に対応し、市民にとって望ましい政策を導出するためには、ガバナンス論及びソーシャル・キャピタル論からのアプローチが不可欠であると主張される。

　続く第3章では、政策満足度を説明する要因として、ガバナンス論とソーシャル・キャピタル論を接合させた分析枠組みが提示され、それらに基づいて以下の6つの仮説が導出される（p.81-82）。

仮説1：地方政府を下支えする市民社会組織の「協働」が活発で、自治体が協働型政府として「ネットワーク管理」を積極的に行うほど、政策満足度が向上し、市民に効果的な地域社会運営が実現される。

仮説2：認知的ソーシャル・キャピタルのうち、連結型の性質を有する自治体信頼および橋渡し型の性質を有する組織信頼は、市民社会組織の自発的協力を促すので、自治体との協調行動を活発にさせる。

仮説3：認知的ソーシャル・キャピタルのうち自治体信頼および組織信頼が高いほど、調整に伴うコンフリクトが減るので自治体のメタ・ガバナンス（ネットワーク管理）が促進される。

仮説4：コミュニティの中で、構造的ソーシャル・キャピタルのネットワーク（つきあい）に富んでいるほど、市民社会組織は地域の問題に対する関心が高まり、自治体との協働に積極的である。

仮説5：コミュニティの中で、構造的ソーシャル・キャピタルのネットワーク（団体活動）に富んでいるほど、自治体は市民社会組織の協力が得られやすいので協働が活発である。

仮説6：ソーシャル・キャピタル（自治体信頼、組織信頼、ネットワーク（つきあい・団体（自治会）活動））に富んでいる地域であるほど、ガバナンス（協働、ネットワーク管理）を促進させるので、市民に効果的な地域社会運営（高水準の政策満足度）を促進させる。

　これらの仮説の検証に必要となる4種類の分析データに関する説明が行われるのが第4章である。第1は、筑波大学が拠点となって実施されたJIGS（Japan Interest Group Study）研究の第2波調査（2006年～2007年）のデータである。第2は、著者によって2020年に実施された東京都民を対象としたインターネット調査に基づくデータである。第3に、著者によって2020年～2021年に実施された東京都葛飾区及び墨田区の行政及び社会福祉協議会等の関係者へのヒアリング調査に基づくデータである。そして、第4に、同じく著者によって2021年に実施された東京都内のNPO法人を対象とするアンケート及びヒアリング調査のデータである。

　第5章では、いよいよ実証分析が展開される。前述のJIGSデータに基づき、ソー

シャル・キャピタル要因がガバナンス（自治体と市民社会組織との連携や接触、働きかけ等の水準）に及ぼす影響、そして、その両者が政策満足度（自治体の政策に対する市民社会組織の満足度）に及ぼす影響について計量分析が行われる。その結果、前述の6つの仮説が概ね支持されたことが示唆される。他方で、ソーシャル・キャピタルに関して、橋渡し型の性質を有する組織信頼や自治会活動（スポーツやお祭り等）の影響力は認められず、この結果は、結束型のソーシャル・キャピタルの重要性を示すものであると主張されている。

　団体・組織レベルの分析である前章とは異なり、東京都民を対象とする分析が行われるのが第6章である。本章では、新たに「ソーシャル・キャピタルが世代間に継承されているか否かという問題が、自治会や非営利組織の活動継続の問題にまで発展し、ガバナンスの成否とQOLの改善に影響を及ぼしている（p.169）」という仮説が設定される。ソーシャル・キャピタル、ガバナンス、政策満足度に関するパス解析、及び葛飾区、墨田区関係者へのヒアリング調査分析より、ソーシャル・キャピタルの世代間継承が市民社会組織の運営内部の担い手不足を食い止め、活動への市民の理解を促し、市民の活動に耳を傾ける地域社会運営を可能にするという実態が明らかにされている。

　第7章では、「類似した制度的条件（p.4）」にあるはずの東京23区内で政策満足度に差異が生じる背景・要因をより詳細に探究するため、各区の比較を通じた分析が行われる。第5章〜第6章にて用いられた分析データに加え、東京都内のNPO法人を対象とするヒアリング調査のデータが利用される。分析の結果、市民社会組織の自治体信頼、結束型自治会活動、住民同士のつきあい、橋渡し型団体活動、協働、ネットワーク管理、という要素が多様なパターンを形成し、各区における政策満足度の水準に影響を及ぼすという知見が導かれている。

　終章では、全体のまとめと結論が整理されると共に、ソーシャル・キャピタルと市民のQOLを結ぶミッシング・リンクを解明したとする本書の学術的意義や、QOL格差をより詳細な「地帯」レベルから分析する必要性といった今後の課題が論じられている。

　本書の特徴は、ソーシャル・キャピタルをガバナンスに不可欠な非制度的要因として位置づけると同時に、ソーシャル・キャピタルから、ガバナンス、そして政策パフォーマンスへと結び付く一連の経路を、体系的な実証分析によって解明した点に集約される。これまで、政治学や行政学等においては、利益団体研究、ガバナンス論、地縁組織論、市民社会論、討議民主主義論、ソーシャル・キャピタル論等の多様な領域で市民社会（組織）が研究対象となってきたが、そうしたそれぞれ異なる文脈で検討されてきた領域を架橋する分析枠組みを導出しつつ、不明瞭であった政策パフォーマンスへの影響、とりわけポジティブな影響を重層的に描き出した本書の貢献は大きい。都市政策や住民自治の諸問題への対応を含め、住みやすい自治体とは何かを再考する上で貴重な視座を与えてくれる。

　本書の知見をより深めるための論点として、次の3点を指摘したい。第1に、ソーシャル・キャピタルがガバナンスを促進させ市民の高い政策満足度に結び付くとした

時、自治体内部では何が起こっているのか、という点である。本書では、ソーシャル・キャピタルとガバナンスに関する手厚い分析が行われている反面、自治体組織や政策過程に関する諸要因は十分検討されているとは言い難い。本書としては、類似した制度的条件下にある東京23区を分析対象とすることで、この問題に対処しようとしたのかもしれないが、自治体内部のメカニズムという点ではほぼブラックボックスのままである。政治学や行政学的文脈からは、政治的・行政的要因を考慮したより体系的な分析が期待される。

　第2に、多様なアクターの相互作用によって成り立つガバナンスや政策過程を定量的に分析することの難しさである。例えば、市民社会組織を対象とするアンケート調査は、市民社会組織からみたガバナンスや政策の姿しか捉えられず、分析は一面的なものとなる。また、逆の因果等によって生じる内生性の問題への対応が不可欠であるが、そもそもクロスセクションデータを用いた因果関係の分析には限界もある。この点において、本書が主張する概念間の因果性や分析結果の頑健性には課題が残ると言わざるを得ない。本書では定性的な分析によるフォローアップも実施されており、そうした混合研究法によるさらなる分析や、パネルデータを用いた分析等による研究の展開が待ち望まれる。

　第3に、知見の一般化についてである。本書は、東京問題に関心を寄せ東京23区を分析対象としているが、各分析において用いられている概念や変数、分析結果は、むしろ、どの自治体にも適用可能なものであるように思われる。本書の知見は、東京23区という自治体としては特殊であろう事例から得られたものなのか、あるいは、より多くの自治体にも当てはまる汎用性のあるものなのか。本書の成果を理解する上で興味を惹かれる点である。前者であれば東京23区の特殊性に対応した分析枠組みや結果の導出が期待されるだろうし、後者であれば他の自治体を分析対象として知見の一般化を検証する作業が求められるだろう。

永田尚三『日本の消防行政の研究　組織間関係と補完体制』（一藝社、2023年）

幸　田　雅　治

　近年、激甚化する風水害や大規模地震に備えるため、防災・減災の取組みを進めることが重要であり、国民の生命、身体及び財産を守る消防の果たす役割は益々増大している。2024年1月1日には能登半島地震が発生し総務省消防庁は緊急消防援助隊を派遣し、1月2日には羽田空港で航空機の重大事故に東京消防庁が出動した。

　本書は、重要性が高まっている消防行政についての行政学的観点から包括的に分析した書である。本書でも言及されているように、警察組織や自衛隊と異なり、これまでほとんど研究対象とされてこなかった分野であり、貴重かつ意欲的な研究業績と言える。

最初に、本書の特徴について述べる。第一に、戦後に消防制度の骨格を創ったGHQのAngellから説き起こし、現在の市町村消防に及ぼした影響と課題を明らかにし、Angellが当時意図した方向では実現していないとする。いわば経路依存症（Path Dependence）による制約を浮かび上がらせている。

　第二に、総務省消防庁、東京消防庁、各地の消防本部に関する人事データなどの膨大な資料を収集・分析し、組織の実態を明らかにしている。これら地道な分析は大変貴重である。

　第三に、市町村消防の原則の下で、現在に至る消防対応力の強化の取組みについて、「水平補完」と「垂直補完」の観点から分析している。分析に当たっては、組織関係論（主に資源依存アプローチ）の視点を用いるとともに、Rhodesの行政組織の必要資源に関する５分類（法的資源、財政的資源、政治的資源、情報資源、組織資源）を用いている。そして、この分析に基づいて、消防行政の課題と今後の方向性について提言している。補完体制の分析は、他の行政分野にも示唆を与えるものである。消防行政の補完体制が本書の主要テーマであるため、以下では主として、この点について触れることとする。

　本書は、第３章で、制度面から市町村消防本部間における水平補完について、広域行政の進展及び相互応援協定の説明、第７章で、災害時のみならず平常時におけるインフォーマルな関係を説明し、「補完体制の先行事例」である消防行政の実態を明らかにしている。特に、インフォーマルな関係については、「組織資源や情報資源・財政的資源が豊富な大都市消防が大きな役割を果たしており、国が補いきれない資源を、代わりに水平補完で小規模消防本部に提供し、地域内の代表消防が「暖簾分け方式に近いインフォーマルな水平補完のネットワーク」を形成し、装備の方式・組織の運営方法・部隊の編制等が地域内で一般化していった」という説明は、時間的経過による水平補完の進捗を的確にイメージできる分析と言える。

　第４章では平常時における水平補完システムの限界について、第５章では垂直補完の現状について、第６章では大規模災害時における水平補完システムの限界及び国の垂直補完が機能したかどうかについて分析している。第７章では、相互応援協定では十分な対応が出来なかった阪神・淡路大震災の教訓を踏まえて、1995年に創設された緊急消防援助隊について、「緊急消防援助隊制度は、垂直補完と水平補完の側面を併せ持つ制度である。いわば融合的補完の制度と言える。」とする。この「融合的補完」という捉え方は、緊急消防援助隊の実態に合致しており、かつ、消防に独特な補完制度を的確に表現している。

　そして、第11章では、「消防行政が地方分権の先行事例で、制度的に市町村の自主的な整備を重んじるローカルオプティマムが優先される行政分野であった所為で、小規模消防本部の是正がなかなか進まず現在に至っている。」との問題意識の下で、優先順位として、まず市町村公助の強化が最重要であること、次に、補完体制の中での順位として、圏域内補完の強化、水平補完の強化、垂直補完の強化に取り組んでいくべきとす

る。この優先順位には筆者（幸田）も賛同する。

　続いて、消防行政の今後の方向性について、具体的提言を行っている。1つは、都道府県消防の提案であり、2つは、部分的地域の消防事務のみ都道府県が代執行する提案である。「近年は議会のチェック等が厳しくなり、住民の税金で整備された消防資源の他消防本部への提供が以前よりは困難になってきている」（第7章）こと及び「緊急消防援助隊は、参加する小規模消防本部の負担が大きい制度」（第9章）であることを根拠としている。

　この提言についてコメントする前に、筆者が考える補完体制を検討する視点を述べる。第一に、平常時と大規模災害時を分けて考える必要がある。平常時の補完は、消防の広域化の進展や代表消防が役割を果たすことによって、ほぼ極限まで進化してきている。消防の広域化は引き続き進展するであろうが、離島や過疎地などで小規模消防が残るだろう。次に、大規模災害時の補完は、緊急消防援助隊の充実強化によって、補完体制が整ってきた。2003年法改正による緊急消防援助隊の出動指示権の創設に伴い、災害時の「市町村の一次的責任の原則」を保持しつつも「市町村消防の資源を用いた緊急消防援助隊による国家的対処」へと政策転換が図られたと評するとともに、自治体の自立性を前提にした補完体制の整備が進められてきたと本書も評価している。

　第二に、ナショナルミニマムとローカルオプティマムの関係について考える必要がある。消防行政が市町村消防の原則の下で発展してきたことの意義を再認識する必要がある。自治体や住民のニーズが異なる場合には、そのニーズを反映した行政となるべきである。第4章と第5章で「消防力の整備指針」に基づく分析をしているが、同指針では、「地域の実情に即した適切な消防体制を整備することが求められる」と全国一律の体制とする必要性はないことを明言している。本書は、「ローカルオプティマムが優先される行政分野であった所為で、小規模消防本部の是正がなかなか進まず現在に至っている。」とするが、ローカルオプティマムに合致しているのであれば、小規模な組織であっても、当該消防体制が大規模消防より劣っていても何の問題もない。高層ビルが林立する都市と住宅が点在する過疎地では必要な消防力も異なるのは当然であり、ローカルオプティマムを住民自治に基づき適切に設定することこそが重要である。

　第三に、垂直補完を考える上で、国の役割、都道府県の役割をどう捉えるかが重要である。「補完」の内容として、「肩代わり」（ある組織が機能不全に陥った場合に上部組織が対応する）と「支援」（ある組織が機能不全に陥らないように上部組織が応援する）を区別する必要がある。「肩代わり」については、少なくとも同じレベル以上の機能を持つ組織が必要となるが、既に緊急援助隊があるため、これ以上の国の実働部隊は不要である。「支援」については、行政組織の必要資源のうち、特に、財政的資源、組織資源が重要となるが、こちらはまだ不十分である。例えば、財政支援に関しては、相互応援やカウンターパート支援（対口支援）を含めた水平連携支援について、東日本大震災の後に、全国市長会の重点提言（平成23年11月17日）で、災害救助法について「地方自治体間の水平的、自主的な支援に対する国の費用負担を明文化するなど抜本的に見

直すこと」の要望が出されたが、未だ実現していない。自治体が無駄な災害支援をする
はずもなく、費用負担を気にせずに支援ができることの意味は大きい。

　第四に、市町村の自主決定権の尊重である。これは、消防本部の対等性とともに、国
・都道府県と市町村との対等性を意味する。本書でも、補完体制のデメリットとして、
自己決定権が制限される危険性への言及があるが、この点を軽視してはならないだろ
う。

　以上を踏まえて、2つの提言を検討する。まず、都道府県消防であるが、市町村に
とっては、都道府県の方が広域化消防本部よりも遠い存在であり、自らの意思通りに動
かすことは困難であること、消防業務の特性から言って、現場対応は広域化消防本部が
責任をもって対処することが適していることから、都道府県消防は現実的ではないし、
適切とは言えない。また、部分的地域の消防事務のみ都道府県が代執行する案は、一部
の地域だけに限定した事務を都道府県が行うことになることや都道府県側からすると権
限が来ないことで使い勝手が悪いことに加え、都道府県の基礎自治体化には批判も強
い。

　都道府県が消防に関してほとんど権限を有していない現状を踏まえれば、第一に、都
道府県は、主として調整機能（実働部隊間の調整や保健医療との調整）の強化に取り組
むこと、第二に、国は、多様な連携をフラットに支援すること及び財政的支援を強化す
ることが求められると考える。これに関連して、大規模災害時における都道府県の調整
機能のあり方、コロナ禍における消防と保健部局の連携などは本書では取り上げられて
いないテーマであり、今後の研究を期待したい。筆者は、消防行政は、自治を重視した
仕組みとして今後とも発展することを願っているが、これは1つの意見であり、本書の
提起を損ねるものではない。

　本書は、現在の消防組織に至る歴史的経緯を辿るとともに、丁寧な1次資料に基づく
分析、そして、消防関係者などからのヒアリングに基づく体系的な研究として極めて貴
重であり、今後の消防行政研究の礎、今後の改善の糸口となるものである。研究者だけ
でなく、消防行政に携わる者はもとより、消防行政に興味がある者、災害や危機管理に
関心がある者など、様々な方々に是非とも手に取ってみてもらいたい1冊である。

圓生和之『地方公務員給与　21世紀の検証』（晃洋書房、2023年）

大　谷　基　道

　著者の圓生和之氏は、主に地方公務員を研究対象とする労働経済学者である。大学教
員に転身する前は兵庫県職員として人事課に10年あまり勤務した経験を持ち、さらに、
大学教員転身後には名古屋市人事委員会の委員（後に委員長）を務めた経験も持つな
ど、人事実務に精通する一方で、兵庫県勤務の傍ら研究を続けて博士号を取得し、計量
分析の手法を駆使して、特に地方公務員給与に関する貴重な論考を数多く発表してきて

いる。

　本書は、その筆者が「地方分権改革」、「公務員制度改革」、さらには公務員給与に係る「給与構造改革」及び「給与制度の総合的見直し」といった変革が相次いだ21世紀の地方公務員給与について、「人材マネジメントとしての給与政策」の観点から実証的に考察したものである。本書の意義等を記した序章に続く、第Ⅰ部～第Ⅳ部の4部で構成され、第Ⅰ部では「地方分権改革と地方公務員給与」、第Ⅱ部では「公務員制度改革と地方公務員給与」、第Ⅲ部では「地方公務員給与の公民均衡」、そして第Ⅳ部では「公務員給与における2つの改革」（＝給与構造改革及び給与制度の総合的見直し）をテーマに、主に計量分析の手法を用いて精緻な議論を展開している。

　本書の大きな特徴の1つは、地方公務員給与に関し、関係者の間で何となくそうではないかと感覚的に思われてきたことや、確固たる根拠もなく世間一般に信じられている様々な言説について、客観的なデータを用いて検証し、真実を明らかにしている点である。

　例えば第Ⅰ部（第1章）では、自治体が合併すると総人件費が抑制されると一般に考えられているが、それが果たして本当なのかを平成の大合併のデータを用いて検証している。民間企業の合併では、生産性の低い従業員が排除され、生産性の高い従業員が残るため、従業員の給与水準は上昇するものの、従業員数の大幅な削減により総人件費は抑制される。これに対し、自治体の場合は、合併に伴って生産性の低い職員を排除することも職員数を大幅に削減することも困難であるため、総人件費を抑制しようとするなら給与水準を低下させる必要がある。しかし、分析の結果、合併後の給与水準の決定にあたっては、給与水準の高い市町村のそれに統合される傾向があり、合併前の水準よりかえって上昇していることが明らかになった。それでも総人件費は抑制されていたが、それは合併・非合併にかかわらず、その時期に地方公務員の給与水準そのものが抑制的に推移したこと、団塊の世代の大量退職期に重なったため退職不補充だけでも職員数の大幅な削減が可能であったこと、合併による総人件費抑制の期待に応えるため給与削減措置が講じられたことなどが原因であると指摘する。つまり、合併によって総人件費が抑制されたのはたまたまこれらの要因が合併の時期に重なったためであり、今後は合併が総人件費抑制に効果的であるという認識を改める必要があると説く。

　第Ⅲ部（第4章～第6章）では、地方公務員の給与水準は、いわゆる「均衡の原則」に基づき、地域の民間給与との均衡が図られているはずであるのに一般にそう思われていない理由を、標準的なA県を取り上げて分析している（第4章）。その結果、各自治体の給与水準は総体としては地域の民間給与との極めて精緻な比較のもとに均衡が図られているものの、その均衡が自治体内部の各職に適用される過程や類似の職に均衡を連鎖させる過程において失敗が生じており（「均衡配分の失敗」と「均衡連鎖の失敗」）、役職段階ごとの給与水準は民間における対応役職段階の給与水準との均衡を失する結果となっていることが確認された。その際、入庁10年までの係員レベルや最上位の部長級では民間の対応役職段階の給与をかなり下回っている一方で、役職に昇任せずとどまっ

た場合の役職段階（非役付の最上位）では、民間の対応役職段階の給与をかなり上回る結果であるなど、どの役職段階で均衡を失しているのかも確認された。

　また、名古屋市長が人事委員会勧告の前提となっている民間給与との比較方法の問題点を指摘し、公務員給与の水準は民間より高いと主張して、勧告内容の実施を拒否したことを踏まえ、その当否も検証している（第5章）。これに対し筆者は、民間給与との比較方法を検証し、比較調査の対象を事務系職種や正社員としていることは適当であるとしつつも、調査対象の事業所規模については、大企業は中小企業や零細企業よりも給与水準が高く、中小企業と零細企業はさほど給与水準が変わらないことから、調査対象が大幅に増加するため調査効率的に問題が生じるとされている零細企業を中小企業のデータを近似的に用いることで調査対象に加えるなど、現行制度の運用に一定の改善を検討する余地があるのではないかとの問題提起も行っている。

　さらに、地方公務員の給与水準について、昔も今もその決定方法は変わっておらず、むしろ近年は水準を引き下げる方向の制度改正が続いているにもかかわらず、「昔は低かったが、今は高い」という水準上昇イメージが強いのはなぜかを検証している（第6章）。その結果、学歴構成の高学歴化、年齢構成の高齢化、役職段階構成の高役職化（役職者比率の高まり）が公務では民間より大幅に進展したため、これらの属性が同じ者同士を比較する「同種・同等比較」により給与水準を決定すると、論理的には適切な水準になっているものの、単純平均による平均給与額は相対的に上昇することが明らかになった。これを受け、筆者は、高学歴化は行政需要の複雑化・多様化への対応、高齢化は定員削減のための採用抑制の影響でやむを得ない面があるが、高役職化については十分に検討をすべき課題を含んでいることを指摘している。

　このほか、第Ⅱ部（第2章〜第3章）では、2市の事例研究から給与制度が昇進意欲に影響することを確認し、特に給与カーブの傾きや最高号級の設定など「給料表の構造」の設定が昇進意欲の決定に重要な役割を担っている可能性があることを指摘した（第2章）。また、自治体の外郭団体のプロパー職員の給与水準は、親元である自治体の職員の給与水準との均衡を基本として運用されているが、その結果、類似の業務を行っている民間企業の従業員との均衡を失する結果となっていることが明らかになった（第3章）。

　第Ⅳ部（第7章〜終章）では、「給与構造改革」及び「給与制度の総合的見直し」を経て、公務員給与がどのように変化し、どのような状態にあるのかを、「給与決定原則の解釈の変更」に着目して検証している（第7章）。この解釈の変更とは、均衡の原則が「国公準拠」（国家公務員準拠）から、制度は国公準拠、水準は地域民間準拠へと刷新されたことを指すが、一般的な都道府県では改革前から既にそのような対応を取っていたにもかかわらず、改革後の実態は制度も水準も国公準拠となっており、筆者は地方公務員給与の自治が「幻想に潰える事態となっている」（186頁）と憂えている。その上で、国に準拠するだけの空洞化した人事委員会は廃止すべきとの主張を取り上げ、人事委員会は高い専門性をもって自律的に本来の機能を発揮していくことが重要であると主

張する（終章）。

　地方公務員人事については、自治体職員であっても実務に携わった経験がなければあまり詳しく理解していないのが一般的である。中でも給与については、制度が精緻で、かつ、運用もかなりテクニカルなため、人事課の職員であっても給与を直接担当していなければ詳しくは知らないのが普通である（評者も県職員時代に人事課に在籍していたが、給与については違う係が担当していたので当時はさほどよく知らなかった）。

　そのような中、筆者のように制度と実務を熟知している研究者の存在は極めて貴重であり、他の研究者では到底思い至らない発想や分析が期待できる。本書には、そのような筆者の強みが十二分に発揮されており、公務員人事の研究者にとっても思わず膝を打つことばかりであろう。では、公務員人事を専門とする者でなければ理解が難しいかと言えば、決してそうではない。記述が平易で、専門用語もわかりやすく解説されているため、自治体の仕組みをある程度知っている者であれば、容易に理解が可能である。

　筆者は、序章において「実務の視点を起点とした実証による研究」の重要性を指摘し、「人事研究においても、まず現場の実態を把握し、その中からものごとの本質を見極める必要がある。そして、先行研究と理論に学び、データによる実証分析から知見を得る。その知見を実務に反映させる。こうしたことを積み重ねていくことが重要である」（5頁）と述べている。昨年、大阪府和泉市が大胆な人事給与制度改革を打ち出した。給与面では、国に準拠した給料表を見直し、職位に応じたメリハリのある給料表に改定するとともに、人材確保の観点から初任給を自治体の中で日本一に引き上げるなど、かなり独自性の強い改革である。これは有識者を交えて重ねた議論が結実したものであるが、第Ⅳ部で給与政策における自治体の自律性の欠如、専門性の不足を憂いていた筆者にとっても望ましいことであろう。今後、各自治体が自律的に給与政策を検討する際に、まず事実認識を正しく持ってもらうためにも、本書の果たす役割は非常に大きい。自治体人事を研究しようとする者はもちろん、人事実務に携わる者にとっても必読の書と言えよう。

三谷宗一郎『戦後日本の医療保険制度改革　改革論議の記録・継承・消失』（有斐閣、2022年）

牧　原　　出

　多くの政策は白地から新たに作られるのではなく、既存の政策の再編の形をとる。税制や公共施設整備のように、過去の経緯がそのときどきの政策立案を大きく枠づける分野であれば、なおさらである。本書が対象とする公的医療保険制度もその好例である。それは福祉国家の発展とその変容という20世紀後半以降の政治・行政制度を特色づけるものであり、現代国家の可能性を問うと言っても過言ではない。その意味では、個別の政策形成・執行を研究する公共政策学にとって、公的医療保険制度は一般論を構築する

のに適合的な分野である。

　そうした事例の特性を十分踏まえつつ、本書は、公共政策学・行政学・組織理論を組み合わせた理論枠組みのもとで、戦後日本の医療保険制度改革の歴史を分析する。まず、第1章で、1980年代以降の行政改革に際して、厚生官僚による医療保険制度改革の迅速な対応を俯瞰した上で、3つのリサーチ・クエスチョンを引き出す。第1に厚生官僚はどのように不確実性の高い未来を予測したのか、第2に厚生官僚は未来に起こりうる問題に対して、どのような改革案をいかにして構想したのか、第3に厚生官僚は構想した改革案をどのように継承し、消失を回避したのか、である。これに対する理論枠組みは、公共政策論における知識活用論を援用し、さらにサイアートとマーチらに端を発する組織理論における知識の探索・深化研究の系譜から、「政策リポジトリ」概念を中核に据える。これは組織の記憶を格納し、政策形成の際に随時活用するアーカイブを指す概念である。

　その上で、第2章以下は戦後日本の医療保険制度改革を時系列に沿って詳述する。分析は、どのようにして政策リポジトリが形成され、それがどのように改革で用いられたかに焦点を置く。重要法案の形成経過を網羅するのではなく、資料に即した事例が選別され、叙述される。第2章は、1950年代における戦後の医療保険制度の再構築の過程を対象とし、それが1957年の健康保険法改正、1958年の国民健康保険法全面改正による国民皆保険の達成へと至るまでを分析する。これらに先だって、1955年に設置された有識者会議である七人委員会は、当時の健保財政の赤字原因を探り、従来厚生官僚が認識していなかったデータを発掘し、利害関係者へのインタビューを重ね、結果として医療保険制度全般についての論点を広く取り上げた報告書を作成した。それも可読性を担保できるよう編集されている。1957年の健保法改正でこれが活用され、以後も政策リポジトリとして活用しうる資料となっていく。

　第3章は1960年代の改革として、1959〜1961年の社会保険研究会、1961年の医療保障総合審議室、1963〜65年の医療費基本問題研究員、1965〜66年の牛丸委員会における改革論を追跡する。このうち、社会保険研究会は通史などに記録が残らない保険局内の自主的な勉強会であり、医療保障総合審議室は大臣官房に設置された全省をあげての制度検討の場であった。対して医療費基本問題研究員は、有識者を委員として医療費への経済学的アプローチにより適正な医療の水準を見いだそうとする試みであった。また、牛丸委員会は、健保財政赤字への新たな対応を目指す省内の検討会で、関係局長・課長らを委員としていたが、その下部組織である保険局内の委員会では主要メンバーは過去の改革論議の継承者であった。これらの資料は政策リポジトリとなり、やはり以後の制度改正で参照されたのである。

　第4章では、1960年代の検討を継承した1970年代以降の省内の改革論議を見渡した後、老人保健制度の創設と健康保険法大改正を扱う。継続的な改革の試みを通じて、七人委員会報告書など過去の文書が参照されていた執務状況が明らかになり、また通史編纂や改革論点の整理としての「医療保険検討素材」などが新たに政策リポジトリに組み

入れられ、参照されていく。結果として、1967年に保険局長に就いた梅本純正や1972年に保険局保険課長に就任した山口新一郎など、以前に医療保険行政の経験がない官僚たちがこれら政策リポジトリを用いて、改革を推進するのである。そして1982年に老人保健法が成立し、1984年に健康保険法改正が実現する。前者は自民党からの老人医療費無料化を受け入れたことによる保険財政悪化への対応であり、後者は第二次臨時行政調査会の財政再建方針を受けて、医療費の本人負担2割、退職者医療制度の導入、国民健康保険に対する国庫補助率の引き下げなどを柱とする。いずれも政治からの衝撃を医療保険制度が受け止める過程で、制度を着実に維持するために政策リポジトリの参照は欠かせなかった。

第5章は1980年代以降の改革を対象とする。21世紀の超高齢化社会をにらんだ省内の検討課題は、高齢者対策、医療費適正化、厚生省政策ビジョンの策定など多岐にわたる。これらの検討結果は、以後の改革を準備する政策リポジトリとなっていく。だが、1994年の健康保険法大改正に際して、入院事前審査制度の規定が削除された。元来長期入院を是正するために規定として設けられたものの、運用はされていない制度であったが、入院時食事療養費を創設する際に規定として削除された。医師会や政治からの要請はなく、厚生省独自の判断であった。従来の改革論の蓄積から残すべきという意見も省内には根強くあったが、担当課長は、アメリカの事例を念頭に規定そのものに反対し、局内ではそれが共有されていた。政策リポジトリは、ここでは機能しなかったのである。

終章で著者は、冒頭で提示した3つのクエスチョンについて、第1に厚生省は時系列データを用いた将来予測を行っており、主観的判断に基づいた直感的予測には慎重であったとする。第2に、改革案の構想については、有識者会議や省内検討会などの会議体を設置して、まず探索活動を行い、続いてこれらを受けて深化活動を行うというパターンを繰り返しつつ、実現可能な改革案を構想していった。第3に、会議体での資料・議事録・報告書などは、手書きの書面を清書したり、項目ごとに見出しをつけて編纂したりするなど、検索性と可読性を高めた資料として、政策リポジトリに格納される。これらが改革の際に繰り返し参照され、また新たな検討作業の結果も格納されていく。厚生省内では、こうした資料編纂を重視しつつ政策形成を牽引する官僚たちにより、政策リポジトリの能動的な構築が進められていったのである。

しかしながら、1994年の健康保険法改正のように、政策リポジトリが参照されない改革も現れる。著者は、イノベーションをおこした組織ほど、探索活動を軽視し、深化活動に傾斜するという組織理論の命題からこれを説明しようとする。局課幹部が国際的な傾向を重視し、他の課員は幹部の構想の具体化を担うにとどまる場合、組織として政策リポジトリにアクセスする機会は失われる。組織は政策知識を活用もするが、消失させもする。後者の場合、政策形成の失敗のリスクは高まる。従来の医療保険制度研究では十分注目されてこなかった1970年代以前の政策リポジトリ構築過程を詳細に分析することで、本書は当該分野の研究に新たな光を当てるとともに、業務過重の傾向が強まる現代官僚制においても、探索・深化を十二分に行った上で、政策リポジトリを継続的に構

築・管理することが生命線であると強く訴えている。

　本書は、行政学・公共政策論の理論に目配りをしながら、知識活用論を効果的に枠組みに取り入れた上で、1950年代から1990年代までの厚生省における医療保険制度改革史を対象に、十分な資料的根拠に立って改革過程の現場に踏みこんだ分析を進めることに成功している。その基盤は、著者が丹念に資料収集を行うとともに、自らオーラル・ヒストリー・プロジェクトを展開して、政策領域を全体として把握するよう十全に務めたことである。関係者へのアクセス、聞き取りと資料の閲覧、さらには外郭団体等での資料閲覧要求などは、入念な準備なしに成功は覚束ない。その当時健在であった担当者からの信頼を得て、徐々に探索範囲を拡げていった著者は、博士課程の研究者としては老練とも言うべき熟度を発揮している。このように粘り強く資料収集を進め、保有者の好意による閲覧許可に賭けるしかない内部文書の発掘に成功し、当該政策分野に応じた資料館以外の団体書庫にアクセスするという一連の手法は、著者としては手探りであっただろうが、今後政策研究・行政研究の標準的モデルとなることもまた疑いない。

　しかも本書の重要性は、単なる多数の内部資料の発見だけではない。それらが繰り返し参照すべき重要な過去の政策文書と省内で広くみなされているという、執務状況において文書に対する政策知識が「共有」されている状況を実証しえたことである。この共有状況は、断片的な証言の引用では不十分であり、複数の官僚たちが互いに認識し合っている様を実証的に解明する必要がある。たとえば著者が行った幸田正孝オーラル・ヒストリーでは明確に政策リポジトリの共有を前提とした発言が散見される。このように、著者は厚生官僚たちの信頼を得て多数の部内のオーラル・ヒストリーに参画しており、歴史を介した参与観察の成果が、本書には凝縮されているのである。

　ただ、事例が豊富である反面、特に第4・5章第1節は、政策リポジトリの新たな形成を軸とした叙述であることがわかりにくい。歴史叙述と理論志向の間でどう均衡を保ちつつ論じるかは、政策史研究においてはいまだ大きな課題であることが、ここからうかがえる。

　では、政策リポジトリは厚生省外にも存在するのか。1952〜1964年度予算を扱った『昭和財政史』の執筆にあたって、聞き取りに応じた当時の大蔵官僚は、予算編成に困難を極めたときに参照したのが『明治財政史』だったと語っている。著者が言及している1960年代の大蔵省内部資料は、大学図書館などで分散的に所蔵されているが、こうした文書が現在も作成されていることは疑いなく、公的医療保険制度と同様、税財政も政策リポジトリの上に成立している。さらには、「白表紙」とかつて言われた法案作成などの折に編纂された資料集が、情報公開制度の枠外として、非存在扱いでありながら現在でも使われていることを評者は確認している。官僚制は、アカデミアの行政学者の想像以上に、実態に即した独自の資料保全を行っている。こうした多層に渡って事実が隠された官僚制のメカニズムを解明する際に、本書は今後長らく参照されるべき道標なのである。

山中雄次『NPMの導入と変容―地方自治体の20年―』（晃洋書房、2023年）

小　林　悠　太

　約半世紀前に叫ばれ始めた新公共経営（New Public management）は、既に学術的にけして真新しいものではなく、往時に比べ耳目を集めるものではなくなった。だが行政実務には、依然として一定の知的影響を残すと筆者はいう。この研究と実務の間のギャップこそ著者を駆動する問題意識であり、それゆえに本書は日本行政研究に様々な貢献と論点を投げかけるものとなっている。まず簡略に本書の内容を示そう。はじめにNPMの理念や日本における導入経緯が整理され、本書の目的が2000年代以降における都道府県のNPMの運用実態の検証であることが示される（序章）。この目的を達するため、筆者は比較行政学の知見に基づく従来型議論の相対化を行ったうえで（第一部）、内容分析により包括的に傾向を把握し（第二部）、個別制度の動向を追跡することで自治体行政改革の現在地を探った（第三部）。

　第一部では、欧州諸国の比較行政改革研究を紹介してNPM収斂説に反駁し（第1章）、大陸諸国と同様に我が国でも取捨選択に基づく統治形態モデルのハイブリッド化が生じたとの仮説を立てる（第2章）。続く第二部では、行政経営計画の内容分析から都道府県の行政改革が持つ多様なヴァリエーションが析出される。そこではNPMの持つ市場化的要素が一部の府県を除き定着しなかったことが示される一方で（第3章）、ネットワーク型モデルが志向する「協働」に市場化的理念を盛り込む「NPM型協働」が部分的に浸透していることが示される（第4章）。そのうえで第三部では、NPM型改革の象徴たる行政評価と指定管理者制度を取り上げる。経費節減を目的に事務事業評価から始まった行政評価は、いまや政治性を梃子に総合計画の業績測定を目指す装置であり、市民参加の文脈が付与されることもある（第5章）。指定管理者制度においても、非公募施設が残るように市場化の理念は貫徹せず、ハイブリッド型の運用形態が観察される（第6章）。ここから筆者が主張するのは、総じて都道府県はNPMの構成要素を取捨選択しながら制度改革を行い、ここに「ネットワーク型モデルの要素が追加される形で」（p.172）統治形態モデルの共存が生まれたことである（終章）。

　本書を評するうえでの第一の要点は、ハイブリッド化の位置付けである。クリステンセン（Christensen）らの研究に由来するこの概念は、「異なる構造的・文化的な特性が矛盾しつつ共存した状態」（p.42）と定義される。このハイブリッド化の進展は、二段構えで登場する。まず分析期間の前史として、2005年までの中央政府と地方政府による試行錯誤に言及がなされたのち（pp.13-15、pp.49-51）、総務省の「新地方行革指針」と都道府県の行政経営計画の乖離を素材として、「日本版NPM」と都道府県ごとで異なるハイブリッド化が析出されるからである。政府間関係論と政策実施論が分かち難

く発展してきたように、本書は地方分権改革時代における行革実施論としての特性を持つ。

　著者が包括的分析を経て明らかにしたのは、「日本版NPM」が提唱当初から全都道府県に波及しておらず、定着を経ずして後退し、時にはネットワーク・モデルとの混合／混同が生じたことである。この包括的分析は、どれだけ個別事例の分析精度を高めても得られない、貴重な知見の提示に成功している。これまでの講学的な行政改革論は、改革を嚮導するドクトリンと先進事例の紹介に終始してきた。かかる知的状況を一変させ、初学者や実務家が直面する議論の出発点を大きく引き上げたことこそ、講学、研究、実務の連関に関心を寄せる筆者ならではの成果といえよう。

　しかし他方で、「日本の地方自治体に沿った形でNPMを適用しています」と「胸を張って」（p.175）言えるとする本書の結論は、論争的である。水道法改正後も民間水道会社が過疎地域の事業参入に躊躇するように、民間活力の導入を謳うNPMの成功は、地域経済や市民社会の状況に一定程度依存せざるをえないからである。このとき自治体担当者は、たとえNPMに一定の魅力を感じていたとしても、忸怩たる思いを抱きながら導入を見送らざるを得ない。ここには当然に存在するであろう心理的葛藤が、等閑視されている。

　評者が続いて検討する第二の要点は、本書の取捨選択という論理が持つ射程と説明可能性である。本書が取捨選択を行う主体として想定するのは、首長と自治体職員である。尤も「顧客志向」分析では、改革派首長のNPM推進はやや否定的に見られ、自治体職員による現場への適合が強調される（p.90）。また行政評価の分析でも、事務事業評価から出発した業績評価は、知事の公約と連動した総合計画の評価に変容したことで実効的な評価を却って困難にした（pp.128-138）。かように首長に対し、著者の評価は概して厳しい。それゆえ文脈適合的な取捨選択の中心的な担い手は、本書において自治体職員に限られる。

　本書の自治体職員像は、時に伝統的な行政管理で培われた組織文化が持つ有効性を理解し（pp.79-86）、市民参加と公平性を重んじ（p.90）、民間委託や指定管理者制度の運用では地域固有の事情を踏まえる存在である（p.88, pp.161-162）。古き良き系譜に与しつつも、時代の潮流と向き合う自治体職員像である。だが、こうした自治体職員像は「地方自治体の20年」を反映したものだろうか。先行研究によれば2000年代の都道府県職員は多様な価値観を有しており、NPMと適合的な行政改革志向を有する職員も少なからず観察される（金宗郁、2009、『地方分権時代の自治体官僚』木鐸社）。確かに現時点では、一部の専門家を除いてNPMの限界を指摘する論調は強い。しかし行政史的に見て、取捨選択が進行する過程で生じた挫折や蹉跌は忘却すべきではないだろう。本書は全体として、2013-2014年の総務省研究会で政治的正当性を付与された「日本版NPM」の失敗を前提視し、過去を遡及的に解釈する論理構成となってしまっているのではなかろうか。この論理構成では、自治体現場で行われた創意工夫の中で、NPMの理念的意義を活かそうとする試みは、過小評価されてしまうだろう。

　加えて、「日本版NPM」からの後退が生じたタイミングに関しても疑問が残る。総務省研究会以降に「日本版NPM」から離脱したのであれば、それは自治体職員による現場の取り組みではなく、中央政府主導の規範的同型化が生じたという説明可能性を捨てきれないからである。事実、指定管理者制度に関しては、熊本地震を契機にその問題点が表面化したため、「ネットワーク型モデル」を考慮する必要が生じたと説明されている（p.163-165）。

　そこで第三の要点として、この「ネットワーク型モデル」について検討を深めてみたい。周知の通り行政学において、ネットワークという概念は多義的に用いられる。そのため、個々の研究者が生み出す知見を統合し、理論を整理する作業自体も決して容易ではない。本書の場合、オズボーン（S.Osborne）の新公共ガバナンス（NPG：New Public Governance）を指して「ネットワーク型モデル」と定義し（p.14）、NPMとNPGの混合を随所で指摘する（p.116、p.171）。筆者の見解を象徴するのは「従前から存在してきた「協働」やネットワーク型モデルの中に、NPMの概念が入り込み、変容を遂げた」という一文である（p.116）。効率性を掲げるNPMと、参加や公平を重視するNPGの相剋という問題意識が伺われる。

　だが行政学者の営為を離れて、社会現象としてのネットワークの生成と、規範的モデルとしてのネットワーク・ガバナンスを識別することは難しい。行政経営計画と指定管理者制度の運用のどちらの場合においても、多種多様なステークホルダーが存在することは、現象として確たる実態がある。そうである以上、NPM型「協働」と（敢えて対置する表現を使うとするなら）NPG型「協働」の峻別は、言説分析（discourse analysis）などの社会構成主義的立場をとる方法論なくして困難ではないだろうか。

　比較行政改革研究は、しばしば方法論的困難に晒される。時に一国内で、国際比較並みの分散が生まれる場合すら決して珍しくない。そうした中で果敢にも巨視的な見取り図を示そうとする本書は、NPMの導入を全国的に試み、挫折し、「ハイブリッド化」に向かう20年間の動向をマクロに析出した。学会誌での書評という性格上、本書評では敢えて論争的な点を取り上げたが、こうしたメゾ・ミクロレベルの論点を深める必要性に関して、筆者は自覚的である（p.172）。自治体職員の自助努力による現地化というナラティブは、2000年代を考えるうえでの強固な研究指針となるだろう。本書に触発される研究が陸続することを、評者としては心から願ってやまない。

若林悠『戦後日本政策過程の原像　計画造船における政党と官僚制』（吉田書店、2022年）

柳　　　　　至

　戦後の自民党長期政権期における政策過程の特徴がいかに形作られたのか。本書は、占領期から1960年代にかけての計画造船をめぐる政策過程を政官関係に着目しながら明

らかにした研究書である。著者がとりわけ注目するのが1950年代という時期となる。著者はこの時期を自民党長期政権下における政官関係のもとで典型的に現れた政策過程への移行期として捉える。分析対象とする計画造船とは、「運輸省が船種や隻数等の建造計画を一年ごとに立て、海運・造船業者を募集し、融資対象を選定する助成政策」（本書5頁）である。政府の業界への関与が強い政策であり、政党と官僚制双方が深い利害関係を有する。計画造船という政党と官僚制が交錯する政策を扱うことで、政官関係の変化の過程を如実に描写することに成功しており、充実した資料による裏付けのもとで戦後復興期のダイナミックな政治状況が展開されている。本書の各章の概要は以下の通りである。

　第1章では、産業政策論を検討した上で、分析視角を提示している。著者は、これまでの産業政策論においては、「議員・政党の介入」という要素への着目が不十分であったとする。その上で、「議員・政党の介入」への対応に際して官僚制が組織存続と自律性の確保のために「評判」の構築を最大の行動原理とすると述べる。「評判」を構築するための戦略的対応が「非難回避」となる。本書ではこの「非難回避」という視角から、運輸省が計画造船の過程においていかに非難の潜在性を認識して、政策継続のためにいかなる戦略的対応（「政策継続戦略」）を取ったかを明らかにする。以降の章では、運輸省と政党以外に、海運業・造船業、大蔵省、政府系金融機関・民間金融機関を主要アクターとして、計画造船の政策過程について歴史分析がなされる。

　第2章では、占領期の政策過程が分析される。占領下で戦時補償が打ち切られた海運業界は大きな打撃を受けた。しかし、この戦時補償の打ち切りと連動して復興金融金庫が設置された。同時期に運輸省と海運業界によって船舶建造を推進する組織である船舶公団も設立された。GHQの海運規制の枠内であり、内航船中心の建造ではあるものの、復興金融金庫の融資と船舶公団の活用によって戦後初めての計画造船が開始され、運輸省と海運業者・造船業者を中心とした計画造船の推進と継続を目指す「ネットワーク」が整備された。ただし、1949年には復興金融金庫の新規融資が停止された。計画造船は米国からの見返資金からの融資をもとに継続されることになったが、新たな方式下において「議員・政党の介入」が精力的になされることになった。その中心的な存在が超党派の議員連盟である海運議員連盟（海議連、1952年に海運造船議員連盟に改称）であった。海議連は海運業界や運輸省の要望を背景として、大蔵省やGHQに対して、見返資金の条件改善を働きかけていった。その後に計画造船の目的は、内航船舶から外航船舶へと変化していった。このことは海運業界の建造意欲を増進させ、審査に際しての政治家の関与を伴う業界の「運動」が激化した。これに対して、運輸省は決定を主導するのではなく、民間人を加えた審議会や諮問審査会といった新たな組織に審査・決定の場を移すことにより、決定の独断性という非難を回避し、「運動」を排除しようとした。もっとも、最終的には運輸省が決定するため、「運動」の余地は残ることとなった。海議連を中心とした「議員・政党の介入」は計画造船を継続させる推進力であったが、他方で「運動」の孕む非難の可能性を拡大させるものでもあった。

　第3章では、1950年代を中心とした政策過程が分析される。見返資金は日本の独立により終了した。代わりに、日本開発銀行（開銀）の融資を活用した仕組みが開始した。新たな方式下で、運輸省は開銀の審査を加えるなど船主選定方法に対する「非難回避」の方策を模索していた。同時期に、運輸省は海運業界の要望を背景として、利子補給制度と損失補償制度の具体化を進めた。これに対して、大蔵省は海運のみの低利や損失補償に反対していた。しかし、海議連による「議員・政党の介入」により計画造船に対する利子補給制度が当初の政府案よりも強化される形で実現するとともに損失補償制度も実現し、海運業界の建造負担が大幅に減少した。そうした中、造船疑獄が生じて、政界と官界へと事件が拡大する中で計画造船と利子補給制度は海運業界の激しい政治運動によるものだという非難が沸き起こった。その結果、海議連は休会状態となり、「議員・政党の介入」が後退した。その後の計画造船において、運輸省は大蔵省との折衝の中で、計画造船の建造量拡大を実現する代わりに、大蔵省側の要望である利子補給制度の停止を受け入れた。この際に、「議員・政党の介入」は自民党政調会の交通部会を通じた介入がみられたが、造船疑獄の記憶が残る中で、不定期船の建造を確保するという個別的な介入にとどまった。

　第4章では、高度経済成長期前半の政策過程が分析される。この時期は、計画造船の手続きにおいて開銀に委ねる範囲が拡大し、審査における「非難回避」が精緻化していった。また、計画造船が制度的定着をみせたものの、海運市況の悪化により海運業界の経営状態が悪化した時期でもあった。そうした中、運輸省は海運業界の経営合理化を模索した。これに伴い、計画造船の性格も海運業界の救済策という側面から、経営合理化の側面が強調されるようになった。海運業は基盤産業であり、建て直しが必要であるという認識のもとに、運輸省は計画造船と海運企業の経営合理化を連動させて展開させていき、利子補給制度の復活と強化がなされた。こうした状況下で、海運業の再建策のために「議員・政党の介入」も再活性化した。ただし、これらの介入の形態は造船疑獄以前のものとは異なり、自民党の政調会を舞台とした制度化された過程に沿った介入へと変化した。

　終章では、本書がまとめられ、その意義と課題が示される。まず意義として、①先行研究で十分に明らかにされてこなかった計画造船の政策過程を明らかにしたこと、②「議員・政党の介入」と「非難回避」という2つの分析視角の有効性を示したこと、③通産省を中心に形成されてきた産業政策像とは異なる姿を示したという3点があげられる。課題としては、①計画造船という1つの政策史を扱ったものであり、戦後日本の政策過程の原像を明らかにするためには様々な政策史研究の蓄積が重要となること、②本書が扱った計画造船とその政策過程がその後の日本の政治や行政に与えた影響についても検討する必要があることを述べる。

　本書は、綿密な資料分析のもとにこれまで十分に明らかにされてこなかった計画造船をめぐる政策過程を示しており大きな学術的貢献をしていると考える。さらに、本書では「議員・政党の介入」が起こる中で、官僚制の側が「非難回避」という戦略を用いな

がら政策を継続させるという分析視角を示しており、現代の政策過程を分析する上でも非常に重要なモデルを示している。ただし、このモデルについては、疑問点や将来的な検討課題もあるように考える。

　1つは、「非難回避」の行動がどのようにして「評判」につながり、政策を継続させるために誰からのどのような「評判」が重要であるのかという点である。本書の歴史分析によると、運輸省による「非難回避」の行動とはもっぱら審査・決定過程における手続きの制度化や権限移譲である。このように審査・決定過程から運輸省の裁量がなくなることが、どのようにして運輸省の「評判」の構築に結び付いたのであろうか。また、この点とも関連するが、計画造船という政策を継続するにあたって誰からのどのような「評判」の構築が重要であったのだろうか。「評判」の構築というのは他のアクターからの非難を浴びずに支持を落とさなければよいのか、それとも各種のアクターからの積極的な支持を得ることが必要なのだろうか。さらに、上述した「非難回避」の行動はもっぱら海運業界や政治家からの運動を避けることを目指していたが、計画造船がもっとも存続の危機に陥ったのは造船疑獄時に世論からの反発が生じた時期のようにも思われた。計画造船を継続するにあたって誰からの支持を取り付けることが重要だったのであろうか。こうした点について詳しい説明がなされていれば読者の分析視角への理解がより深まったように思われる。

　もう1つは、異なるアクター間関係となる事例への適用である。政治的要因に着目する政策終了研究においては、政策終了を推進するアクターが政策の継続を求めるアクターに政治的に勝利した帰結として終了が実現することを示す（岡本　2003：167）。今回の事例においては、運輸省も議員・政党も計画造船の継続を求めていた。海運への優遇措置の低減を図りたい大蔵省も計画造船の終了は求めていなかった。本書の歴史分析の主要アクターの中に、計画造船自体の終了を推進するアクターはおらず、政策過程はどのような形で政策を継続するのかをめぐる争いとなっていた。政策の継続を考える上で、議員・政党と官僚制が政策終了アクターと継続アクターに分かれる事例においても検証すると本書の分析視角の有効性を明瞭に示せると思われる。

　このように、本書は戦後日本政策過程の原像を把握することができるだけではなく、分析視角をめぐり様々な問題関心や他の政策過程への適用も想起させる魅力的な研究書である。精力的に研究を進めている著者の次なる研究が今から楽しみである。

【参考文献】

岡本哲和（2003）「政策終了論──その困難さと今後の可能性」足立幸男・森脇俊雅編『公共政策学』ミネルヴァ書房、161−173頁。

大森彌顧問のご逝去

　日本行政学会の理事、理事長、顧問を務められた大森彌先生が、2023年9月18日に83歳で亡くなられた。大森先生は、1965年から日本行政学会会員となられ、1980〜1984年間に企画年報委員、1982年から理事、1992〜1994年間に企画年報委員長、2000〜2004年に理事長を務められた。その後、顧問となられ、今日に至るまで日本行政学会の発展に大きく貢献された。

　大森先生は、1940年に旧東京市世田谷区に生まれた。戦中・戦後の混乱期に苦学されながら、1963年4月に東京大学大学院法学政治学研究科に入学、1969年に法学博士（東京大学）を授与された。その後、1971年に東京大学教養学部助教授、1984年に同学部教授となられた。1977〜1978年間には、ハーバード大学およびカリフォルニア大学バークレー校で特別研究員を兼務されている。また、1997〜1999年間は、東京大学大学院総合文化研究科長・教養学部長を務められた。

　大森先生は、東京大学大学院で研究指導してきたほか、法学部・経済学部に進学する学部一・二年生向けの「政治学」や、全学部の一・二年生を対象としたゼミナール「日本官僚論」も、毎年、開講された。国家公務員の人気が高かった当時、法学部をはじめとした東京大学の少なからぬ学生が、大森先生の講義やゼミで学んで、日本の行政を支えてきた。

　2000年に東京大学を定年退官し、名誉教授となられたが、この後も、活発に研究・教育活動を進められた。千葉大学教授（2000年〜2005年）のほか、総務省自治大学校講師（1986年〜2022年）、地域リーダー養成塾塾長（2001年〜2019年）など、官民の垣根を超えて、地域で幅広く活躍する方々を応援されてきた。

　大森先生の研究業績は多方面にわたるが、その原点は、「大部屋主義」など、日本官僚制の特質とそのメカニズムを明らかにしたことに求められる。「日本官僚制の事案決定手続」（『年報政治学1985』岩波書店、1986）や『行政学叢書(4)　官のシステム』（東京大学出版会、2006）にまとめられている。

　また、大森先生は、地方分権推進委員会専門委員（くらしづくり部会長）として、地方分権改革を推進した。そして、『自治体行政学入門』（良書普及会・1987）を皮切りに、「自治体行政学」という新しい分野を開拓し、多くの論考を残された。大森先生は、自治体の現場を頻繁に訪ねて学び続け、各種委員や顧問、アドバイザーを務めるなど、沢山の自治体を支援された。

　さらに、大森先生は、社会保障審議会会長をはじめ、社会保障関連の審議会や研究会の委員を多く務められ、介護保険制度の整備をはじめ、社会保障制度の発展に寄与された。『老いを拓く社会システム－介護保険の歩みと自治行政―』（第一法規、2018）は、国の関与が強い社会保障政策を、自治行政と介護保険という視点から分析した先駆的な

行政学研究である。介護保険という分権的なシステムを先行整備できた背景には、大森先生の理論研究と経験に基づく信念があった。

　地方分権一括法が施行されてから二十数年、激変する現実社会と常に向き合ってきた大森先生の一連の研究は、行政学がなしうることの重要性と大きさを、強烈に物語っている。ここに、大森先生のご冥福をお祈り申し上げます。

（辻琢也　記）

学会記事　2023年度

■　2023年度総会・研究会

　2023年度の日本行政学会の総会・研究会は、2023年5月13日、14日に、立命館大学大阪いばらきキャンパスにて、対面（一部はハイフレックス）方式にて開催された。プログラムの内容は、次のとおりであった。なお、報告タイトルに＊が附されているものは、公募報告への応募を経て採択されたものである。また、所属について、博士後期課程在学中の者は大学院と記している。

第1日目　5月13日（土）

◆研究会　9：30〜11：30

◇共通論題Ⅰ　「地方分権改革を再考する―分権決議30年」

　　報告者：礒崎　初仁（中央大学）

　　　　　　　　「分権改革30年と中央地方関係の変容―変わったこと・変わらないこと・変えるべきこと―」

　　　　　　谷本　有美子（法政大学）

　　　　　　　　「21世紀の地方分権改革と『地方税財源充実確保』の方策」

　　　　　　松井　望（東京都立大学）

　　　　　　　　「法律による行政計画策定の事実上の『義務付け』―地方分権改革を呼び起こす好機か、または、起爆しない不発弾か―」

　　討論者：玉井　亮子（京都府立大学）・嶋田　暁文（九州大学）

　　司会者：嶋田　暁文（九州大学）

◆総会　　12：30〜13：30　事業報告、各委員会報告、決算報告、次年度予算審議、その他

◆研究会　13：30〜15：15

◇分科会A1　「中央と地方の相剋」

　　報告者：鄭　黄燕（東京大学）

　　　　　　　　「現代中国の土地使用をめぐる政府間競合」

　　討論者：砂原　庸介（神戸大学）

　　司会者：前田　健太郎（東京大学）

◇分科会A2　「規制改革と地方自治体」

　　報告者：三野　靖（香川大学）

　　　　　　　　「公共施設と指定管理者制度―公共施設の統廃合等と住民の利用権の観点から―」

　　　　　　久保木　匡介（長野大学）

「特区制度と自治体―国家戦略特区を中心に―」
　　討論者：松並　潤（神戸大学）
　　司会者：鄭　智允（愛知大学）
◇国際交流分科会（ハイフレックス開催　「Empirically Understanding the More Effective Public Management」）
　　報告者：PARK Jung Ho（祥明大学校（Sangmyung University））
　　　　　　"Importance of Communication in Public Organization for Effective Management,,
　　　　　　KWON Hyang Won（亜洲大学校（Ajou University））
　　　　　　"Do Employees' Political Skills Impact Their Performance Rating?:Empirical Evidence from South Korea,,
　　討論者：篠原　舟吾（慶應義塾大学）・中村　絢子（国際大学）
　　司会者：深谷　健（津田塾大学）
◆研究会　15：40〜17：25
◇分科会Ｂ１　「地方行政の制度発展」
　　報告者：奥田　貢（関西学院大学大学院法学研究科研究員・猪名川町副町長）
　　　　　　「戦後日本の消防行政における制度発展の分析―消防・救急の発展過程から地方分権のあり方を探る―」＊
　　　　　　須川　忠輝（三重大学）
　　　　　　「明治地方自治制の特例地域における地方制度の設計―日本統治下の南樺太を中心に―」＊
　　討論者：清水　唯一朗（慶應義塾大学）
　　司会者：大杉　覚（東京都立大学）
◇分科会Ｂ２　「PSM研究の最前線」
　　報告者：田井　浩人（日本都市センター）
　　　　　　「行政学におけるPublic　Service　Motivation研究の展開―その両面性に着目して」
　　　　　　水野　和佳奈（岐阜協立大学）
　　　　　　「公務員のPSM（Public　Service　Motivation）と政策認識の関連分析」
　　討論者：米岡　秀眞（奈良県立大学）
　　司会者：渡邉　有希乃（専修大学）
◇分科会Ｂ３　「厚生労働省の組織と作用」
　　報告者：中野　雅至（神戸学院大学）
　　　　　　「職場としての厚労省」
　　　　　　三谷　宗一郎（甲南大学）
　　　　　　「戦後日本の医療保険制度改革をめぐる政策知識の記録・継承・消

失」

討論者：宗前　清貞（関西学院大学）

司会者：手塚　洋輔（大阪公立大学）

◆ポスターセッション「行政研究のフロンティア」　14：30〜16：30

吐合　大祐（（公財）後藤・安田記念東京都市研究所）

「政策が作り出される道―地方自治体における政治行政ネットワーク構造の析出―」＊

イ・サンウ（神戸大学大学院）

「インフラストラクチュアの政治学―インフラをめぐる政府間・官民間の連携協力―」＊

和足　憲明（創価大学）

「どのような場合に検察は政権党幹部の汚職疑惑を立件することが可能なのか」＊

清水　直樹（高知県立大学）

「選挙対策としての政府支出の変更―民主制と独裁制を含めた多国間比較による分析―」＊

吉田　隆紘（京都大学大学院）

「行政組織における業務量の測定―特許庁を題材として―」＊

中澤　柊子（東京大学）

「日本における里親ケア割合の低さに対する社会的養護体制の日米比較歴史分析」＊

第2日目　5月14日（日）

◆研究会　9：30〜11：30

◇共通論題Ⅱ　「官僚・職員調査と行政研究―実際と課題」（ハイフレックス開催）

報告者：北村　亘（大阪大学）

「官僚意識調査から見た日本の行政―官僚意識調査の研究上および実務上の意義について―」

役田　平（人事院）・野口　孝宏（人事院）

「人事院『公務職場に関する意識調査』の実際―より実効的な調査を目指して―」

大谷　基道（獨協大学）

「誰のための自治体職員調査なのか―研究と実務の交差点としての職員調査―」

討論者：青木　栄一（東北大学）・入江　容子（同志社大学）

司会者：青木　栄一（東北大学）

◆研究会　12：30〜14：15

◇分科会Ｃ1　「マルチレベル・ガバナンスの構造」

報告者：竹本　信介（大阪学院大学非常勤講師）
　　　　　　「現代日本外交の構造─グローバリゼーション・行政・住民福祉─」＊
　　　　　武見　綾子（東京大学）
　　　　　　「感染症対応における国際的なガバナンスの構造と変容─新型コロナウイルスによる影響を踏まえて─」
討論者：福田　耕治（早稲田大学）
司会者：坂根　徹（法政大学）

◇分科会Ｃ２　「政策実施研究の到達点と課題」
報告者：高橋　克紀（姫路獨協大学）
　　　　　　「政策実施研究の行政学的基盤に社会理論的観点を取り入れる」
　　　　　松岡　京美（京都府立大学）
　　　　　　「不確実さが増す政策内容の変容における行政組織の行動戦略─奈良県生駒市の『行政改革』政策実施を事例に─」
討論者：澤　俊晴（広島修道大学）
司会者：砂金　祐年（常磐大学）

◇分科会Ｃ３　「行政経営の展望」
報告者：池田　葉月（京都府立大学）
　　　　　　「自治体評価における実用評価─最近の制度見直しを事例として─」
　　　　　岩崎　和隆（神奈川県副主幹）
　　　　　　「官公庁DX考察─今まで、なぜうまく行かなかったのか─」＊
　　　　　山中　雄次（沖縄国際大学）
　　　　　　「都道府県におけるNPMの導入と変容」
討論者：工藤　裕子（中央大学）
司会者：稲垣　浩（國學院大學）

◆研究会　14：40〜16：25
◇分科会Ｄ１　「行政規範・公共性と官僚制」
報告者：福本　江利子（東京大学）
　　　　　　「公共的価値研究の理論と現実─科学技術行政の検討とともに─」
　　　　　若林　悠（大東文化大学）
　　　　　　「現代日本気象行政の行方─組織的性格をめぐる近年の構想とその展開─」
討論者：深谷　健（津田塾大学）
司会者：西尾　隆（国際基督教大学）

◇分科会Ｄ２　「行政サービスに関する市民と行政の合意」
報告者：柳　至（立命館大学）

「公共施設統廃合の受容―ビネット実験による検証―」
　　渡邉　有希乃（専修大学）
　　　「公共事業と市民の選好―価格と品質のトレードオフをめぐっ
　　て―」
討論者：村上　裕一（北海道大学）
司会者：長野　基（東京都立大学）

『年報行政研究』第60号　公募要領

　日本行政学会では、1994年5月発行の『年報行政研究』第29号より、年報という発表の場を広く会員に開放し、行政学の研究水準を引き上げ、年報の充実を図るために、年報委員会による企画編集とは別に、論文・研究ノートの公募を行ってきました。

　より多くの会員に投稿していただくことを目的として、第57号より、これまで同様の論文および研究ノートに加え、書評論文および研究動向論文を募集しております。下記の要領にしたがい、積極的にご応募ください。

1　応募資格

　2024年5月末日現在におけるすべての個人会員とします。共著の場合、ファースト・オーサー以外の共著者については、必ずしもこの要件を満たしている必要はありませんが、その場合でも、掲載時までにすべての共著者が必ず個人会員になっていることが要件となります。入会申請については、学会ウェブサイトをご覧ください。

2　応募区分

　以下の四つの区分を設けます。各区分の説明は例示です。ご不明の点は年報委員会までお問い合わせください。

　A）論文：新規性を有するまとまった研究成果を論じるもの。

　B）研究ノート：研究の中間報告や調査結果の速報を行うもの。

　C）書評論文：一つないし複数の著書を対象に論じるもの。

　D）研究動向論文：複数の論文や著書を題材として、一定の研究テーマや研究分野について論じるもの。

3　テーマ・内容

　応募者の自由とします。

4　二重投稿の禁止

　他誌などに既発表・掲載決定済みまたは投稿中・投稿予定の論文・研究ノート等と同一内容の論文を投稿することはできません。

　全く同一でなくても、その内容がきわめて類似していると判断される場合も二重投稿とみなされる可能性がありますのでご注意ください。また、同一の研究データを不適切に分割することによって、本来一本の論文・研究ノート等として発表すべき内容を、複数の論文・研究ノート等に分割し、それぞれ執筆・投稿することについても、二重投稿とみなされる可能性がありますのでご注意ください。

　ご不明の場合は、年報委員会までお問合せ下さい。

5　応募点数

　原則として論文、研究ノート、書評論文、または研究動向論文のいずれか1点に限ります。

6 分量

論文、研究ノート、研究動向論文については24,000字以内、書評論文については12,000字以内。

7 締切日時

2024年9月15日（2024年9月1日以降受け付けます）。

8 審査方法及び審査基準

別紙査読要領を御覧ください。

9 業績一覧の提出

応募者は、本人の過去5年間の業績一覧（既発表のものに加えて投稿中のもの及び第60号刊行時までに投稿予定のものも含む。また学会等における口頭報告及び報告予定のものも含む。）を投稿時に必ず提出してください。また、審査の最終段階で、その時点における同様の業績一覧の提出をお願いすることになります。いずれについても提出がなされない場合は、以降の手続きを進めません。

共著の場合は、全著者について業績一覧を提出してください。

10 誓約書の提出

応募者は、研究不正がないことを自己申告する誓約書を投稿時に提出してください。誓約書の書式は、学会ウェブサイトよりダウンロードしてください。共著の場合は、ファースト・オーサーが執筆代表者として誓約書を提出してください。

11 書式・原稿送付先・問合せ先等

学会ウェブサイト掲載の「執筆要領」をそれぞれご参照ください。

12 その他

全体の応募状況や掲載に至る経緯のあらましなどについて、第60号に年報委員会による簡単な報告を載せます。

日本行政学会年報委員会

査読要領

　投稿された論文、研究ノート、書評論文、研究動向論文が、『年報行政研究』に掲載するものとして適切であるか否か、審査する基準は以下のとおりとします。

<論文>
◆　主題、主張命題、提示された事実、論証方法などに知見の新しさが認められること
◆　主題が明晰で、論旨が一貫していること
◆　先行業績の理解と参照が適切かつ的確であり、章・節・注記などの構成が適切であり、文章表現も明快であること

<研究ノート>
◆　論述が整理されていること
◆　学界における調査研究を刺激する可能性があること
◆　研究の一部分でありながらも一定のまとまりを持ち、適切な完成度をもつこと

<書評論文>
◆　対象著作に対する批評の適切さ
◆　対象著作を基盤としつつ、執筆者自身による検討から引き出される知見の新しさ
◆　対象著作を含む研究テーマについての理解を促進し、今後の同様のテーマに関する研究の発展に資すること

<研究動向論文>
◆　対象として取り上げる論文や著書の選択の適切さ、それらの整理の適切さ
◆　対象とする論文や著書に対する批評の適切さ
◆　当該研究領域、研究分野についての理解を促進し、今後の当該領域、分野の研究の発展に資すること

　3名の査読者がそれぞれ、投稿されたものが掲載可か掲載不可かを判定し、掲載可とする場合は、A（現状のままでの掲載を可とする）・B（ごく部分的な訂正がなされることを条件に、掲載を可とする）・C（必要な訂正、加筆がすべてなされることを条件に、掲載を可とする）の3段階で評価することとします。最初の査読でBもしくはC判定をした査読者が過半数となった場合、または査読者の1名がA、1名がBもしくはC、そしてあと1名が掲載不可と判断した場合は、BもしくはC判定をした査読者が修正原稿について再査読を行い、掲載可か掲載不可を判定します。

　最終的に、3名の査読者のうち2名以上が掲載可と判定した場合は年報に掲載できるという原則のもとで、査読委員会が掲載の可否を判断します。

日本行政学会年報委員会

2022－2024年度日本行政学会役員名簿

■ 理事長

原田久（立教大学）

■ 理事

市川喜崇（同志社大学）［組織財政委員長］　伊藤正次（東京都立大学）［企画委員長］　稲生信男（早稲田大学）　入江容子（同志社大学）　牛山久仁彦（明治大学）　太田響子（愛媛大学）　金井利之（東京大学）　北村亘（大阪大学）　京俊介（中京大学）　工藤裕子（中央大学）　嶋田暁文（九州大学）　清水唯一朗（慶應義塾大学、2023年度総会にて退任）　宗前清貞（関西学院大学）　曽我謙悟（京都大学）　辻陽（近畿大学）［年報委員長］　辻琢也（一橋大学）　徳久恭子（立命館大学）　西岡晋（東北大学）　深谷健（津田塾大学）［国際交流委員長］　藤田由紀子（学習院大学）［2024年度開催校理事］　牧原出（東京大学）　益田直子（拓殖大学）［事務局担当理事］　松井望（東京都立大学）　松並潤（神戸大学）　森道哉（立命館大学）　山崎幹根（北海道大学）

■ 監事

出雲明子（明治大学、2023年度総会にて退任）　坂根徹（法政大学）　清水唯一朗（慶應義塾大学、2023年度総会にて着任）

■ 顧問

縣公一郎（早稲田大学教授）　今村都南雄（中央大学名誉教授）　大森彌（東京大学名誉教授）＊　大山耕輔（慶應義塾大学名誉教授）　片岡寛光（早稲田大学名誉教授）　北山俊哉（関西学院大学教授、2023年度総会にて着任）　佐藤竺（成蹊大学名誉教授）　城山英明（東京大学大学院教授）　中邨章（明治大学名誉教授）　中村陽一（中央大学名誉教授）　橋本信之（関西学院大学名誉教授）　真渕勝（京都大学名誉教授）　水口憲人（立命館大学名誉教授）　武藤博己（法政大学名誉教授）　村松岐夫（京都大学名誉教授）　森田朗（東京大学名誉教授）
＊2023年9月18日ご逝去

■ 幹事

河合晃一（金沢大学）　森川想（東京大学）　山田健（静岡大学）

Thirty Years of Decentralization Reform and Changes in Central-Local Relations : from Administrative Decentralization to Legislative Decentralization

Hatsuhito Isozaki

▷Abstract :

Thirty years have passed since the start of decentralization reform. In the first phase of decentralization reform, the national agency delegation system was abolished, leading to an expansion of administrative authority for local governments, an increase in policy jurisdiction, and the revitalization of mayors and councils. However, the effects were limited due to the financial constraints on local governments and staff reductions in the 2000s, along with the restructuring of social welfare infrastructure. In the subsequent second phase of decentralization reform, authority was further transferred from prefectures to municipalities, and there was a focus on revising obligations and frameworks. However, due to issues with the examination methods, the scope of reform narrowed, and both the public and the media lost interest, leading to stagnation in the reform process. The trend of local decentralization was lost due to three "crises" in the 2010s: the Great East Japan Earthquake, population decline and regional revitalization, and the spread of the COVID-19 pandemic, resulting in increased centralization.

Looking back over the past 30 years, in the axis of the comprehensive type-specialized type, there has been progress in "integration" within central-local relations. However, on the axis of autonomous-control type, reforms promoting "autonomy" and reforms promoting "control" are only halfway implemented, resulting in a situation where the changes are not palpable. Beyond the limitations of previous "administrative decentralization," it is now necessary to advance "legislative decentralization" aimed at expanding legislative authority.

▷Keywords : National delegated authority, Review of legal obligations and frameworks, Three crises, Change towards autonomy and change towards control, Administrative decentralization and legislative decentralization

Decentralization in the 21st Century and the Phases of "Measures to Enhance and Secure Sources of Local Tax Revenue": Focusing on the Policy Preferences of the Local Public Finance Bureau and its Response to Outsiders

Yumiko Tanimoto

▷ Abstract :

This paper is an attempt to clarify how the Local Public Finance Bureau (LPFB) of the Ministry of Internal Affairs and Communications (MIC), which has jurisdiction over local finance, responded to institutional reform proposals from outsiders involved in local finance reform through decentralization reform in the 21st century, and what it gained from these reforms.

First, we will review the points at issue regarding "measures to enhance and secure sources of local tax revenue" in the "Final Report" of the Decentralization Promotion Committee, and then organize the relationship between themes discarded in the 21st century decentralization reform and the affairs under the jurisdiction of LPFB. Next, we will focus on the MIC's policy preferences in the territory of "local finance reform", and examine the conflicting issues between the policy preferences of expanding autonomy and those who favor the liberalization of local governments. We will then focus on the proposed reform of LGFB's fiscal reconstruction legislation and local bonds financing, and examine the process of forming a new guardianship system for local government fiscal management and a joint local bond issuing agency.

In this context, we will look at the location of the gray-zone organization of the Local Public Finance Bureau the expansion its domain of activities, and development of paternalism.

▷ Keywords : Decentralization, Local Public Finance Bureau, Private Consultative Body for Decentralization 21st Century Vision, Local Bonds, Paternalism

Intergovernmental Relations on Administrative Planning after Decentralization Reform

Nozomi Matsui

▷ Abstract :

One of the objectives of decentralization reform was to realize "greater freedom" However, the increase in the number of requests from the national government to local governments to formulate plans based on laws has resulted in a "reduction in the degree of freedom" of local governments and an "expansion of affairs under their jurisdiction" in planning and administrative affairs, and is said to have imposed restrictions on both group autonomy and resident autonomy on local governments. Why did this phenomenon occur? This paper will consider the following two questions. First, why did the government increase planning requests to local governments? The second question is for local governments. How are local governments responding to the government's request for planning?

▷ Keywords : Decentralization, Administrative planning De facto obligations, Administrative burden, Coordination among plans.

An Analytic Narrative of Postwar Petroleum Administration in Japan : Administrative Guidance in Strategic Interactions

Mamoru Ota

▷ Abstract :

This paper aims to clarify the decision-making mechanisms of actors involved administrative guidance in postwar Japanese industrial policy using the method of analytic narratives. The relationship between government agencies and industry in the policy implementation process is modeled as a repeated game, and the postwar petroleum administration is analyzed using this model. As a result, the following findings were clarified. First, the coordination and conflict between MITI (and METI) and the petroleum industry in petroleum administration can be explained as a consequence of changes in parameters such as the stability of the policy network, private interests of the industry through opportunistic competition, and administrative costs to implement control. Second, the determination of the level of administrative guidance as an exercise of administrative discretion can be explained as payoff-maximizing behavior of government agencies in their strategic interaction with industry. Third, administrative guidance was an effective policy tool of the petroleum administration not only before the 1980s but also in the 2010s. Thus, this paper complementing the inadequacies of the commonly accepted network approach in studies of administrative guidance, makes a new contribution to the study of industrial policy and administrative guidance.

▷ Keywords : Analytic Narratives, Industrial Policy, Petroleum Administration, Administrative Guidance, Network Approach

Special Provisions of Local Government Systems in Prewar Japan and their Institutional Design: Development of Local Autonomy in Karafuto (Sakhalin) under Japanese Rule

Tadateru Sugawa

▷ Abstract :

This paper investigates the institutional design of special local government systems in areas where a general local government system (e.g., Shi-sei, Choson-sei and Fuken-sei) was not present in prewar Japan. Under the local system in the Meiji Constitution, not all regions had a uniform local government system; rather special systems were introduced in several regions. Although the general system has received extensive research attention, there is little published research on the special local systems. Why were unique local systems developed in some regions, and how were such exceptional systems designed? To address these questions, this paper examines three periods of local institutional reform in Karafuto (Sakhalin), which became a Japanese territory under the 1905 Treaty of Portsmouth. The analysis shows that the Karafuto Agency, a local office of the central government, led the design of a special local system and sought to expand local autonomy in the area, making its own moves that differed from those of the ministries of the central government. It also discloses that the nature of the agency and the political issues faced by the Karafuto area were factors in the establishment of a unique local system that differed from that of the mainland and other special regions. The findings of this study can clarify the entire picture of governance in prewar Japan and that of local government systems.

▷ Keywords : Local government systems in prewar Japan, Institutional design, Karafuto (Sakhalin), Overseas territories, Local administration

Technocrats in Prewar and Postwar Japan

Ken Yamada

▷ Abstract :

This article aims at re-thinking about the transition of Japanese bureaucracy from prewar to postwar. Especially, this article focuses on technocrats who was located law-key actor. This article tries on process tracing about technocrats in port policy by investigating historical materials. According to the information of this article, the technocrats actively experienced job reassignment on loan and training based on formal or informal institutions. They maintained the original policy principle until prewar and incrementally changed the original policy from prewar to postwar. In other words, their policy view was not only engineering, but also economics. As a result, they made the organizational development. In addition to, they centralized port management on big ports but decentralized port management on small and medium ports.

▷Keywords ： Technocrats, Policy principle, Job reassignment on loan, Training

●執筆者一覧（執筆順）●

伊藤　正次（東京都立大学大学院法学政治学研究科教授）
礒崎　初仁（中央大学法学部教授）
谷本有美子（法政大学社会学部准教授）
松井　望（東京都立大学都市環境学部教授）
大田　衞（同志社大学大学院総合政策科学研究科博士後期課程／京都市役所）
須川　忠輝（三重大学人文学部准教授）
山田　健（静岡大学人文社会科学部講師）
金井　利之（東京大学大学院法学政治学研究科教授）
久保　慶明（関西学院大学総合政策学部教授）
金﨑健太郎（武庫川女子大学経営学部教授）
田口　一博（新潟県立大学国際地域学部准教授）
南島　和久（龍谷大学政策学部教授）
新垣　二郎（横浜市立大学国際教養学部准教授）
小田切康彦（徳島大学総合科学部准教授）
幸田　雅治（神奈川大学法学部教授）
大谷　基道（獨協大学法学部教授）
牧原　出（東京大学先端科学技術研究センター教授）
小林　悠太（広島大学人間社会科学研究科准教授）
柳　至（立命館大学法学部准教授）
辻　琢也（一橋大学大学院法学研究科教授）

〔年報行政研究59〕

地方分権改革を再考する—分権決議30年

2024年5月31日　発行

Ⓒ編　者　日　本　行　政　学　会

発　行　株式会社ぎょうせい

〒136-8575　東京都江東区新木場1-18-11
URL：https://gyosei.jp

フリーコール　0120-953-431

ぎょうせい　お問い合わせ　検索　https://gyosei.jp/inquiry/

＜検印省略＞

印刷　ぎょうせいデジタル（株）　　　　　　2024　Printed in Japan
※乱丁・落丁はお取り替えいたします。

ISBN978—4—324—80145—1
ISSN　0548—1570
（5598670—00—000）
〔略号：年報行政59〕

THE ANNALS OF THE JAPANESE SOCIETY FOR PUBLIC ADMINISTRATION

VOLUME 59

Thirty Years after the Resolution: Review of the Decentralization Reform

Edited by THE NIHON GYOUSEI GAKKAI

Featured Articles

Refereed Articles